JIYU JIANQUAN RENGE PEIYANG DE
DEYU KECHENGHUA SHISHI

基于健全人格培养的
德育课程化实施

高志文 / 主编

四川人民出版社

图书在版编目（CIP）数据

基于健全人格培养的德育课程化实施 / 高志文主编.
—成都：四川人民出版社，2023.3
ISBN 978-7-220-12941-4

Ⅰ.①基… Ⅱ.①高… Ⅲ.①中学-德育工作-研究
Ⅳ.①G631

中国版本图书馆 CIP 数据核字(2023)第 009465 号

JIYU JIANQUAN RENGE PEIYANG DE DEYU KECHENGHUA SHISHI

基于健全人格培养的德育课程化实施

高志文 主编

出 版 人	黄立新
策　　划	蔡林君
责任编辑	汤　梅
封面设计	四川看熊猫杂志有限公司
版式设计	李秋烨
责任印制	周　奇
出版发行	四川人民出版社 （成都市锦江区三色路 238 号新华之星 A 座 33、35 层）
网　　址	http：//www. scpph. com
E-mail	scrmcbs@ sina. com
新浪微博	@四川人民出版社
微博公众号	四川人民出版社
发行部业务电话	(028)86361653　86361656
防盗版举报电话	(028)86361653
排　　版	四川看熊猫杂志有限公司
印　　刷	四川华龙印务有限公司
成品尺寸	170 mm×240 mm
印　　张	16
字　　数	215 千
版　　次	2023 年 3 月第 1 版
印　　次	2023 年 3 月第 1 次印刷
书　　号	ISBN 978-7-220-12941-4
定　　价	88.00 元

四川省教育科研课题 2021 年度阶段研究成果

2022 年度成都市教育科研课题阶段评审一等奖

目录 CONTENTS

前　言 …………………………………………………… 1

第一章　基于健全人格培养的德育课程化实施理论概述………… 1
　第一节　基于健全人格培养的德育课程化内涵与特征 ……… 2
　第二节　基于健全人格培养的德育课程化实施理论基础 …… 11
　第三节　基于健全人格培养的德育课程化实施的研究意义 …… 17

第二章　基于健全人格培养的德育课程化实施目标体系 ……… 21
　第一节　德育课程化实施目标体系的源起 ………………… 22
　第二节　德育课程化实施目标体系的构建 ………………… 30
　第三节　德育课程化实施目标体系的解读 ………………… 34

第三章　基于健全人格培养的德育课程化实施内容建构 ……… 45
　第一节　德育课程化实施内容建构中的德育问题梳理 …… 46
　第二节　德育课程化实施内容建构中的德育形态区分 …… 55
　第三节　德育课程化实施内容建构中的校本策略 ……… 66

第四章　基于健全人格培养的德育课程化实施——学科课程育人 …………………………………………………… 74
　第一节　基于健全人格培养的学科课程育人的内涵解读 …… 75
　第二节　基于健全人格培养的学科课程育人目标、内容 …… 78

第三节　基于健全人格培养的学科课程育人实施路径和策略 …… 84
第四节　基于健全人格培养的学科课程育人评价策略 …… 100

第五章　基于健全人格培养的德育课程化实施——班级管理育人 …… 110
第一节　班级管理课程内涵解读 …… 111
第二节　班级管理课程内容序列构建 …… 121
第三节　班级管理课程实施的模式与解读 …… 125
第四节　班级管理课程实施评价策略 …… 132

第六章　基于健全人格培养的德育课程化实施——超班级集体活动育人 …… 138
第一节　超班级集体活动课程育人的内涵及原则 …… 139
第二节　超班级集体活动课程育人目标、内容 …… 143
第三节　超班级集体活动课程育人实施途径和策略 …… 150
第四节　超班级集体活动课程育人评价策略 …… 155

第七章　基于健全人格培养的德育课程化实施评价策略 …… 162
第一节　评价概述 …… 163
第二节　德育评价 …… 173
第三节　基于健全人格培养的德育课程化实施评价策略建构 …… 181

第八章　基于健全人格培养的德育课程化实施相关案例 …… 189
第一节　学科课程育人教学案例 …… 190
第二节　主题班会活动课程案例 …… 226
第三节　超班级集体活动案例 …… 236

部分参考文献 …… 245

前言 PREFACE

人本主义心理学家罗杰斯说：“生命的过程就是做自己、成为自己的过程。”在一个人成为自己的过程中，家庭、学校和社会都具有举足轻重的作用。中学阶段的学生处于青春发育期，青春发育期是经历身体、心理的巨大变化的时期，如何引导并帮助他们解决因矛盾冲突和心理不稳定带来的成长烦恼、出现的发展性问题？学校作为孩子成长的重要场域，如何提供恰当的教育资源为孩子们全面发展、终身发展打下基础？如何把现代教育的德智体美劳做到齐头并进、相得益彰？带着这样的思考，我们开始探索——什么样的德育是让孩子人格得以健全的德育，促进孩子全面发展的德育，成就孩子未来幸福的德育，并为此展开了持续的实践与研究。本书所呈现的正是学校对这一系列问题的思考、实践和解答。

我们梳理了健全人格这一核心概念。作为一本主要源于实践的书，我们希望尽可能地给读者呈现落实校本德育理念的整个过程。健全人格这个核心概念在一般意义上将其归属为心理学范畴，学校提出的对学生健全人格培养涉及的内容却由心理学延伸到哲学、伦理学和自然科学，因此本书中用了较长的篇幅来理清关于健全人格的界定。如果说人格指个人的心理面貌或心理“格局”，即个人的各种意识倾向与稳定而构成的独特的心理特征的总和，那么健全人格就是指人要具有什么样的人格，即具有什么样的意识倾向、心理特征以及由此而表现出来的行为风格，才更有利于个人全面可持续的发展，从而更有利于社会全面可持续的发展。基于以上对健全人格的校本界定，我们提出了人格的三维度结构——意识倾向、心理特征和行为风格，以及与之相匹配的人格要素，构成本校健全人格教育的目标体系，并以此建构健全人格为核心的德育课程。

我们探索了培养健全人格的路径与策略。德育是关于人的教育，而人又具有复杂的生物属性和社会属性。从学生视角出发，我们通过问卷调查、现场观察、案例研究和规律探寻了解学生的需求，并形成了对健全人格的内涵解读。而如何在学校教育中通过德育课程化的实施去培养学生的健全人格又成了摆在我们面前的难题。为此，学校成立了《基于健全人格培养的德育课程化实践研究》课题组，进行了全员育人、全面育人和全程育人的研究与实践。通过课题研究，学校从健全人格这个核心目标出发，进行了德育的活动化设计、序列化建构、常态化开展和课程化实施，梳理出了契合本校育人理念的校本德育课程化实施目标、内容、策略和评价标准，这也是促使这本书成形的一个重要基础。正是因为有了前期课题研究和实践探索中的积累，才有了这本书的雏形。

我们进行了健全人格培养的德育实践。以课堂为载体，通过师生互动、生生互动等多种形式的活动设计，让学生在获取知识的同时能健全人格；通过典型课例研磨、展示、评价反思，教师在反思中既育人又育己，实现教学相长，提高教师对基于健全人格培养的德育课程的理解能力、执行能力和组织评价能力。以班级为载体，通过主题班会课程的设计和实施，培养学生校园文化的认同感和自豪感、班级建设的参与感和责任感。以超班级活动为载体，结合学情，遵循“顶层设计、逐层推进、全面铺开、重点实施”的原则，开发超班级德育活动课程。以学生校园生活的重要时间节点和空间场域为依托，组织课程实施并进行多元评价，取得了良好的教育实效。健全人格教育重要的载体是课堂，由于篇幅有限，本书中能被读者看见的优秀课例也有限，希望透过这些课堂中真实呈现的情感互动和真诚用心，让读者了解我们对德育课题的研究如何促成了有温度的课堂，为孩子们未来的人生发展埋下一颗颗有生命力的种子。

联联珍珠贯长丝，灼灼其华分外明。利用健全人格这根长丝，我们拟将课程育人、活动育人、文化育人、管理育人、实践育人和协同育人有效联结，聚合德育资源，提升德育实效。我们期望，学子们美好的人生乐章，从此地扬帆起航！健全的人格品质，从此刻着力塑造：学会学习，善于交往，敢于承担，明确智商情商同等重要；兴趣培养，情感体验，规则遵守，做到内在外在共同塑造。

“问渠那得清如许，为有源头活水来。”优化学生公共生活，培养学生健全人格正在成为本校学生成长的源头活水，教师专业发展的源头活水，学校高品质建设的源头活水。从课程目标设计到课程内容解读，从课程实施策略到课程多元评价，本校始终把学生全面而有个性的发展放在首位；重视学生个体的体验和感受，在生本理念下积极探索有效德育的路径，取得了良好的效果。健全人格德育课程作为学校教育目标实现的一个有效载体，作为全员德育的一个有效载体，作为学生核心素养培育的一个有效载体，承载着学校素质教育的核心理念和价值追求，将会被有效而长期地坚持下去。正是这样的坚持让我们的德育逐渐摒弃传统弊端，不断提高德育实效。

从理念走向课程，从课程走向孩子的内心，这一路聚集了太多人对我们的支持和关爱。这里特别要感谢四川省教科所杨真东所长，四川师范大学郑富兴教授、李松林教授，从事品格教育研究的杨霖老师等相关专家对本课题的悉心指导。同时也在此特别感谢高志文校长对本课题研究提供的支持，高校长多次培训参研教师并亲自撰写课程纲要。最后，要感谢每一位在课题中默默付出的老师们，无论是罗远洋、张玉萍、谭洪涛等在学科方面的思考，还是徐然、本成军、干敏等在班级管理方面的探索，抑或是王俊、欧波、胡敏霞等在超班级大型活动方面的实践，因为有他们平凡而真挚的热情，才有这本书文字背后让人动容的教育课堂。

当然，本校的探索如一叶在德育的大海上行驶的扁舟，还有更多的德育问题如潮水般涌向我们，等待着我们去乘风破浪、不断向前。这本书只是本校十几年来致力于德育实践和德育研究的一些认识。因编写人员的水平有限，也许还存在着很多的不足，请大家批评指正。我们笃信，只要坚守教育理想，我们就不会孤独！

在此，感谢为付梓成书而作出努力的每一个人。

德育即无时无刻的教育，愿每一个教育者都做德育的有心人！

与大家共勉！

第一章

基于健全人格培养的德育课程化实施理论概述

中国著名教育家蔡元培说："德育实为完全人格之本，若无德则虽体魄智力发达，适足助其为恶，无益也。"教育家朱小蔓指出："教育的核心和灵魂是德育，教育的根本目的是育德。"杜威指出："一切教育的最终目的是形成人格。"纵观众多教育家的教育言论和实践，德育问题向来受到关注和重视，德育对塑造人格的作用也是有目共睹的。在我国，学校的德育工作一直以来都被摆在教育工作的首位，中学阶段是学生德性成长的关键期，也是学生人格发展的关键期，对培养学生的健全人格起着重要作用，因此研究基于健全人格培养的德育课程化实施具有重要意义。

第一节 基于健全人格培养的德育课程化内涵与特征

一、基于健全人格培养的德育课程化内涵

要了解基于健全人格培养的德育课程化内涵，我们需要先了解并澄清人格、健全人格、德育课程化等相关概念。

（一）何为人格

从字源上看，我国古代汉语中没有“人格”这个词，但是有“人性”“人品”“品格”等词。例如，最早提到“人性”的孔子曾说过“性相近也，习相远也”（《论语·阳货》），他认为人们在生性上是相差不大的，而在环境造成的习性上却相距甚远。人性、人品、品格等词虽然与人格一词在内容上有联系，但它们毕竟是不同的含义。汉语中的“人格”一词是现代从日文中引入的，而日文中的“人格”一词则来自对英文“personality”一词的意译。英文中的“personality”一词源于拉丁文“persona”，本意是指面具。所谓面具（mask），就是演戏时应剧情的需要所画的脸谱，它表现剧中人物的角色和身份。例如，我国京剧有大花脸、小花脸等各种

脸谱，表现各种性格和角色。把面具指义为人格，实际上包含着两层意思：一是指个人在人生的舞台上表演出的各种行为，表现于外，给人的印象特点或公开的自我；二是指个人蕴藏于内、外部未露的特点，即被遮蔽起来的真实的自我。因此，从字源上来看，人格就是个人的总体面貌，即我国古代学者所描述的“蕴蓄于中，形诸于外”。

随着历史的发展，“人格”问题逐渐受到各界学者的关注并被引入相应研究领域。心理学、哲学、法学、社会学、伦理学、教育学等领域都对此问题进行过探究，所以“人格”被赋予了多层含义。

在心理学领域，不同的研究者对人格有不同的理解，对人格所下的定义也不尽相同。最早对人格下定义的是西方人格心理学家奥尔波特（G. w. Allport），他认为人格是个体适应环境的独特的身心体系。艾森克（Eysenck）认为人格是决定个人适应环境的性格、气质、能力和生理特征。卡特尔（Cattel）认为人格是可以用来预测个人在一定情况下所作行为反应的特质。伯格（Jerry M. Burger）（2010）提出：人格源于个体身上的稳定行为方式（人格研究者通常认为稳定的行为方式指的是个体差异）和内部过程。我国学者陈仲庚（1986）认为人格是个体在社会化过程中形成的、给予人一定特色的身心组织，表现为一个人在不断变化中的全体和综合，具有动力一致性和连续性；人格可以定义为个体内在行为上的倾向性。郑雪则认为人格是以遗传素质为基础的，通过与后天环境相互作用而形成的相对稳定、独特的心理行为模式。黄希庭认为人格是个体在行为上的倾向性，它通过个体在适应环境时的能力、情绪、需要、动机等方面的整合表现出来。台湾学者张春兴指出人格是个体在生活过程中面对他人、事物、自己以及对整个环境适应时所彰显出的独特个性。人格被认定为一种特殊而稳定的心理结构系统。“人格是个体在心理过程中表现出来的某些稳定而又时常出现的心理特征的总和。”它是个体性格、气质、能力、情绪、需要、动机、态度等方面的综合产物，它强调个体的独特性，关注个体的发展。

在哲学领域，人格的概念比较抽象。哲学家从人和动物相区别的方面对人格进行探索，将理性和自我意识视为人格的根本属性。

在法学领域，“人格是指一个人作为权利和义务主体的资格”，即一个自然人能否成为各种法律关系主体的资格，它代表了一个人的尊严和自由。

在社会学领域，学者从个体社会化角度来界定人格概念，认为“人格是决定人在社会中角色和地位的一切特性的总和，所以人格可以被认定为社会的有效性”。

在伦理学领域，伦理学家更多的是从道德品质方面定义人格概念，将人格视为道德行为和道德品质协调统一的整体，“人格是善的化身”，“人格是合理的道德良知”。

我国思想政治教育学领域对人格概念也做过界定，张耀灿在其著作中认为，人格是“个体相对稳定和比较重要的心理特征的总和，是一个人的品格、品质、思想境界、情操格调、道德水平等”。其研究领域同心理学及伦理学的研究方向略有相同。

由此可知，虽然不同学科对“人格”概念分析的出发点和研究角度不尽相同，但是它们的研究都共同丰富了人格的内涵，促进了人格研究领域的发展，同时也体现出人格问题本身的广泛性和复杂性。

本文综合了心理学、伦理学、教育学等领域的相关概念，结合本校实际情况，我们把“人格”定义为意识倾向、心理特征与行为风格的总和；个人的心理面貌或心理格局。人格构成了一个人的思想、情感及行为的独特模式。

为了更好地理解人格的概念，我们对易与人格混淆的概念进行区分。

有人把个性（individuality）当作人格的同义词来使用，其实这二者也是有区别的。世界上的一切事物都具备个性，但人格仅仅是对人而言的。人格是对一个人本质或总的描述，而个性则是从差异的角度来看人与人的差别，它强调的是人的个体差异。所以，应对个性与人格这两个概念区分使用。

气质（temperament），通俗地说就是我们日常生活中常常提到的脾气、秉性，表现在心理活动的强度、速度、灵活性与指向性等方面。它是一种稳定的心理特征。气质没有好坏之分，是人的一种先天倾向，而人格的形成不仅有先天禀赋基础，还受社会环境的影响，对人格的形成和发展起决定性作用的是社会环境。

性格（character），是后天形成的，包含在人格之中，是人格结构的一个重要组成部分。性格与气质不同，它有好坏之分且能最直接地反映一个人的道德风貌。因此，我们可以看出人格发展的基础是气质，性格是后天形成且反映个人道德行为特征，而个性指的是人格的独特性。

（二）何为健全人格

健全人格是衍生出来的一个名词，目前并没有一个确切的定义，而且还存在许多与之含义相近的概念，如健康人格、理想人格、完美人格等。健全人格受到教育、社会、心理和法律等诸多学科领域的关注。在教育学家看来，健全人格就是人格的全面发展，即德智体美劳协调发展。法律学家则是从维护人权的角度出发，把健全人格看成是神圣不可侵犯的。而社会学家在研究健全人格的时候则把健全人格的发展看成是一个过程，即个体从“自然人”向“社会人”转化的过程，由一个纯生物意义上的人成为能够适应社会的真正的人。

心理学关于健全人格的定义较复杂。如美国人格心理学家奥尔波特认为，健康的或成熟的人在性质上不同于病态的或不成熟者，一个健康成熟的人应具有六项标准。而另一位美国心理学家马斯洛在 1956 年提出，一个“自我实现”的人会表现出 14 项人格特征。我国学者黄希庭也基于心理健康的角度提出了健全人格的五个重要标准。从前面的描述我们可以看到，这些心理学家在提到健全人格时，并没有把它作为一个特定的概念而是作为一种观念或思想。葛明贵提出健全人格是一个非特定的范畴性概念，它可以从以下几个方面来认识：第一，健全人格是一个相对的概念，它的反面是不健全人格。第二，健全人格是一个发展性概念。人格是不断发展变化的，人格的不断发展过程其实就是人格的逐步健全过程。第三，健全人格是一个结构性概念。健全人格的结构应当是一个多层次、多水平、多侧面、富有内在逻辑关系的、完整的心理成分构成物。但也有学者尝试对健全人格下定义。其中比较被认可的是高玉祥在其《健全人格及其塑造》一书中的定义，他把健全人格看成是一个由多种特质组成的结构系统，只有系统中的各种成分和特质都得到健康、均衡的发展才能称之为健全人格。因为人格本身是一个综合系统，包含若干心理特质，所以这个概念很好地概括了健全人格的本质。

综合以上概念，结合本校实际情况以及我们对“人格”的定义，我们把健全人格定义为符合社会发展要求的、完整的、和谐的人格。它是创造性思维产生的重要前提，也是实现自我价值的重要条件。

（三）何为德育课程

关于德育课程的定义，正呈现出多样化的趋势。我们知道的有三种基本观点：(1) 课程是知识，学校开设课程的主要目的是让受教育者获得知识。(2) 课程是经验，只有个体的亲身经历才称得上是学习，因此课程是以受教育者参加实践活动的形式来实施的。(3) 课程是活动，学习是受教育者各种自主性活动的综合，课程应该以满足受教育者的兴趣、需要、能力、经验为目的来加以实施。由这样三种课程定义，引出了课程的分类，如显性课程与隐性课程、狭义课程与广义课程、学科课程与活动课程、分科课程与综合课程、必修课程与选修课程等。

从广义课程的角度说，学校里一切教育载体统统可以称之为课程。从狭义课程的角度说，主要是指列入学校总体教学计划之内的课程，这样的课程都应该包含教学目标体系、教学内容体系、教学指导纲要、教材教参体系、教学实施过程、教学评价体系等元素。

根据国内外课程理论、我国现阶段学校课程计划的规定以及德育课程的教学特点，同时考虑到人们对德育课程分类简单明了的要求，我国许多学者都赞同把德育课程简洁地划分为三类，即学科性德育课程、活动性德育课程和隐性德育课程。

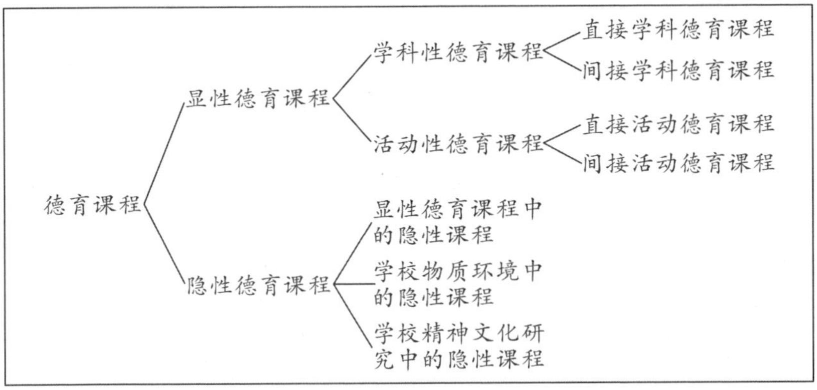

根据泰勒原理，“课程”必须回答以下四个问题：课程的教育目标是什么，哪些内容可以达到这些教育目标，教师怎样组织开展这些教育内容，如何确定教育目标的实现。基于这样的课程原理，我们所理解的德育课程化就是将德育环境、德育资源、德育活动等德育要素以课程形式加以组织，明确其目标、清晰其内容和途径，并对学生学习效果进行评估的过程。德育课程化使得学校的德育内容更加系统，德育策略更加科学，德育效果更加高效。

（四）何为基于健全人格培养的德育课程化

综合对人格、健全人格、德育课程化等概念的理解，我们认为基于健全人格培养的德育课程化实施就是以培养学生健全人格为目标，将德育环境、德育资源、德育活动等德育要素以课程形式加以组织，明确其目标、清晰其内容和途径，并对学生学习效果进行评估的过程。

在本概念中基于健全人格培养有两层含义：（1）德育的核心是培养学生健全的人格。本校自建校初期就提出“健全人格”的育人目标和相关目标体系，这个目标体系将培养学生的正确价值观念、必备品格和关键能力与本校学生生活、学习实际相结合，分解形成意识倾向、心理特征、行为风格三个维度，在此三个维度下又分解为认知、情感、意志、兴趣、气质、性格、言行特征、文明素养八个板块，再从这八个板块细化出人生观、价值观、道德观等三十二个要素来培养学生健全人格。在目标体系的指引下，从学生学科学习、班级生活、校内实践活动等各个领域构建德育课程。(2）培养健全人格，既是我们的教育目标，也是落实立德树人的抓手。首先，健全人格的目标体系是从学生的角度出发，具有学生视野。面向学生进行常态的心理学量表测试，初步了解本校学生人格现状，结合针对学生的问卷调查、访谈以及教师对学生的观察和长期的教育实践，形成学生健全人格培养的德育课程目标体系，这是一种自下而上的研究。其次，将学生的人格教育融入学生学科、班级、超班级的学习及活动中，扩展学生的学习空间，实现全域育人。

二、基于健全人格培养的德育课程化与核心素养及传统人格教育的关系

学校在课程建设之路的探索过程中，始终把提升学生素养放在首位，并不断融入新的研究成果。学校通过研究与实践，以对学生的观察以及历年的学生测试结果为前提，构建了以心理学为基础，延伸到哲学、社会学、伦理学等方面的学校学生发展核心素养体系和健全人格目标体系。

（一）学生发展核心素养，主要指学生应具备的，能够适应终身发展和社会发展需要的正确价值观、必备品格和关键能力

研究学生发展核心素养是落实立德树人根本任务的一项重要举措。自中国学生发展核心素养提出之后，本校进行了校本化解读，在探究与内化中建构了双流区立格实验学校学生发展核心素养体系，构建校本的核心素养框架，是为了使学校的育人目标更明确，同时在课程中得到更具体的落实。而将健全人格作为其六要素之一，充分体现本校对学生健全人格培养的理解与重视。

（二）从人格的概念界定可以看出，人格包括一个人的各种意识倾向、心理特征，以及由此决定的行为风格和行为方式

校本核心素养框架与教育部公布的核心素养框架内容相比，前者更契合本校实际。比如“健全人格”的概念，教育部公布的核心素养框架中的“健全人格”，其内涵仅限于心理学范畴，本校将核心素养框架中的“健全人格”的内涵进行拓展，涵盖更宽泛。其内容涉及三个维度、八个板块和三十多个要素。同时，校本核心素养框架与学校人格特征框架相比，前者提出的要素更精简，属于关键的知识能力和品德；后者则是对其延伸和细化，描述的德育内容更详尽，其作为德育课程的具体指导目标更具可操作性。如果说核心素养强调基础性、普适性、同一性，是较为抽象的上位概念，那么健全人格目标就是其具象化的要求。

（三）基于健全人格培养的德育课程化与传统人格教育的区别

传统的人格教育是从心理学范畴出发的，从心理学维度看人格最基本的构成要素是认知、情感、意志这三种心理成分，即认知、情感、意志达到高层次的发展水平且协调配合均衡，是健全人格的心理结构。健全人格就是认知、情感、意志均衡协调发展的结果，因此，心理学视角的健全人格教育着重于促进学生认知、情感、意志的和谐。但是从社会伦理学维度看，人的道德发展是道德认知、道德情感、道德意志与道德行为四个构成要素的和谐统一。人内隐的认知、情感、意志心理成分及外显的行为特征与人的道德发展的构成要素——道德认知、道德情感、道德意志、道德行为，具有一致性，据此，我们认为基于健全人格教育的德育课程化就是在传统人格教育的基础上加入伦理学，对学生世界观、人生观、价值观、道德观及各种行为习惯的要求，使学生在心理健康的基础上更有利于个人和社会全面可持续发展。同时利用德育的内容、方法、手段和环境等为健全人格教育提供新视角、新方法和思想引导。

三、基于健全人格培养的德育课程化实施的特征

（一）以学生为中心是基于健全人格培养的德育课程最基本的特征

学生是一切教育活动的中心，自然也是德育的中心，“以学生为中心”就是“以学生的发展为中心”。这种“以学生的发展”为中心体现在三方面：一是目标体系的确立体现以学生为中心。目标体系来源有两部分，一部分来源于一线教师在长期的教育实践中积累的经验及发现的问题；另一部分则是对不同年级的学生进行人格现状调查，了解不同年级学生的人格现状，根据现状确定学生人格培养目标，根据人格培养目标确定德育内容，开发形式多样的德育课程。二是课程开发与实施以学生为中心。课程开发实施要强调学生的主体体验，创设情境，减少说教。要充分考虑学生已有经验，充分发挥学生的主观能动性，以更好实现学生人格的完善。三是课程的评价体现学生主体性原则。课程评价是学生的主体性活动，是与学生的需要和发展紧密联系在一起的学生主体性活动。学生作为课程实践的主体，对课程的开发和实施有着独特和无法替代的作用。

（二）基于健全人格培养的德育课程实施体现了开放性

德育课程的开放性，是指面向学生逐步扩展的整个生活世界，从封闭的教科书扩展到所有对学生有意义、学生感兴趣的题材，拓宽学生学习的范围。我们认为和谐的育人环境是学生健全人格生成适合的土壤与场域，包括绿色生态的自然环境、积极正向的社会环境、多元共生的校园环境和民主平等的课堂环境。同时丰富完整的公共生活是学生健全人格生成的基本路径。学校在“空间即课程”的开放策略下，构建课堂、班级、学校、社区四重公共生活，为学生发展提供开放的环境，并且从课程化开发、课程化管理到课程化实施和评价中建构与四种公共生活相对应的德育课程，切实解决在我国大德育框架下无为与有为、显性与隐性、感觉与认知之间的矛盾，以及学生人格发展的育人环境优化问题。

（三）基于健全人格培养的德育课程实施强调规范性

根据泰勒原理，“课程”必须回答四个问题：即课程的教育目标是什么？哪些内容可以达到这些教育目标？教师怎样组织开展这些教育内容？如何确定教育目标的实现？但以往德育课程却存在德育意识不强、育人目标不够清晰、活动设计缺少创新、课程开发序列不严谨等问题。因此，基于健全人格培养的校本德育课程借鉴学科课程目标明确、内容清晰、形式具体等特点，对各种德育资源按照目标—内容—实施—评价的课程规范进行开发，提高了校本德育开展的效率，突出了育人价值，让学生在规范化的德育课程中践行、收获、成长。

（四）基于健全人格培养的德育课程实施强调系列化

系列化表达了这样一种设计理念，依据学生人格发展现状与德育知识结构，有目的、有步骤地把零散、无序的大量德育内容进行有机组合，并根据形成序列的需要去增加更多的内容，设计成为目标明确、主题紧密联系、内容成组成套的序列化活动框架，注重多个德育内容的连贯性以及育人效果的层次鲜明。

第二节　基于健全人格培养的德育课程化实施理论基础

一、基于健全人格培养的德育目标体系建立的理论基础

人的发展所涉及的理论是很宽泛的，如哲学、社会学、伦理学、教育学、心理学等。为此，我们查询了其中与健全人格相关的理论研究成果，并从中提炼出健全人格培养的相关要素，构建基于健全人格培养的德育目标体系。

（一）马克思主义理论

1. 辩证唯物主义

《中国大百科全书》教育卷定义人格为：个人的心理面貌或心理“格局”，即个人的各种意识倾向与稳定而独特的心理特征的总和。在意识倾向维度，辩证唯物主义认为，世界是物质的，意识是物质的特殊形式——人脑的机能。世界上一切事物（物质和精神）都是相互联系和相互作用的。事物都是在相互作用过程中不断运动变化的，其运动变化是有规律的。世界及其变化规律可以为人所认识。实践是认识的来源（间接经验的学习是依据前人或他人的实践），实践也是检验人的认识是否正确的唯一标准。世界是客观的，但人的认识是主观的。不同的人对同一事物的认识不同，所以不同的人都只是认识了同一事物某些属性而非全部。人对客观世界的认识在实践中不断发展、深化，人不能穷尽对客观世界的认识。人可以通过实践改造客观世界，但人对客观世界的改造必须符合客观世界的规律，等等。据此，我们形成了健全人格目标体系意识倾向维度下的世界观相关要素和要素观点解读。

2. 人的全面发展

马克思主义的理想人格标准是与人类社会发展的美好理想结合在一起设计的，主张把“全面发展的人”作为理想人格。人的全面发展思想是马克思主义人学思想的核心内容。在马克思的人学理论中，人的发展表现为自由发展和全面发展的有机统一。自由发展强调个体自我实现的状态。个体是自我和社会的主人，自由发展能够最大限度地突出人的价值和地位、保持人的主体性和独特性，使人在实践活动中充满活力，实现个人价值和社会价值的统一。

（二）相关社会科学与自然科学发展的理论

1.《中华人民共和国宪法》的相关规范

作为一门“学科”，宪法学属于社会科学的范畴，对宪法内涵和范围的理解不同会产生不同的宪法学，产生对人的发展和健全人格的不同理解。

我国《宪法》第十三条以及第三十三条到第五十六条对公民的权利和义务有如下论述：公民的合法的私有财产不受侵犯。公民在法律面前一律平等。国家尊重和保障人权，任何公民享有宪法和法律规定的权利，同时必须履行宪法和法律规定的义务。年满 18 周岁的公民……都有选举权和被选举权。公民有言论、出版、集会、结社、示威的自由。公民有宗教信仰的自由。公民的人身自由不受侵犯。公民的人格尊严不受侵犯，禁止用任何方法对公民进行侮辱、诽谤和诬告陷害。公民的住宅不受侵犯，禁止非法搜查或者非法侵入公民的住宅。公民的通信自由和通信秘密受法律保护。公民对于任何国家机关和国家机关工作人员，有提出批评和建议的权利，对于任何国家机关和国家机关工作人员的违法失职行为，有向有关国家机关提出申诉、控告或者检举的权利。公民有劳动的权利和义务。公民有休息的权利。公民有受教育的权利和义务。公民有进行科学研究、文学艺术创作和其他文化活动的自由。公民在行使自由权利的时候，不得损害国家的、社会的、集体的利益和其他公民的合法自由和权利。公民有维护国家统一和全国各民族团结的义务。公民必须遵守宪法和法律，保守国家秘密，爱护公物财产，遵守劳动纪律，遵守公共秩序，尊重社会公德。公民有维护祖国的安全、荣誉和利益的义务。保卫祖国、抵抗侵略是中华人民共和国每一个公民的神圣职责。依照法律服兵役和参加民兵组织是中华人民共和国公民的光荣义务。公民有依法纳税的义务等。

2. 现代自然科学发展的相关理念

现代自然科学对物质世界的认识正在向着宏观和微观两个方向深入。宏观上对宇宙的诞生和变化以及大尺度范围的宇宙空间，微观上对基本粒子的性质、相互作用和变化已有了丰富的研究成果。现代自然科学的发展取得了许多革命性的成就，推动了人类社会的快速发展，从而证明世界是可以为人所认识的。但是从人对宏观和微观世界的最新研究成果都显示出，人对世界的认识还很肤浅，有很多未解之谜。现代自然科学的发展证实了人类以往对世界的认识有许多谬误，从而告诫人们，对世界已经取得的认识和对未知的世界，我们都要保持理性和谨慎。不能以为我们已经取得的认识绝对正确，也不要以为未知世界已经不多，很快就会被完全认识。同时我们也要有求索的心态和勇气，继续向未知世界探索。

现代自然科学对人与自然的关系的研究也取得了很大进展。这些进展一方面表明人类可以依照自然规律改造自然，利用自然资源为人类造福，与自然和谐相处；另一方面也表明过去人类对自然的干预和改造有许多违背自然规律的成分。人类这些违背自然规律的行为后来都遭受了自然的报复。现代人类正面临着巨大的人为破坏造成的生态环境问题，其威胁着人类的生存发展。据此，我们形成了对存在与规律、已知与未知、现象与本质以及人与自然等子要素的认知。

（三）教育学、心理学相关理论

普通心理学关于兴趣、情感、意志、动机、需要、行为、个性、气质、性格等的论述，成为本校基于健全人格培养的德育目标体系及其要素解读的重要内容，成为学生成长的培养指南。特别是其中的“人本主义理论”，兴起于20世纪五六十年代的美国，以马斯洛为代表的人本主义理论强调人的尊严、价值、创造力和自我实现。该理论把人的本性和自我实现归结为潜能的发挥，认为个体之所以存在，之所以有生命意义就是为了自我实现的需要。个体为了自我实现会发挥他的潜能，使得“在个人内部不断趋向统一，整合或协同动作”。人要实现的需求有七个层面：生理需求、安全需求、归属与爱、尊重需求、认知的需求、审美需要、自我实现的需要。人本主义理论的教育思想，强调教育的目的就是帮助人自我实现，让人从低层次需要的实现逐渐达到高层次需要直到最高层次需要的实现。也就是在人满足生理、安全等低层次需要的前提下，引导人向归属与爱、尊重、认知、审美直到追求自我实现的高层次需要发展。该理论认为人本身具有在低层次需要满足后超越自我实现高层次需要的潜能。该潜能是否能充分发挥作用，要看环境条件。和睦、真诚、理解和信任的环境是激发潜能的良好环境，而专制的环境是不良环境。这一理论及其所强调的观点成为本校德育的核心与灵魂之一。

通过以上多种方式的数据采集、整理与分析，结合学生访谈、教师观察和理论研究，我们分析提炼出着力培养学生哪些健全人格的特征，不断优化并构建学校基于初中生健全人格培养的“健全人格教育校本课程目标体系”。

二、健全人格德育课程化实施的理论基础

任何教育研究与实践都是在继承中发展的，既要符合时代特征，也要有理论依据。基于健全人格培养的德育课程化实施，正是以人类历史长河中诸多的心理、伦理、教育理论与教育思想为理论基础的。

（一）西方现代（著名）德育理论

道德认知发展论认为进行德育教育就是对受教育者的认知能力提升的过程，认知和发展贯穿这一理论的始终。人本主义道德教育论主张，将人本主义的德育观念运用到德育过程中，就要改革灌输式的、机械训练式的德育教育模式，形成民主式的德育氛围，使德育教育在具有人本主义色彩的课堂氛围中进行。价值澄清理论是一种利用问题和活动进行教育的方法。这一方法使人们在价值丰富的生活领域进行应用评价。价值澄清理论强调的不是向受教育者灌输正确的观念，而是对受教育者自身价值的澄清过程。这样，受教育者所获得的价值观念就是适合他自身的价值观念；同时他也可以通过对自身的调节，使其自身与变化的世界相适应。

对于德育理论，各派别所持观点不尽相同，但总体来看是更注重实践以及隐性教育在德育过程中的作用。受应试教育的影响，在德育的过程中，我们的教育者往往过于关注学生的分数和成绩，在一定程度上忽视了德育的本质与内涵，而这些德育理论对于本校德育工作开展提供了理论基础。

（二）教育学理论

1. 泰勒课程论

泰勒课程论认为课程目标必须指明课程结束后学生身上所发生的变化，注重目标、效率和行为控制，强调通过控制学生的学习行为和教师的教学过程来促进学生对于知识和技能的获得，它是一种有条理、系统的课程设计过程。在泰勒看来，课程分为四个主要阶段：（1）确定课程目标；（2）根据目标选择课程内容；（3）根据目标组织课程内容；（4）根据目标评价课程。关于课程目标，泰勒认为应根据学习者本身的需要、当代校外生活的要求以及专家的建议三方面提出。

关于如何选择课程内容。泰勒提出了选择课程内容的五条原则：（1）必须使学生有机会去实践目标中所包含的行为；（2）必须使学生在实践上述行为时有满足感；（3）所选择的学习经验应在学生能力所及范围中；（4）多种经验可用来达到同一目标；（5）同一经验也可产生数种结果。关于如何有效地组织课程内容，泰勒认为最主要的必须根据继续性（即在课程设计上要使学生有重复练习和增进提高所学技能的机会）、序列性（即后一经验在前一经验基础上的泛化与深化）、综合性（即课程的横向联系）的标准来组织学习经验。关于课程评价，泰勒认为评价是课程编制的一项重要工作。它既要揭示学生获得的经验是否产生了满意的结果，又要发现各种计划的长处与弱点。泰勒课程理论认为，任何一个完整的课程编制过程都应包括这四项活动。课程组织的四个步骤是：首先，确定一个一般目标；其次，将一般目标划为更具体的特殊目标；再次，将特殊目标划为可测量的行为目标；最后，根据行为化的目标选择、组织和实施课程，并根据目标的实现程度对课程进行评价，从而为改进课程提供反馈信息。泰勒的课程论为我们提出德育课程实施的规范化、课程体系的系列化提供了理论依据。

2. 经验主义课程论

经验主义课程论认为学生是课程的中心，在课程中知识要适应学生已有经验、生活和发展的需求，课程需要紧密联系生活，激发学生的学习兴趣和积极性，从而掌握有助于解决生活中实际问题的方式，进一步丰富学生的经验并促进受教育者良好实践能力的形成。正是在经验主义课程论这样的理论基础上，我们的德育课程始终坚持学生的主体地位，把学生作为课程的中心，不论是在课堂上还是在活动中都尊重学生已有的经验，积极创设适切学生的真实生活经验和情景，让学生在接近生活的经验中不断完善人格。

3. 人本主义课程论

人本主义强调在教育教学过程中应重视学生的认知、情感、兴趣、动机、潜能等内心世界的研究，尊重每个学生的独立人格，保护学生的自尊心，帮助每个学生充分挖掘自身潜能、发展个性和实现自身的价值。人本主义力图证明，外部的学习要求与每个人具有的生长趋势是一致的，学习可以带来即时的快乐，并成为兴奋的源泉，而不是作为与别人竞争或保证一个人在未来社会中的地位和工具。因而，教师在教学过程中尤其要重视学生的情感体验，设身处地地从学生的角度去理解学习的过程和学习的内容，帮助学生了解学习的意义，建立学习的内容与学习者个人之间的联系，指导学生在一定的范围内自行选择学习的材料，激发学生从自我的倾向性中产生学习兴趣倾向，培养学生自发、自觉的学习习惯，让其实现真正意义上的有意义的学习。在人本主义理论基础上，本校健全人格德育课程从开发到实施都体现以学生为中心，充分尊重学生的主体地位。

第三节 基于健全人格培养的德育课程化实施的研究意义

一、有利于学生的健康、全面发展

从学生个体发展来看，青少年心理机能和人格尚未定型，易受外界影响，具备较大的可塑性。青少年接受新事物较快，思维敏捷，积极求知，乐于与人交往，但想法不够成熟，情绪波动较大，意志不坚定。青少年普遍的人格特点使得他们能够快速汲取“营养”以成长，同时也容易受挫。初中阶段学生处于青春发育期，正在经历身体心理发展的巨大变化时期，这一时期心理的不稳定和矛盾冲突给学生带来很多成长烦恼，心理健康问题日益增加。本校民办寄宿制学校的特点决定了生源的多样性，更带来了学生问题的复杂性。基于健全人格培养的德育课程化正是通过培育学生健全人格，克服学生发展中的心理问题或困惑，引导学生健康向上。

2003年，学校在成立之初就提出“健全人格”的育人目标，意在培养“全面发展、个性特长、人格健全”的“人”。多年来，学校通过研究与实践，从对学生的观察以及历年的学生测试结果为前提，构建了以心理学为基础，延伸到哲学、社会学、伦理学等方面的学校学生发展核心素养体系和健全人格目标体系。在这样的校本目标指导下，学校在课程建设之路的探索过程中，始终把学生的全面发展放在首位，并不断融入新的研究成果，坚持以学生为中心。经过多年的努力，本校学生在健全人格课程的浸润下参与班级建设、自主管理、主题活动等，学生违纪违规现象逐年下降。学生寒暑假参与志愿者活动、社区服务、职业体验、社会调查等活动项目及人次逐年增加，学生的行为表现得到了各活动主办方的高度称赞，评为优、良者的达90％。学校让学生参与律师、环卫工人、会计、警察、推销员、家庭钟点工等职业体验，广泛接触社会各阶层，与真实生活世界对话，促进了学生思想观念、个性品质、行为方式等人格要素的健全。

二、促进教师育人意识与育人能力的提高

当前，教师育人积极性、主动性和创造性不高，客观而言，是因为在相当长的一段时期，学校把分数作为教师考核的标准。部分学科教师受评价“指挥棒”影响，将更多的精力放在学科知识教学上，育人意识淡薄。而另一部分学科教师虽具备育人意识，但自身育人能力不足，逐渐消磨了实践热情，导致育人效果不理想。实际上，在教学中育人并非难事，只要意识到课堂是育人、育才的重要阵地，清楚把握教学与育人的关系，形成强烈的育人自觉意识，不再机械地将育人作为额外任务，而是作为教学的本质和必然要求来看待，就会逐步主动实施育人，做到教学与育人同向同行。

基于健全人格的德育课程化则是通过将教学目标、过程、评价等实施在学校教学的角角落落，引导教师认识到学科课堂的价值在于知识与能力、育才与育人的完美结合；引导教师深刻理解在教学中培养学生的兴趣、积淀学生的情感、弘扬精神与传授学生知识、培养学生的能力是相辅相成的关系；引导教师深刻认识到“培养什么人、怎样培养人”，回归教育初心，提升学生人文素养，训练学生科学思维，塑造学生正确价值观。

三、促进学校的发展

立德树人是新时代教育的根本任务。多年来学校一直将落实立德树人理念、提高德育实效作为学校工作的出发点和落脚点。在省级重大德育课题“基于健全人格培养的德育课程化”的引领下，近年来学校将课程育人、活动育人、文化育人、管理育人和实践育人有效联结，聚合德育资源，提升德育实效。在这样的德育环境下，本校学生参加全国和省市多项主题活动与比赛，获奖 4300 余人次。本校先后有 2 名教师被评为中小学正高级教师，1 名教师被评为成都市特级教师，17 名教师被评为成都市优秀青年教师、优秀班主任和优秀德育工作者，56 名教师被评为中小学高级教师。教师出版专著，撰写研究报告、论文，展示课获奖等都有了较大幅度的提升。这样高水平的教师队伍和教育教学质量，也达到了家长、社会对本校课程结构优化与德育体系化构建育人方式创新的期望。该育人方式的成功实验成为本校发展的又一里程碑，为同类学校的德育建设提供了借鉴和参考。

四、顺应我国教育改革与发展的要求

2010年颁布的《国家中长期教育改革和发展规划纲要（2010—2020年）》指出：坚持德育为先，立德树人，把社会主义核心价值体系融入国民教育全过程；引导学生形成正确的世界观、人生观、价值观，把德育渗透于教育教学的各个环节，贯穿于学校教育、家庭教育和社会教育的各个方面。2014年3月，《教育部关于全面深化课程改革　落实立德树人根本任务的意见》指出，充分认识全面深化课程改革、落实立德树人根本任务的重要性和紧迫性。2020年《深化新时代教育评价改革总体方案》提出，强化“五育”并举，着眼于加快构建德智体美劳全面培养体系，突出德育实效，创新德育载体。在《义务教育评价指南》中，学生发展质量评价围绕学生品德发展、学业发展、身心发展、审美素养、劳动与社会实践等5个方面提出了12项关键指标，旨在促进学生德智体美劳全面发展，培养适应终身发展和社会发展需要的正确价值观、必备品格和关键能力。《中小学德育工作指南》指出“始终坚持育人为本、德育为先，大力培育和践行社会主义核心价值观，以培养学生良好思想品德和健全人格为根本”。综上我们可以看出，教育改革与发展为学校德育工作要关注学生健全人格发展方面做出了明确的价值引导。学校德育工作要结合社会需求和学生个体发展实际，重视和尊重学生的个性发展差异，激发学生个体的潜力和创造性，促进学生个体的全面发展。学校基于健全人格培养的德育课程化正是顺应教育改革与发展的要求，是教育改革精神的体现，是教育改革政策的校本化实施。

第二章

基于健全人格培养的德育课程化实施目标体系

课程是学校为实现培养目标而选择的教育内容及其进程的总和，包括目标、内容、方案设计、实施过程、评价体系五个方面。众多的课程构成学校的课程体系。德育课程是学校课程体系的重要组成部分。本校的德育课程化是指按照健全人格这个核心的德育目标，将德育环境、德育资源、德育活动等德育要素以课程形式加以组织，明确其目标、清晰其内容和途径，并对学生学习效果进行评估的过程。其逻辑起点是德育，是德育校本化实施进入课程规范的过程。因此，学校健全人格德育课程化实施，首先需要建立一个完善的德育课程体系。在这个体系中，要有健全人格的德育理念，要有全员育人、全面育人、全程育人的方式载体，更要有明确的德育目标。通过多年的研究与实践，学校构建了以心理学为基础，延伸到哲学、社会学、伦理学等方面的学校健全人格目标体系，并以此作为学校德育课程化实施的顶层设计的重点，引导教师增强德育意识和提升育人能力、规范学生文明言行、优化学校育人环境、挖掘校园育人功能。

第一节 德育课程化实施目标体系的源起

《中国大百科全书·教育卷》把“德育”定义为：教育者按照一定社会或阶级的要求，有目的、有计划、有组织地对受教育者施加系统的影响，把一定的社会思想和道德转化为个体的思想意识和道德品质的教育。也有学者认为，学校德育是教育工作者组织适合德育对象品德成长的价值环境，促进他们在道德价值的理解和实践能力等方面不断建构和提升的教育活动。这一界定强调了两个方面的含义：第一，德育的核心是促进学生道德理解能力和实践能力的发展。道德教育在学校德育中具有基础地位和统摄作用，是学校德育的核心和根本。第二，德育的过程是教育者的影响和学生的自我建构的双向活动。影响学生道德形成的主要方式是控制和影响他们的环境，间接促进他们的道德生长；尽量为学生提供良好的道德环境，让其获得道德体验。培养道德行为是教育者进行德育的手段和途径。据此，我们认为，德育是指教育者按照一定的社会要求，秉承以人为本的理念，有目的、有计划、有系统地对受教育者进行引导和影响，以利于其人格完善和德性成长的过程，并通过受教育者积极的认识、体验与践行，使其成为适应并利于社会发展的、人格健全的人。

关于目标，一般来说，它是指想要达到的境地或标准，对活动预期结果的主观设想，也是活动的预期目的，为活动指明方向。

德育目标是德育及其相关活动的出发点和归宿，是教师对学生达到的学习成果或最终行为的明确阐述。为深入贯彻落实立德树人根本任务，《中小学德育工作指南》指出，我们的目标不仅要引导学生准确理解和把握社会主义核心价值观的深刻内涵和实践要求，养成良好道德品质、法治意识和行为习惯，更要形成积极健康的人格和良好心理品质，促进学生核心素养提升和全面发展，为学生成长奠定坚实的基础。因此，相别于形式化、运动化、说教式的传统德育，本校基于健全人格目标培养的德育更关注心理教育理念和方法在学生身上的运用，更关注学生作为个体的人的终身成长与发展，并将两者进行融合。

正是基于这样的理解，我们采取多种方式搜集相关信息，采集相关数据形成相关观点，并在对数据的整理与分析中构建德育课程化实施目标体系。

一、常态观察，了解学生成长的品格需求

从学生的成长历程来看，1—2 年级是学校生活的起步期，学生开始适应有序的集体学习生活；3—4 年级，学生已经适应了学校生活，生活视野进一步扩大，具备一定的独立意识；5—6 年级，学生的生活范围不断扩大，具备一定的道德是非判断能力；7—9 年级，学生处于青春发育期，其独立思考能力和判断能力进一步增强，但情绪波动大，可塑性强。高三结束，学生的发展趋于稳定，通过整个高中的锤炼，学生的各项人格发展进入基本成熟的状态，为进入社会做好身体、心理和品行的准备。其中，青春发育期的主要特点为体格生长的再度加速，生殖系统的发育骤然增快与渐趋成熟。由于受神经内分泌的调节变化，常出现精神、心理、行为等方面的不稳定。独立性加强，兴趣广泛，对外界反应的敏感性亦增高。青少

年正在经历身体心理发展的巨大变化时期，这一时期心理的不稳定和内在外在的矛盾冲突给学生带来很多成长烦恼。对于这个年龄段的青少年来说，他们的核心心理发展任务是建立自我同一性并渴望得到父母的尊重。他们需要去探寻自己和他人的差别、认识自身，明确自己更适合哪种社会角色。虽然他们表现得嚣张跋扈、叛逆任性，但其实他们在这个阶段的自尊水平普遍不高，经常会感到空虚失落，出现的发展性问题日益增加。

从童年中期、晚期，到青少年期，孩子花在同伴交往上的时间会越来越多。他们希望通过与同伴的相处和交流获得力量和归属感，在与社会环境的互动中强化和逐渐形成清晰的自我认知。因此，这一时期的青少年会从家庭关系开始走向社会关系，社会环境为青少年提供了很好的完成内在自我认同的有利条件。另外，由于处于青春期发展状态中的青少年受生理发展和大脑发育不成熟的限制，表现出情绪和行为的不稳定性，这会给初步走出家庭关系的青少年带来较多的挫败感和低自尊。这些心理冲击会使青少年表现出易冲动、易激惹等情绪特点和行为方式。同时这个时期也是形成人生观和价值观的重要时期，青少年在认知架构中逐渐开始意识到自己作为社会成员、集体一分子的责任与担当，视野也已经开始从家庭的小范围扩展到整个社会甚至人类共同的命运主体。通过环境与自我、社会与自我以及他人与自我的尝试与探索，青少年进一步解答了“我是谁”的疑问，从而明晰自我的边界与方向。

以双流区立格实验学校为例，民办学校的招生特点决定了生源的多样性，也带来了学生问题的复杂性。从近年来学校心理咨询人数统计来看，呈逐年增长趋势，教师、家长的观察和学生入学心理测试结果（量表采卡特尔 14PF、中学生心理健康检测；学生抽样＞1000 人属于大样本），显示存在着学习焦虑、人际敏感、情绪稳定等因子方面的显著问题（来源心海软件心理测评统计中心），让学校意识到对学生进行情绪情感引导的重要价值。从学校德育的日常管理和与学生及家长的日常接触中，我们观察到，学校学生家庭背景有着丰富性和多样性，在人际相处中呈现出较多的矛盾和冲突。与同区的其他学校相比较，学生的经济情况相对良好，但热爱劳动、勤俭节约等行为有待大力培养。家长和学生都对学业及学生成长有较高的期望和要求，学生整体的学业压力较大，加重了学习焦虑，带来学生情绪等方面的问题。学校的综合实践活动课程开发与实施研究作为教育部基础教育课程教材发展中心推选的“基础教育课程改革典型案例”，为学校学生的实践和创造能力的培养提供了肥沃的土壤。学生思维活跃、见多识广、关注社会生活，对公民权利、社会平等和国家发展等方面有着强烈的兴趣，同时也面临着很多的困惑与矛盾，需要在这些方面给予及时的指导和教育。

二、问卷调查，了解学生成长的问题与缺失

1. 心理学人格测试量表

在研究中，我们使用心理学人格测试量表对学生作了初步的全员调查与分析，获得了连续 6 年的学生基本情况数据，从心理学角度初步了解学生的人格现状。

本测试量表的全名为“卡特尔十四种人格因素测验（Cattell fourteen Personality Factors Questionnaire，简称 14PF）”，是在卡特尔 16PF 的基础上修订而来的，适用于 8—14 岁的中小学生。其主要功能是对个体的人格因素做出分析，从 14 个方面描述个体的人格特征。这 14 个因素分别为：乐群性（A）、聪慧性（B）、稳定性（C）、兴奋性（D）、恃强性（E）、轻松性（F）、有恒性（G）、敢为性（H）、敏感性（I）、充沛性（J）、世故性（N）、忧虑性（O）、自律性（Q3）、紧张性（Q4）。除直接测量这 14 种人格特征外，还通过二阶因素分析获得 3 个二阶因素。这 3 个二阶因素实质上是比 14 种人格因素高一层次的人格类型因素，称为次元人格因素或双重人格因素，具体为：适应与焦虑型（X1）、内向与外向型（X2）、神经是否过敏（X3）。

该量表测评信度较高，最高的信度系数为 0.92（O 因素），最低的信度系数为 0.48（B 因素）；在效度方面，测试结果表明 14 种因素之间的相关较低，表明各因素之间是独立的。量表项目的因素负荷在 0.73—0.96，同一因素中各题的反应有高度的一致性。

测评中，我们不仅从乐群、聪慧、稳定、兴奋、轻松、有恒、敢为等 14 个相对独立的人格特点对人进行描绘，还可以了解学生在环境适应、专业成就和心理健康等方面的表现。其部分结果见表 2－1 所示（以 2019 年测评为例）。

通过对心理测评数据统计分析，我们发现，学生表现出青春期心理发展的基本特点：情绪基本稳定，有不同程度起伏；对事情表现出热情不高、学习中体现出积极主动性较差，生活中体验感不足，情感不充沛；想法、行为幼稚，不够成熟，因此可能带来人际关系的困惑。男生在人格发展上表现出与女生不同的阶段特点。男生对事物的理解和规划管理程度相较女生更有待提高，在对待学习的热情程度上男生不及女生自律，男生青春期发育较女生更晚的生理规律影响了男生对学习生活的认知，表现出幼稚、无所谓的天真状态。女生在焦虑、敏感方面比男生表现突出，这既表明男女生青春期发育的不同，也提醒学校的教育工作应注重引导学生学会认识自我、管理自我与规划自我。从人格因子的统计结果来看，学校的教育理念应从单纯地注重分数，即题海战术转向注重学生的素质发展的多元发展观，激励学生承担责任、为自我成长而不断努力。

2.《**中学生自我控制能力问卷**》**量表测评**（**以 2019 年测评为基础**）

在研究中，我们构建了相应的目标体系。同时我们采用问卷、访谈、观察等方法，进一步摸清本校中学生人格要素发展的基本现状，以利于对目标体系及其基础要求进行细化解读。其中自制力、自律、自控是本校德育课程目标体系的重要因素，我们从情绪自控、行为自控和思维自控三个方面对学生进行相关问卷调查。

表 2—1　全体测试标准分统计表

序号	因子	标准分(STEN SCORE)																			
		1		2		3		4		5		6		7		8		9		10	
		人数	比例	人数	比例	人数	比例	人数	比例	人数	比例	人数	比例	人数	比例	人数	比例	人数	比例	人数	比例
1	乐群(A)	9	.01	25	.03	60	.06	82	.08	138	.14	184	.19	207	.21	84	.09	144	.15	34	.04
2	聪慧(B)	9	.01	20	.02	45	.05	104	.11	154	.16	218	.23	207	.21	131	.14	66	.07	13	.01
3	稳定(C)	15	.02	55	.06	79	.08	106	.11	130	.13	161	.17	148	.15	210	.22	63	.07	—	—
4	兴奋(D)	106	.11	124	.13	189	.20	151	.16	145	.15	61	.06	124	.13	43	.04	17	.02	7	.01
5	恃强(E)	13	.01	30	.03	27	.03	108	.11	217	.22	241	.25	194	.20	106	.11	27	.03	4	.00
6	轻松(F)	15	.02	24	.02	66	.07	140	.14	188	.19	120	.12	2C1	.21	142	.15	62	.06	9	.01
7	有恒(G)	20	.02	43	.04	65	.07	166	.17	190	.20	194	.20	173	.18	90	.09	24	.02	—	—
8	敢为(H)	13	.01	33	.03	71	.07	114	.12	248	.26	166	.17	144	.15	100	.10	56	.06	22	.02
9	敏感(I)	15	.02	37	.04	6	.01	90	.09	188	.19	255	.26	160	.17	126	.13	71	.07	19	.02
10	充沛(J)	9	.01	32	.03	125	.13	108	.11	210	.22	282	.29	116	.12	56	.06	24	.02	5	.01
11	世故(N)	38	.04	73	.08	159	.16	196	.20	210	.22	97	.10	103	.11	72	.07	18	.02	1	.00
12	忧虑(O)	30	.03	13	.01	107	.11	149	.15	168	.17	153	.16	132	.14	126	.13	50	.05	39	.04
13	自律(Q3)	7	.01	32	.03	91	.09	104	.11	166	.17	159	.16	228	.24	180	.19	—	—	—	—
14	紧张(Q4)	55	.06	—	—	55	.06	193	.20	183	.19	143	.15	133	.14	138	.14	59	.06	8	.0

本测量分为两部分。第一部分用王红姣、卢家楣2004年编制的《中学生自我控制能力问卷》。此问卷由情绪自控、行为自控、思维自控三个维度组成，共36道题。问卷重测信度高（为0.922和0.809）。情绪自控、行为自控及思维自控三个维度，相关性较低，量表项目的因素负荷分别为：0.870、0.915、0.912。反映情绪的控制、行为的控制及思维活动问卷具有良好的效度。问卷共由36个项目组成，其中正题10个、反题26个，每一项目都有五个判断等级，从完全符合到完全不符合分别用数字5—1表示记分。正题选5得5分，选1，得1分；反题反之，选5，得1分，选1，得5分。被试者在回答问卷时可从中选择一个最适合自己实际情况的等级，问卷的得分范围在36—180分，得分越高表明学生的自我控制能力越好。

从测试结果来看，本校学生自我控制力整体高于常模，说明学校的管理和日常学习生活的环境状态有利于学生相关个性品质的培养，但分布不均衡，如英语班学生自我控制能力显著高于数学班与文创班。基于此结果，应针对不同班型研究并形成有针对性的管理方式。

表2—2　三类班型自我控制能力的总体情况

班型		频率	百分比	有效百分比	累计百分比
有效	数学	88	30.7	30.8	30.8
	文创	100	34.8	35.0	65.7
	英语	98	34.1	34.3	100.0
	总计	286	99.7	100.0	—
缺失	系统	1	.3	—	—
总计		287	100.0	—	—

表2—3　三类班型学生自我控制力

班型	平均值	个案数	标准差
数学	132.10	88	18.578
文创	125.43	99	21.722
英语	138.32	98	19.328
总计	131.92	285	20.614

第二部分为开放式问卷。问卷内容涉及学生对自我控制的理解、重要性的认识及自己在日常生活和学习中的自我控制。通过开放式问卷调查发现，大部分学生对自我控制的理解正确，明确自我控制是个人在各种场合中的约束能力；明确什么时候能做什么，什么时候不能做什么，在一定的场合下能克制自己不做想做但不适合做的事，以及具备对诱惑的抵抗能力，能很好地控制自己的情绪、思想和行动的能力等。

三、理论探寻，建构基于健全人格培养的德育目标体系

人的发展所涉及的理论是很宽泛的，如哲学、社会学、伦理学、教育学、心理学等等。为此，我们查询了其中与健全人格相关的理论研究成果，并从中提炼出健全人格培养的相关要素，构建基于健全人格培养的德育目标体系。如通过辩证唯物主义、人的全面发展等马克思主义理论的探寻，我们对健全人格目标体系意识倾向维度下的世界观、人生观、价值观相关要素和要素观点进行了解读。通过学习相关社会科学与自然科学发展的理论，如《中华人民共和国宪法》的相关规范、现代自然科学发展的最新成果等，我们形成了存在与规律、已知与未知、现象与本质以及个人与群体、促进人际交往、人与自然等子要素，并进行了适当的解读。同时，普通心理学关于兴趣、情感、意志、动机、需要、行为、个性、气质、性格等的论述，成为本校基于健全人格培养的德育目标体系及其要素解读的重要内容，成为学生成长的培养方向。特别是其中的人本主义理论及其教育思想，在人满足生理、安全等低级需要的前提下，引导人向归属与爱、尊重、认知、审美直到追求自我实现的高层次需要发展。这一理论及其所强调的观点成为本校德育的核心与灵魂之一。

通过以上多种方式的数据采集、整理与分析，结合学生访谈、教师观察和理论研究，我们分析提炼出着力培养学生健全人格特征的要点，不断优化并构建学校基于初中生健全人格培养的“健全人格教育校本课程目标体系”。

第二节 德育课程化实施目标体系的构建

一、德育课程化实施目标体系构建的说明

近二十年来，学校德育工作一直是我国大中小学日常教育中的重中之重，而人格教育也包含其中。在国外重视人格教育的同时，我国也在积极探索适合我国的包括心理健康教育在内的德育之路。尤其是在一些发达的地区，心理健康教育工作受到了极大的重视，如上海、浙江、重庆、广东、北京等省市就有专门的中小学心理健康教育委员会等机构，许多中小学都配备有1—2名专业的心理健康教师。然而，我们发现，在中小学越来越重视心理健康教育的同时，中小学生心理问题却越来越突出，甚至不时发生中学生出走或非正常死亡的惨剧。由此可见，如何对中小学生进行包括心理健康教育在内的德育，需要更加细致全面的审视和思考，争取用最少的时间和尽可能易操作的方法去实现中小学生的德育目标。

心理学认为人格是构成一个人的思想、情感以及行为的独特模式。这个独特模式包含一个人区别于他人的稳定而统一的典型心理品质。遗传决定了人格发展的可能性，而环境决定了人格发展的现实性。在学生成长发展过程中，教师对学生人格发展具有重要的引导作用，同伴群体对学生的人格也有着巨大的影响作用。DSM和CCMD的临床诊断认为18岁以下的学生人格处于不稳定状态，具有较强的可塑性。

现代认知神经科学，特别是其中脑科学的发展，提供了越来越多的关于神经科学的研究信息。这让我们看到，环境影响了人的行为选择，而行为选择又塑造了我们脑部的神经通路，一点点影响着我们的人格特质。

本校在德育课程中要达到的健全人格包含三个内涵：（1）代表一种人格发展的平衡、和谐状态；（2）代表人格发展的质量，即人格发展的完整性和正常性；（3）代表人格发展的过程是一个持续完善的过程。从操作意义上讲，健全人格是一个包含三个层次的结构：第一层为内隐层，指学生的人格心理特质，具体表现在正常性、完整性，即知、情、意三者均衡协调，要树立学生正确的世界观、人生观、价值观，引导学生对自我、他人、社会、自然的积极态度；第二层为中间层，指行为调控机制，要培养学生的自我意识与公共理性；第三层为外显层，指人格行为特征，指向对自我、社会、自然的行为，要培养学生亲社会、利他、亲自我的行为。因而，我们探索人具有什么样的人格，即具有什么样的意识倾向、心理特征以及由此而表现出来的行为特征，才更有利于个人全面可持续地发展，也更有利于社会全面可持续地发展。三个内涵与三个层次表述如下：

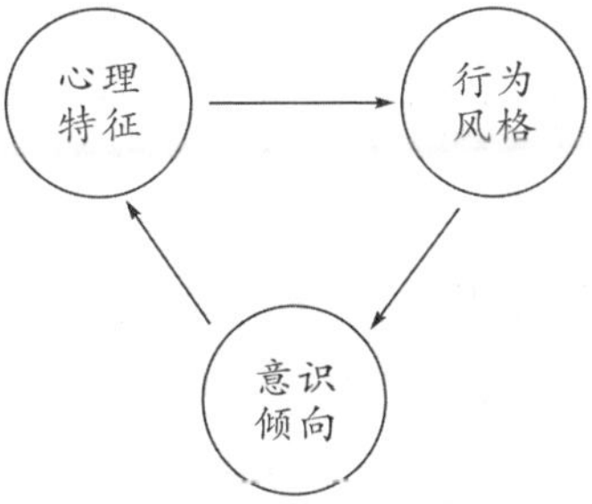

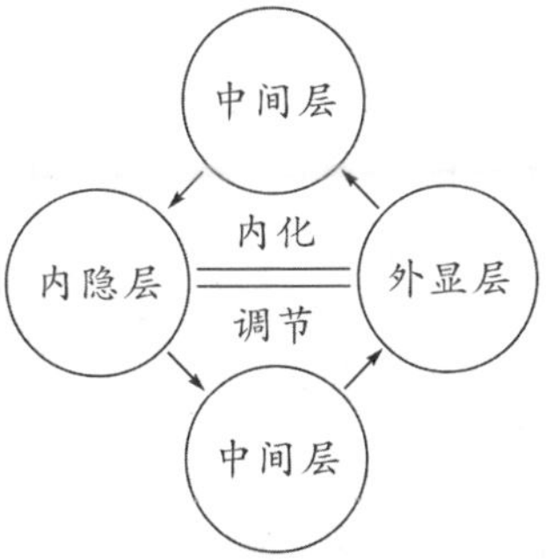

为了实现学生健全人格的培养，本校进行了相关课题的研究，课题研究的初衷是满足学生的实际需要，在相应理论的指导下，帮助学生解决成长中的问题，这也正是课题研究的意义和价值所在。但每个时代的学生个体不同、生源地不同，在人格的塑造和健全上需要的着力点和方向会有所区别，因此课题基础即健全人格目标体系需要有较好的包容性和开放性。

按照这样的设想，我们形成的健全人格教育目标群由意识倾向要素部分的目标和心理特征要素部分的目标构成。这两部分目标实现的外显性解读和综合体现则构成了行为风格目标。这样的目标体系具有校本特色，是对核心素养的校本解读，也是学校育人目标的具体体现。其中认知作为意识倾向最为核心的内容，它所包含的世界观、人生观和价值观是对学生进行思想观念教育的重点。简单的三个要素及其解读无法满足学生成长和道德教育的需要，因此我们还在该板块和要素之下，设置若干子要素，以满足学生道德品质提升与科学思想观念形成的教育需求。

二、德育课程化目标体系的构成

在课程建设之路的探索过程中，本校始终把提升学生素养放在首位，并不断融入新的研究成果。本校通过研究与实践，以对学生的观察以及历年的学生测试结果为前提，构建了以心理学为基础，延伸到哲学、社会学、伦理学等方面的学生发展核心素养体系和健全人格目标体系。

（一）学生发展核心素养

这主要指学生应具备的、能够适应终身发展和社会发展需要的正确价值观、必备品格和关键能力。研究学生发展核心素养是落实立德树人根本任务的一项重要举措。自中国学生发展核心素养提出之后，通过校本研究，我们形成了双流区立格实验学校学生发展核心素养体系构建校本的核心素养框架（见表 2—4），使学校的育人目标更明确，在课程中得到更具体的落实。

表 2—4　核心素养框架

<table>
<tr><th>核心价值</th><th colspan="2">核心素养</th><th>素养要点</th><th>素养内涵</th></tr>
<tr><td rowspan="4">从中国实际出发，面向世界与未来，培养全面、有个性、健康可持续发展，并有利于社会健康可持续发展的人</td><td rowspan="4">文化基础</td><td rowspan="2">人文基础</td><td>人文积淀</td><td>文科各学科精选的双基（中文外语及交流沟通能力，多元文化的了解，感知、发现、鉴赏美的知识和能力，阅读理解）；传统及现代文化的广泛的涉猎，个性方向的发展</td></tr>
<tr><td>人文精神</td><td>以人为本意识，尊重人、维护人的尊严和权利；尊重并学习实践人类文明成果，关注人的生存、发展和幸福；欣赏、追求美</td></tr>
<tr><td rowspan="2">科学基础</td><td>科学积淀</td><td>理工各学科精选的双基（尤其是数学、科学、信息技术以及在这些方面的互动沟通能力）</td></tr>
<tr><td>科学精神</td><td>重实证，尊重事实和逻辑，尊重自然及规律；批判质疑，探索进取</td></tr>
</table>

续表

核心价值	核心素养		素养要点	素养内涵
从中国实际出发，面向世界与未来，培养全面、有个性、健康可持续发展，并有利于社会健康可持续发展的人	自主发展	学会学习	学习态度	积极的态度和浓厚的兴趣，良好的习惯；意志力强，克服困难，立志终身学习
			学习能力	自主合作学习，善于发现并设法解决问题；能认识自己的特长与不足并扬长补短；锻炼思维能力（分析、综合、概括、判断、反思、直觉、发散、收敛等）
		实践创新	沟通合作与问题解决	在异质群体中运用语言、科技、信息技术进行交流沟通；从学习生活实际中发现问题，综合运用知识在复杂环境中互助合作处理冲突、解决问题
			创意设计与劳动技术	能综合运用知识和艺术进行创意和设计，并将创意设计转化为作品或物品；尊重热爱劳动，勤于动手并掌握有关操作技能；理解技术与人类文化的关系，有学习掌握技术的兴趣和工程思维，立志通过诚实合法的劳动创造成功生活
	社会参与	健全人格	意识倾向	理性求实；善良仁爱（有同情心，不忍制造伤害，爱人、爱生命生活、爱自然）；诚信正义
			心理特征	自知自尊自信自律，自觉（对自己的行动和人生有目的计划）坚毅；广泛持久有中心的兴趣；健康的审美倾向
			行为风格	爱护劳动成果；果敢开朗，爱护环境，言行礼貌亲和
		社会责任	责任意识	履职尽责，敬业奉献的精神，互助合作的团队意识；感恩、热心公益；明是非，有规则法纪意识，对自我及他人负责；维护并行使公民权利，履行公民义务；崇尚自由、平等，维护公平正义；意识及行为体现可持续发展
			国家观念	有国家意识，了解国情国史，捍卫国家主权、尊严和利益；学习并弘扬中华优秀传统文化，接受并践行核心价值观，有为中华复兴而奋斗的理想
			国际理解	有全球意识和开放心态，了解人类文明史及当前的发展动态；理解、尊重、包容文化的多样性和差异性；积极参与跨文化交流，培养世界公民意识努力融入世界；关注人类目前面临的全球性挑战，理解人类命运共同体的内涵与价值

（二）校本德育目标中的健全人格

这是指人具有什么样的人格，即具有什么样的意识倾向、心理特征以及由此而导致的行为方式。这才更有利于个人全面可持续地发展，也更有利于社会全面可持续地发展。换言之，更有利于个人和社会全面可持续发展的人格是健全的人格。

从人格的概念可以看出，人格包括一个人的各种意识倾向、心理特征，以及由此决定的行为风格（行为方式）。由此，我们提出以下人格特征并形成学校健全人格课程的目标架构。

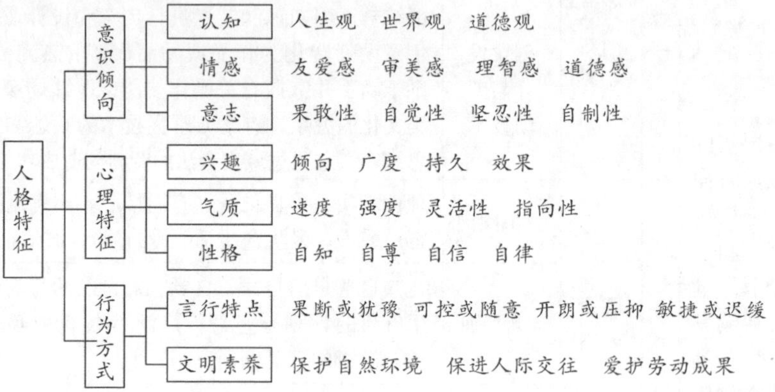

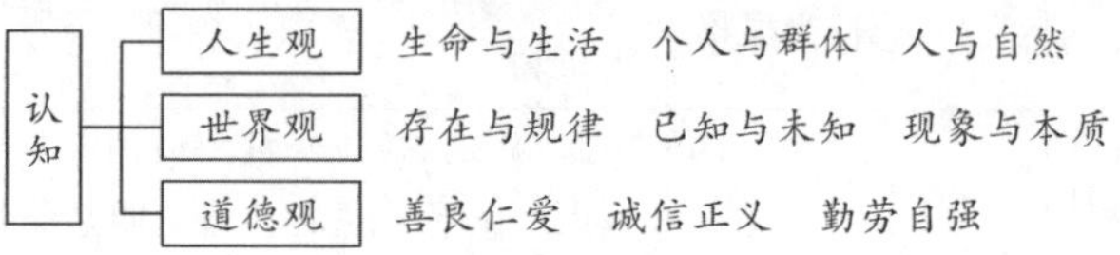

从中我们可以看出，校本核心素养框架与教育部公布的核心素养框架相比，前者根据本校实际进行了补充。

第三节 德育课程化实施目标体系的解读

作为课程目标组成要素，如认知、情感、意志等都是对一类事物本质属性的反映。根据学校及学生相关年龄段特点，我们将侧重于这一要素中一些特质作更加具体的解读。这些解读成为我们细化目标，指导课程实施和课程内容选择的重要依据。

一、对维度层面基本内涵的解读

从哲学、心理学定义来看，意识是指大脑对客观世界的反映，是赋予现实的心理现象的总体，是作为直接经验的个人的主观现象，表现为知、情、意三者的统一。心理特征是指心理活动进行时经常表现出的稳定特点，是个体在社会活动中表现出来的比较稳定的成分，以稳定性为基础，参考心理活动用途、范围的指向不同，可分为能力、气质和性格。兴趣作为人认识事物或从事活动的选择性态度和积极的情绪反应，对人的个性心理特征尤其是性格的形成有重要价值。行为包括说话和动作。这里的行为风格，是指个体在生活、做事和与人交往以及与环境相处时所表现出的言行特点和态度，在态度方面尤其强调现代文明素养表现。

基于这样的内涵，我们从意识倾向、心理特征和行为风格三个方面，结合学生的年龄特点和本校学生的个性特征，选择了八个板块和三十多个要素作为其具体而细化的目标。

二、对板块选择要素的解读

从板块层面来看，意识倾向维度共分为了三个板块，即认知、情感和意志。

认知是指人类对世界的知识性与理性的追求，它与认识的内涵是统一的。认知形成人的思想观念，思想观念是人对人生、对事物、对世界的基本理性认识，包括了人生观、世界观、道德观等。思想观念影响人对事物的判断和对未来发展的选择，是人格组成的重要内容。

情感是人对事物的态度的体验，是人的需要是否得到满足的反映。与认识活动不同的是，情感具有特殊的主观体验和显著的生理变化以及外部表情。构成人格最重要的情感有友爱感、审美感、理智感、道德感等情感。

意志是人有意识、有目的、有计划地调节行动的心理过程。人因需要而产生愿望，从而确定目的、制订计划，再依据计划行动。从动机（因需要而产生愿望就形成动机）到行动的心理支配就是意志。意志过程分为决定阶段和执行阶段。决定阶段就是有需要愿望、目的、计划的阶段。因为人的需要是复杂的，由此而产生的愿望也是复杂的，有时要进行选择（动机斗争）。决定阶段意志的作用是在愿望选择中促使人表现出果断性，尽快在几种愿望中选择出结果。执行阶段是按计划行动阶段，执行阶段意志的作用是在行动遇到困难和干扰时使人表现出坚定性。意志是后天的，人先有意识，后有意志。所以意识越清晰，需要愿望目的的过程就越明确，人的自觉性就越强，意志也就越坚定。意志还表现在愿望选择时的果断性和行动过程的坚毅性上。意志与情感因素有关，情感或情绪强烈可增强意志但可能导致盲动，低落的情绪可以削弱意志，所以意志过程需要有控制情绪的自制力。

因此，意识倾向维度下，我们从认知、情感、意志三个板块共选择了十一个要素作为我们要达成的具体目标。

在心理特征维度下，从兴趣、气质、性格三个板块共选择了十二个要素作为具体目标。

兴趣是人认识事物或从事活动的选择性态度和积极的情绪反应。人的兴趣是基于物质和精神的需要。兴趣以认知为条件，对未认知的事物谈不上兴趣，认知越深兴趣越浓。兴趣有倾向性、广度和持久性，兴趣的直接效果就是引发行动。兴趣以需要为基础。需要是人产生行为的力量源泉。需要是个体对内外环境的客观需求（生理性的和社会性的）的反映，表现为个体的主观状态和个性倾向性。生理的需要是自然需要，是为了维持有机体生命和延续种群。但人的生理需要与其他动物不同，会受到社会意识文化的影响。社会需要是人类在学习人类创造的文化和在社会交往中受到社会意识影响而产生的需要，是社会文化及意识形态作用于个体，得到个体肯定后变成的个体欲望，如劳动、交流合作、友谊、尊重、成就、学习、尚美、道德等。社会需要也受生理影响，但它脱离了简单的自然生理满足进入文化理解创造层面。需要有层次性，按马斯洛的理论可分为生理需要、安全需要、情感归属需要、尊重需要、自我实现需要这五种逐渐提高的层次。生理、安全需要虽然是较低层次的需要，但也是人生存发展的前提，是产生较高层次需要的基础，所以应保护这种需要并创造条件予以满足。但生理、安全需要的满足应当受到社会道德和法规的约束。个体应当通过学习理解努力发展自身较高层次的需要，并为实现较高层次需要而行动。需要导致兴趣的倾向性，即人对哪方面的事物感兴趣。对既有利于自己的发展完善，也有利于他人和社会的事物感兴趣是积极的兴趣倾向；只顾满足低级需要，对既不利于自己的完善和发展也不利于他人及社会的事物感兴趣，是消极的兴趣倾向。个体应努力克服消极的兴趣倾向，发展积极的兴趣倾向，从而在寻求满足生理、安全需要时文明礼貌，遵守道德规范和法律法规。有情有义有爱心，自尊且尊重人，有超脱于自身利益的理想追求。不能低级趣味，粗俗野蛮，冷漠无爱心；不能为攀附权势俯首帖耳，或因畏惧恶势力曲意逢迎，丧失骨气；不能只重自身的现实利益，缺乏较超脱的理想。

气质与人的活动目的和内容无关，是个体典型的稳定的心理活动的动力特征，即心理过程的速度、强度、稳定性（如知觉、思维的速度、灵活性，注意力集中的时间，情绪、注意力的强度）和心理活动的指向（内倾、外倾）等。人的气质主要是与生俱来的，但后天的环境可使其适度改变。气质总的可分为内倾型、外倾型，继续细分可分为胆汁质、多血质、黏液质、抑郁质四种类型。一个人只能说某气质类型较明显，不能绝对划分为某种气质。一种气质类型不是全好，也不是全不好，要看在什么情境下和针对什么事情。但在一定环境情况下某种气质表现所产生的效果是有好与不好之分的。所以，要注意根据不同环境、处理不同事件的需要发挥某种气质的长处，抑制或调节短处。如内倾的人在交往场合更要注意培养交流沟通的习惯，而外倾的人则要注意培养冷静的习惯，注意把握行事的分寸。

性格是支配人对现实的态度和行为方式的比较稳定的心理特征的总和，主要有自我意识、兴趣、情感、意志等方面的内容。其中，自我意识在心理意义上是指个体对自身状态及心理活动的感知及控制的意识和活动。自身状态是指个体在外界各种因素中所处的位置和关系。自我就是感知自身在外界诸因素中所处的位置和关系，感知自身的心理活动状况的意识，以及在此基础上调控自身的态度和行为的活动。这种调控既要努力满足自身的心理需要，又要考虑外界因素是否允许。自我对个性的形成发展起着调节、监督、校正作用。自我意识中的自知、自尊、自信、自律是健全人格的重要内容。为此，我们选择这四点作为性格方面的要素。

在行为风格维度下，从言行特点、文明素养两个板块共选择了七个要素作为具体目标。

言行特点指人的言行在力度、速度、确定性、稳定性等方面的特征。言行特点与人的气质密切相关，因而有先天性，但后天的培养训练可以使某种特点得到强化。言行特点也与人的意志力密切相关，所以意志力的培养训练可调控言行特点。

言行中的文明礼貌是人类进步的表现，是一个人文明素养的重要组成部分。文明礼貌的言行表现了个人对他人、对文化、自然和环境的尊重和关心，也有利于人际的沟通与交流合作，有利于人与环境和自然的友好相处，从而有利于社会的发展。

三、对要素目标达成度的解读

每一个要素之下，我们都有着对健全人格要求达成的分解。通过这样的分解，使我们的健全人格从概念到要素再到要素解读的基本内容，一步步走向可操作层面，为课程目标的实现搭建了有效的阶梯。

1. 在人生观这个要素上，健全人格要求的基本内容

（1）关于生命与生活：认为人的生命极其独特、难得而又脆弱，应十分珍惜生命。个体的生命不仅属于自己，也属于与自己的生命产生和成长有关的亲人、朋友乃至民族、人类，所以个体不能随意处置自己的生命。人生的意义不仅在于人格（特别是爱心）的不断成长，也在于体验、享受生命过程中各种生活内容的快乐。人可以而且应该不断开辟生活的新的领域以拓展生命的境界。

（2）关于个人与群体：个人是群体的元素，没有个人就没有群体，所以个人的地位和价值应受到尊重，个人的权利应受到保护。作为个人应认识到并努力维护自己的权利，特别是《宪法》赋予我们的基本权利：如平等权、政治权利和自由（包括选举权与被选举权、言论、出版、集会、结社、游行、示威的自由等）、人身与人格权、社会经济和文化教育权利等，以及构成它们的生存权、财产权、隐私权、人身自由权、学习工作和研究创造（创作）权以及与个人权利相关事务的知情权、批评建议权、表决权等。

同时人必须加入群体，离开了群体的个人找不到自己的价值，其个人权利也没有意义。人的生存发展条件也必须由群体合作创造。为了避免群体中个人之间的相互伤害和内耗，让群体中所有个人更好地发展从而使群体也更好地发展，个人应该尊重他人的人格和权利，包容他人，与他人平等相处，友好交流合作。个人还必须遵守群体的规则并对群体履行自己应尽的义务（比如对岗位工作尽责、遵纪守法、守公德、保护群体的正当利益和声誉等）。群体的规则应当有利于保护个人的正当权利，减少群体内耗，促进个人和群体发展，否则个人就可以对规则提出质疑并推动对规则的修改。

群体有不同层次，小群体之外还有许多并列的群体，若干并列群体组成大群体。小群体与并列群体和大群体之间的关系，就像个人与群体关系一样，一直到全人类。要包容不同群体（包括不同民族、不同国家的人民）的文化，促进不同文化的人相互学习交流。

(3) 关于人与自然：人来自自然，人的生存发展依赖于自然。人应当学会认识自然、欣赏自然、热爱自然、保护自然，顺应自然规律，与自然友好相处。人的生存发展必然涉及对自然环境的改造和向自然界索取，但这种改造和索取不能违背自然规律，不能造成不可逆转的破坏和灾难性后果，要充分考虑可持续发展。

2. 在兴趣培养上健全人格要求的基本内容

(1) 关于倾向：指兴趣所指向的内容。是指向物质，还是指向精神；是指向活动过程，还是指向活动过程所产生的结果；是指向特定的事物、活动和人，还是指向某一领域。人的倾向表现出个别差异。

(2) 关于广度和持久：有的人兴趣广泛，感兴趣的事物种类很多；有的人兴趣面很窄，少有事物能引起他的兴趣；有的人兴趣稳定持久，有的人兴趣变化无常。为了可持续发展，个体应当在发展广博兴趣的基础上发展中心兴趣，发展稳定持久的兴趣。

(3) 关于效果：兴趣的效果是指兴趣是否有力量，是否引起了行动。若兴趣引发了行为，推动了工作学习和其他行动，则兴趣是有效果的；若兴趣只是一种心态、一种向往，停留在口头上，没有实际行为，则这种兴趣是无力量或无效果的。

3. 在自我认知上健全人格要求的基本内容

(1) 关于自知：个体对自身的状况、需求、能力、成绩等方面在客观世界中所处的层次和关系的认知。自知是行为的前提，清晰的自知引导目的明确的行动，模糊的自知导致盲目的行动。自知是在与他人交往和与客观世界接触中吸收信息，再通过内心体验思考逐渐形成的，他人提示、评价是促进自知的重要途径。因为自身的需求、能力、成绩等有多个层次，自我认知只能逐渐深入，也因为自我欲望情绪等会干扰个体对自己的正确认识，所以自知是一个困难的过程，不能正确认识自己的现象是很多的。

（2）关于自尊：自己重视自己的人格品质和权利，不看轻自己。不以个人的言行表明自己人格品质低劣或忽视自己的权利，也不容忍他人随意贬低个人的人格和侵占个人的权利。缺乏自尊的人很难得到他人的尊重，很难平等参与人际交流合作。自尊不能变成自大，不能不尊重他人。不尊重别人的人也得不到别人的尊重。自尊也不能过敏，不能把他人的无意或善意的行为（例如在不知情的情况下，偶然巧合说到你不高兴的事或善意地开玩笑）猜忌为对个人的贬低或伤害。

（3）关于自信：个人对自己的能力和要努力实现的目标抱有信心。自信才有前进的动力，失去自信必然导致停滞或倒退。他人的肯定和做事的成功（或经过努力克服挫折后成功），是获得自信巩固自信心的主要渠道。外界的一味斥责或贬低，会因目标不切实际导致不断的失败，容易损害自信。

（4）关于自律：个体有意识控制自己的行为，以适应环境、适应群体和社会规则，或排除干扰，使生活、工作等持续发展。人的行为是因为无意识的本能或有意识的兴趣需要驱使而产生的。但自发的行为可能与外界环境产生冲突，或与群体社会规则相矛盾。人还会因为来自内心的干扰和外界的诱惑而偏离正常的生活、学习、工作轨道。所以，个体应不断对自己的行为进行调控，以适应环境和规则，排除干扰，实现持续发展。学会自律是人的文明进步的重要特征。自律是人有意识的主动地调控自己的行为，不是受到外力强制才被动地改变行为。

4. 文明素养板块下相关要素的要求

（1）关于保护自然环境：保护自然状态，对自然的利用要合理，不对自然造成不可修复的破坏，不污染和破坏环境。

（2）关于促进人际交往：人际交往包括人与个别人、少数人交往和人参与群体及社会活动。人际交往应顾及别人的感受，体现出对他人的尊重，表现出友好的态度，言行符合礼仪要求。在公共场所不影响别人，不破坏秩序。

(3) 关于爱护劳动成果：包括对自己的、别人的、公共的一切有用物品和设施的保护和合理利用。

四、对要素正反两方面典型表现的解读

在每一个要素基本内容的分解中，为了让学生能够更好地将自己的行为表现导向健全人格的要求，我们以学生日常生活中的所见所思所感为基础，进行了正反两方面典型表现的解读。

(一) 人生观中三个子要素中正反两方面典型表现的叙述

1. 关于生命与生活

正面：在极艰难的环境下仍顽强地生存，不放弃生命。时时想到亲友、群体乃至民族、人类与个人生命的联系以及个人在生命中应对其承担的责任，个人生命生活出问题对其产生的不良影响。生活阳光、快乐，在日常生活中体会到快乐，在经历生活重大事件（获得荣誉、开学、就业、结婚等）中体会到幸福。即使在困难情况下也能寻找快乐。

反面：自暴自弃甚至轻生，对个人不负责任，不顾及个人生命，生活出问题，对亲友、群体乃至更大范围产生不良影响。生活茫然，把一切都看得灰暗，感受不到阳光和快乐，生活中遇到什么事都漠然、无动于衷。当然，当人遇到挫折时有痛苦的感觉是正常的感情。生活和社会有时也有消极的一面，当人发现这些方面时产生沉重心情也是正常的。人格缺陷是指非外来重大的负面原因而对个人的生命生活不负责任，在生活中不能感受阳光、快乐的一面。这时一定要及时调整好自己的状态，迎接积极、快乐的生活。

2. 关于个人与群体

正面：个人言行自尊自重，敢于维护自己的人格尊严和正当的权利。同时尊重他人的权利和人格，善于与人交流合作。对自己的工作尽职尽责，主动为群体和他人做力所能及的事。遵纪守法，守公德（也能对不合理法规提出异议），维护群体的正当利益和声誉。听取不同意见，尊重不同的风俗习惯，学习不同的文化，努力促进不同区域的人群、不同民族、不同国家之间的人民的交流合作。

反面：没有自尊心，做自损人格的事。在受到人格侮辱时无动于衷或软弱忍受（特殊情况出于保护自己的例外）。不知道自己的权利，不会行使自己的权力，不懂维护自己的权利，对自己的权利被侵犯或被剥夺逆来顺受。不懂得尊重别人的人格和权利（有意无意伤害别人的人格，侵犯别人的权利），恃强凌弱，以势压人（以自己某方面优势如财富、权势、体魄等藐视或欺负弱者）。心胸狭窄，听不进不同意见，不能容人，“闭关自锁”，难以交流合作。无法规意识，无公德心，言行随心所欲。工作不负责任，不愿为群体尽义务，只考虑个人利益，对集体利益和声誉漠不关心甚至随意损害。不能包容理解不同群体的诉求、不同的习俗和不同的文化，抱小团体主义或极端民族主义观点，视别的群体和民族的文化为异端予以排斥、反对。

3. 关于人与自然

正面：用各种方式（如摄影、旅游、绘画、写作、演唱等）表达对自然之美之欣赏。爱护和保护自然状态，认真研究自然规律，在做事过程中顺应自然规律，综合考虑自然承受能力和可持续性。

反面：一味向自然索取，不计后果。无视自然规律，甚至认为人可以随心所欲掌控自然、改造自然。抱人定胜天思想只想与自然斗争，战胜自然，结果对自然造成不可修复的破坏。

（二）性格板块中四个子要素正反两方面典型表现的叙述

1. 关于自知

正面：谦虚谨慎、有自知之明，不张狂自大，也不消极自卑。言行符合自身实际，能扬长避短。经常反省自身，不断克服不足，完善自己。

反面：骄傲自满、自高自大，或消极自卑、自暴自弃。说话没分寸，不符合自己的角色或不适合当时的场景，该说的不说，不该说的口无遮拦。做事或胆小怕事、裹足不前，或自不量力、好大喜功，结果导致失败。没有自省和反思能力，也听不进去不同意见，自以为是，固执己见。

2. 关于自尊

正面：重视自己的人格形象，做到言行文明礼貌。为人处事既随和大度，又敢于维护个人的人格尊严和权利。尊重他人，与人平等相处，友好交流合作。不故意贬损别人，不侵犯别人的权利。

反面：言行粗鲁，不顾形象，自损人格。麻木胆怯，对个人的人格受到贬损或权利受到侵犯时不知道或知道但不敢反对，不懂或不敢自我维权。过敏，把善意当成恶意，或对无意的事反应过度。自视高人一等，目中无人，随意贬损他人，侵犯他人的权利。

3. 关于自信

正面：充满自信，即使暂时受挫也不灰心。目标符合实际，在行动过程有阶段性的成功。外界的评价有及时的鼓励。

反面：不相信自己，做事没底气，或一遇挫折就灰心丧气。目标不切实际，行动过程缺少阶段性成功，使人看不到希望。外部评价一味贬斥，不断伤害其自信心。

4. 关于自律

正面：思考周密、规则意识强。事前考虑到各种条件和规则要求，行动过程中能根据实际情况及时调整。行动稳定，排除内心或外来干扰能力强。

反面：事前无思考设计，冲动而为，不计后果。做事三天打鱼两天晒网，情绪波动大，也经不起外来诱惑和干扰。自觉性和习惯性差，没有外力强制行为就失控。

这样的解读贯穿了《健全人格教育校本课程纲要》的始终。正是这样的层层解读丰富着健全人格的内容，将这一核心素养从观念切实落实到了一个个典型课例和典型活动的设计之中。

第三章

基于健全人格培养的德育课程化实施内容建构

德育课程化是一个系统工程，包括了学校显性的课堂与活动育人体系以及隐性的环境与文化育人体系，是学校道德教育内容与经验的组织形式。学生进入校园，从对学校环境、管理、制度的感受到对学校文化的认同，从参与各种活动过程中得到的体验到文化熏陶中得到的感悟、课堂学习中得到的启示，均应被纳入德育课程的内容之中。

我们立足于初中学段学科教育、班级管理以及超班级集体活动的实践，探讨符合初中生健全人格的课程目标、内容、途径与手段、评价方式与策略，力求探索出更具针对性、实效性、操作性的初中生健全人格培养的德育课程体系。其中，课程内容作为目标实现、途径手段、评价策略的载体，具有承上启下的作用。

第一节 德育课程化实施内容建构中的德育问题梳理

在学校场域里，德育在实际的教育生态中处于“说起来重要，做起来次要，忙起来不要”的尴尬状态。同时德育实践中的问题层出不穷、效率低下，而德育专业知识的缺失更让老师们对德育工作望而生畏，乐得一推了事。因此，我们需要对德育进行价值澄清和问题梳理，以便更好地进行内容建构和策略选择，提高德育实效。

一、德育之“重”——教育价值的澄清

“德育之重”，首先指的是德育的分量之重。其原因可以从社会发展、个人成长和教育性质三大主要方面加以说明。

从人类社会发展的角度而言，任何社会的生活品质都需要道德和道德教育机制加以保证，现代社会更是如此。现代社会既然给予了我们自由，当然也需要我们“配得上”这些前所未有的自由。正如当代英国教育学家威尔逊曾经指出的那样：“如果你追求主人——奴隶制度，你只需要一些规则和鞭子；如果你追求自由，你就需要各种复杂的机制和交往的环

境——信息、选举、争论、程序规则等的有效性。同样，在自由社会中，道德教育也需要更多的注意。”正是因为如此，国际社会越来越关注道德教育，我国政府也一直在不遗余力地关心和推动德育事业。

从儿童个人成长和发展的角度来说，儿童当前学习生活的动力与质量、未来生活的和谐与幸福都取决于他们是否接受了良好的做人方面的教育。当然，我们也可以从反面论证：如果我们强制一个明智的家长在孩子的品德、身体、学业和艺术修养等方面的缺陷中，选择一个最不愿意自己的孩子出现缺陷的方面，我相信他会选择品德。原因十分简单：将孩子进监狱或者戒毒所之类的问题与孩子身体上的缺陷、课业上的问题、文艺修养上的毛病相比，显然前者更令我们揪心。德育“为首”的命题所表达的，并不是对教育序列问题的回答，而是对教育的要害与本真的界定。

至于教育的性质，两百年前德国伟大的教育学家赫尔巴特所提出的“没有离开教育（实际上指的是德育）的教学”的命题，就已经有了很好的结论。台湾的陈迺臣博士在《教育哲学》中也表达得十分精彩：“教育是应该包含有教导和学习的因素在内，但反过来说并不一定为真。亦即有教有学的行为或活动，不见得就是教育。这是因为教育本身也是一种价值的活动。”所以，德育是教育的灵魂，离开育人无以言教书，离开德育谈教育无异于缘木求鱼。现代教育的弊病之一也在于其往往偏离了教育的价值属性。所以今天如果希望中国教育事业健康发展，就不能不将目光更多地投射到德育问题上。

“德育之重”，还表现为德育实施中的巨大困难，即德育实践的沉重。在全部教育领域之中，德育的困难难以想象。

德育领域中广泛存在着一般教育领域或许不太可能遇到的困难，称为常规的困难。比如在纯粹文化知识的教学中，当我们需要了解教学效果的时候，只需发一份试卷考一考学生，然后对考卷作分析，就很容易了解学生学到了什么，在哪些地方还存在问题，以后进行有针对性的教育就可以了。但是一般文化课所拥有的这个评价或者诊断的工具在德育活动中基本上不存在。我们能够对学生施测的只能是道德认知或道德行为方面。由于道德认知未必能够转化为道德行为，道德行为也未必反映道德动机，所以基本上我们无法通过某一具体道德教育活动来判断学生在品德（综合了道德认知、情感、意志、行为等）上增比了或缺少了多少。此外，在某些知识或者技能的学习上，强制可能是有效的，但是德育却不然。德育上的强制灌输一不人道，二不科学，基本上是无效的甚至是反教育的。因此，别的领域没有的困难，在德育领域广泛存在，而且不容易被克服。

当我们还在为克服那些广泛存在且不容易克服的别的领域没有的、“常规的”德育困难殚思竭虑的时候，时代的发展早已一日千里、势不可当，德育面临着时代的挑战。比如，网络时代就已经迅速地改变了我们的生存状况，我们的儿童变了，我们的环境变了，不管愿不愿意，我们已经处在一个价值多元的时代。在德育问题上，从人类价值共识的建立到具体教育策略的探索，都遭遇了前人所不曾遇到的一系列难题。

比如对许多本可以研究的课题没有开展真正意义上的研究，许多本可以克服的属于常识水平的德育缺陷没有被克服。这实际上是几十年来我们一直抱怨德育实效不高，却始终无法改变现状的根本原因之一。而讳疾忌医的结果，必然是问题更多、更严重。

“德育之重”，还表现为它的任务既重又紧急的现状。中国当代德育的现状，用“令人担忧”来描述一点都不为过。我国德育的老问题（如强制灌输等）并没有得到很好的解决。但是，中国社会已经是一个网络社会、传媒社会，网络与大众传媒对于青少年的价值影响已经日益加深。改革开放使我们更快地进入了全球化时代，道德文化的碰撞与冲突已经不可避免。以城市化为标志的现代化已经给我们的社会和教育带来了许多“富贵病”。经济特区的发展和农民进城等导致的新旧移民浪潮所引发的道德教育问题也不少。在德育问题上，我们是旧账未了，又添新账。所以，我们无法不寝食难安！

二、德育之“失”——实践问题的梳理

德育是“向学生进行政治思想和道德品质的教育”（《辞海》）；德育是“教育数不胜数者按照一定的社会或阶级要求，有目的、有计划、有组织地对受教育者施加系统的影响，把一定社会思想和道德转化为个体思想意识和道德品质的教育”（《中国大百科全书·教育卷》）；德育是“教育者按照一定的社会或阶级要求，有目的、有计划、有系统地对受教育者施加思想、政治、道德影响，通过受教育者积极的认识、体验、身体力行，以形成他们的品德和自我修养能力的教育活动”（王道俊、王汉澜主编《教育学》）；“德育是教育者根据一定社会和受教育者的需要，遵循品德形成的规律，采用言传、身教等有效手段，通过内化和外化，发展受教育者的思想、政治、法制和道德几方面的素质的系统活动过程”（鲁洁、王蓬贤主编《德育新论》）；“德育即教育者培养受教育者一定思想品德的教育。具体来说，它指的是教育者根据一定社会的要求和教育者的个体需要及身心发展的特点与规律，有目的、有计划、有系统地对受教育者施加影响，并通过受教育者积极主动地内化与外化，促进其养成一定思想品德的教育活动”（扈中平、李方等主编《现代教育学》）。

从对德育的定义中我们可以看到，我国现在所采用的是“大德育”的概念，它包括了政治思想教育、道德品质教育、心理健康教育、法制教育、国情教育、安全教育，以及生命教育、感恩教育、毒品教育、环境保护教育等。科学研究表明，道德品质教育和政治思想教育、心理健康教育有着本质的区别。一个人的政治素养、思想素养、道德素养、心理健康素养的具体发生机制是不一样的，其应对策略也明显是不一样的。同时，由于我国对德育的外延不断扩展，导致德育的目标和内容也不断扩容，在泛政治化的加持下，德育渐渐远离了道德本身的内涵；从目标到内容，从策略到实施，很多德育问题由此产生。其中，德育内容建构脱离实际，其问题表述如下。

（一）滞后于时代发展与现实生活

生活是教育的土壤，德育离开现实生活就如无本之木、无源之水。如今青少年接触到的是一个科学技术迅猛发展，政治、经济、社会、文化加速转型升级的世界。随着知识经济时代的到来，青少年生活的范围不再局限于学校和家庭，而是越来越早地接触到了立体化、多样化的社会，受到外界多种因素的影响和干扰，特别是被称为第四媒体的“网络”。在这个由互联网、知识经济和流行文化编织的全新世界里，传统的德育内容更新缓慢，理念和方法的运用明显滞后于时代的发展变化，不能适应当前科技发展和素质教育的需要，不能适时地根据当前国内外形势之变化和中学德育中出现的新情况，对学生进行有针对性的教育，致使学生对道德教育课程易产生厌学情绪。另外，随着时代的发展，学生的德育需求也日益呈现多元化、碎片化的特征，特别是对民主与法制教育、公民素养教育、青少年心理教育等方面的需求更加急迫。而学校领导和老师对当前学生出现的种种新问题和新情况，从心理角度考虑得少，只简单地从思想、政治和品德上去分析。这样的结果就是：把心理问题也当成思想问题和政治问题来解决，不仅不能进行有效的沟通，反而加剧了学生的抵触情绪。同时，作为隐性课程意义上的德育，班级架构方式将直接影响德育实效，如公民意识的培养就迫切需要民主化的班级氛围。然而，在现实的班级建设中，尤其是行政班级的建制之下，学校对班级的各项考核均通过班主任这一条线来进行，再加之部分班主任“控制感的加持”，对班级中学生的民主意识和公民意识的培养许多时候都是形同虚设的，反而是强制性的班级管理屡见不鲜，被视为“有效率”。

（二）脱离学生需要与学校实际

当前的中学德育内容某种程度上不符合中学生的心理发展及年龄特征，与他们实际生活问题的解决相脱离。在现实生活中，学生个体在觉悟程度、认知能力、道德水平和道德情操等方面都存在着差异，表现出性格迥异的个性特征。用同一套教材、相同的标准和水平来引导不同地域、不同个性的学生，显然是不切实际的，也是不科学的。同时，中学德育学科性课程死板的内容与学生丰富、灵动的生活现实反差较大，难以吸引学生对此类课程的学习专注、投入。长期以来，教育过程一直被认为是一个特殊的认知过程，课堂是知识传播的主要空间。受这一传统观念的影响，加之片面追求升学率的加剧，当前有些学校德育与整个教育、教学活动相分离，仍然孤立于整个教育活动之外，孤立于其他学科教学活动之外，跻身于政治课堂这一有限的空间和时间里。抓德育工作被认为是班主任和思想品德老师的事，与其他任课老师关联性不强。德育内容的设置脱离了学校生活实际，割裂了学校教育的育人功能和各个教师的教书育人职责，不能够把德育内容与各学科教学相融合，没有把德育寓于各学科教学中，没有充分发挥学校教育活动的“全员育人”功能。另外，中学德育内容的设置也存在理想化的倾向，没能完全与学校生活实际相联系，出现了大而不当、宽而无边的现象。

（三）局限于思想政治课教材，单一陈旧

局限于思想政治课教材、局限于政策、局限于认知，德育实践的内容缺乏多样性。近年来，尽管国内各地基于对当地的生活实际和学生思想状况的考虑，把一些乡土习俗和地方特色的典型事件充实到德育内容里，出现了不同版本的适合各地需要的思想品德教材，但德育的形式还只是拘泥于既定的教材，忽视了学生思想变化周期短、速度快的特点。另外，学校也没有拓宽德育思路，寓德育于教学的点滴之中，特别是将学生健全人格的目标融入学科教学之中。

对于学生而言，任何一门学科都有其知识价值、能力价值、人格价值。叶澜教授对学科价值也做了这样的阐述：“任何一门学科的教学，都要认真分析本学科对于学生而言独特的发展价值。它除了指该学科领域所涉及的知识对学生的发展价值外，还应该包括服务于学生对所处的变化着

的世界的认识，为他们在这个世界中形成、实现自己的意愿提供不同的路径和独特的视角，学习该学科发现问题的方法和思维的策略、特有的运算符号和逻辑，提供一种唯有在这个学科的学习中才可能获得的经历和体验，提升独特的美的发现、欣赏和表现能力。”学生在校时间大多数在学科课堂，所以对知识的获取与能力的提高基本上是在课堂完成的。因此只有借助于具体学科知识的点滴积累，才能更好地培养起稳定健康向上的人格。离开了具体的学科知识和环境，道德教育很容易变成空洞的说教，而无法收到应有的效果，更无从谈润物无声、长流不息。

德育不仅是知识的获取、情感的体验、意志的培养与知行的合一，更是在此过程中对道德行为的主动选择和习惯后的德性成长。所以单靠讲授是不能完成道德学习的全部任务的。而长期以来，有些学校德育工作凭借的手段就是教师的空洞说教和强行灌输。学生思想品德形成过程中的“知、情、意、行”被忽视，他们被当成没有思想和意识的存储器，只能被动地接受教师的传授，存储德育理论。即使关注了品德形成过程中的“知、情、意、行”，也没有把德育知识传授与学生的行为选择和习惯养成紧密结合起来。这种缺少学生主体参与的简单德育方式易被学生厌倦，并使学生产生反感情绪，也难以使德育达到入脑入心的效果。

改革开放推动我国发展进入快车道，各种新情况、新问题层出不穷，政治、经济、文化等各项社会制度需要不断加以完善。社会转型期各种矛盾纵横交错，人们的思想呈多元化发展趋势，对道德内涵、道德标准的评判也众口不一，生活中一些大胆出位以及个性前卫的思想刺激着青少年的敏感神经，甚至美丑、善恶、对错的颠倒错位混淆了青少年的视听，给他们的道德品质健康发展带来了新的挑战。传统的德育课堂、老生常谈的教育内容已经无法给接受各种思想影响的青少年以坚强有力的引导。德育的实效性差，反映到受教育者身上，表现为中学生思想品德发展水平良莠不齐，问题主要集中在：学生行为失范，习惯不良，抗挫能力差，沉迷手机与网络，缺乏现代社会需要的公民意识等。这些问题都亟待丰富德育内容，找到有效的策略来解决。

三、德育之“实”——学校场域的构建

从本校学生的实际情况来看，由于社会、家庭、性格等诸多因素共同影响而形成的人格缺陷同样是客观存在的现实。从班主任的观察以及历年的学生测试结果（量表采卡特尔 14PF、中学生心理健康检测；学生抽样＞1000 人属于大样本）可以看出，确实存在学生在人格发展上的偏差。从测试的结果来看，存在一定比例极端高分和低分的状况；学生通过测试表现出学习焦虑、人际敏感、情绪稳定因子方面的问题最为显著；在心理健康检测中呈现阳性表现的比例也是比较大的。这说明在青春期成长过程中，各种心理冲突加剧，需要关注学生的人格发展。

表 3—1　2013—2014 年学生 14PF 测试统计数据

高分特质、低分特质比例	5％～6％
高分特质、低分特质因子	学习焦虑、人际敏感、情绪稳定

表 3—2　2012—2015 年学生 MHT 数据统计

年度	阳性比例
2012 年	34.60％
2013 年	31.17％
2014 年	38.76％

尽管存在着这样诸多的问题，德育的重要性却是无可置疑的。随着社会经济的发展，在 20 世纪末我国人民生活总体上达到了小康水平，目前正在大力推进共同富裕的进程。根据马斯洛需求层次理论的推演，人们物质生活水平的提高带来了精神需求的变化，尤其是人格成长需求的变化，我们在课程内容的建构中必须关注到学生这方面人格品质的培养。

任何一门学科如果只停留在会做习题、掌握具体的知识，那么这门学科就失去其内涵和价值。因此，从根本上讲，健全人格培养的实质在于价

值观的引导与建构。正是核心的价值观念，既导引着学生的思维模式，又规范着学生的行为方式。正确的价值观是塑造健全人格的基础。我们从“人与自我”“人与他人”“人与社会”和“人与自然”四个层面着力培育学生的健全人格，导引学生的价值思维、价值分析、价值判断和价值认同，从而逐渐提高学生的价值综合把握能力和道德判断能力。

但人是实践中的人，实践是人全面发展的根本途径。无论采取何种途径和方法，学生健全人格的培养必须回到实践活动这个原点上来。学生健全人格朝什么方向发展，怎样发展，发展到什么程度，如何成为精神和身体、个体性和社会性都得到普遍、充分而自由发展的人，这与学生的实践密不可分。

而实践就需要场域和环境，丰富完整的公共生活是学生健全人格生成的基本路径，和谐的育人环境是学生健全人格生成的土壤与场域，包括绿色生态的自然环境、积极正向的社会环境、多元共生的校园和班级环境、民主平等的课堂环境。在“空间即课程”的开放策略下，学校可以从四种环境中构建与之相对应的公共生活，即社区生活、校园生活、班级生活和课堂生活，同时依据四种生活构建与之相对应的环境场域和德育课程体系，切实解决学生人格发展的育人环境优化和育人效率提升的问题。为学生创设宽领域、多层面的实践参与生活场域，切实解决学生人格发展的各种问题。因此，我们在德育内容的建构和学校场域的建设中应重视学生全面发展的人格需求，并通过学校德育体系建设的理论建构、大中小学德育过程的有机衔接、内部德育要素融合与整体提升的实践探索、社会—家庭—学校“高效德育场”建构、学校德育体系建设的制度创新等多个方面探究并实现德育的实效。

德育是教育的灵魂，离开育人无以言教书，离开德育谈教育无异于缘木求鱼。现代教育的弊病之一也在于我们往往过于看重教学的工具属性而偏离了教育的价值属性。今天我们希望中国教育事业健康发展，就不能不将目光更多地投射到德育问题上。因此在各门学科的教学中，我们应全力挖掘学生成长的人格元素，使之成为德育学科课程的重要内容。

第二节　德育课程化实施内容建构中的德育形态区分

德育在我国教育界，尤其是绝大部分基层教师的认知中，是一个既“重要”又模糊的概念，大家感受到德育在教育生活中无处不在的身影：热闹的德育活动，隆重的德育仪式，规范的德育条文，无处不在的师德要求，等等。但在自己的教学实践中，应该用什么样的内容、策略和形式进行育人活动，怎么评价自己德育的实施效果，他们却又感到是极其模糊的，仿佛看不见又摸不着，做过的痕迹难以呈现，甚至与感知完全相反。本文拟就“道”“德”“育”的词源及东西方关于“道德”的比较理解对这种模糊性作些探析。

一、德育课程内容建构中的历史溯源

在我国古代，“道，所行道也，从辵从首”（《说文解字》），原指行走的道路，引申为道理、价值法则、规律规范等。其法则，不限于“道德关系”中的价值标准与价值取向，还指人生、世界、政治等价值观念。“德，升也。从德声。”“悳，外得于人，内得于己也”（《说文解字》），得通德，用力登高之意。这个词又用以表示“质”。不单指人的品质，还泛指动物以及事物的属性。“育，养子使作善也”（《说文解字》），意即要把孩子往善和好的方向去引导与培养。

“道”与“德”，原是“道德”的两面：“道”作为正当的价值追求，

为应然之“德”；“德”作为修道而成的品行，为实然之“道”。它应用于政治生活，又成为政治价值取向与规范。“道”与“德”的关系，可用“德者，道之舍”一语以尽之。“道”是“德”的规定，“德”的灵魂，“德”由“道”以升华，把习俗道德上升为伦理道德。所以，古代的道德实为包含世界观念、人生观念、价值观念、政治取向与规范、日常行为规范以及某种宗教观念与规范的浑成体。中国古代素以“道德”包容各种社会意识、价值观念与行为规范。和西方相比，我国的道德教育不仅一开始就有世俗化的一面，呈现出从习俗道德到伦理道德的内容架构，而且还隐隐有将自然原理纳入其中的迹象以及以“德育”包容其他社会意识形态教育的特点。

英文“道德”（morality）一词，源于拉丁文，拉丁文中这个词的原意为风俗、习惯、品行等。现今定义为：以善恶评价为标准，依靠社会舆论、传统习惯和内心信念的力量规范人们之间相互关系的行为准则。此外，英语中还有“美德”（virtue）一词，源于希腊文。它是同“义务道德”对举的概念。由于“道德”一词源于习俗，其行为规范只能是道德准则的底线，所以又有“伦理道德”与“习俗道德”之分。其中“伦理道德”是指超越习俗道德的伦理价值追求。同“美德”对举的“义务道德”，其中“义务”（obligation）源于希腊文，其原义为“负有”“应有”。“义务道德”指在个人对他人或社会不得不承担的道德义务情况下，意识到自己应尽的道德责任。由于各个人的义务感不尽一致，所以通行的义务道德，当指对习俗道德的认同与遵循；美德则出于个人自觉的道德价值追求，别人或社会无权干预个人的价值选择。其价值追求，高于义务道德的水准，故被视为值得赞扬的“美德”。这样，便大体上可知，西方“道德”在经历了漫长的中世纪和文艺复兴之后，其准则分为两个层面。其中“义务道德”相当于“习俗道德”，为任何人都不可违背的普适性的道德；“美德”属“伦理道德”范畴，为个人自觉的道德价值追求。

对比这两者，中国所据之“德”，相当于习俗道德；所志之“道”，相当于伦理道德。只是中西双方“道”与“德”的权重不同。相对来说，西方更重于“德”，而中国更重于“道”。“习俗道德”“义务道德”涉及行为规范问题；“伦理道德”“美德”则是价值标准问题。它们表示一定社会文化中道德文化的不同水准。中国古代道德文化与西方近代道德文化在这两者之间权重不同，在一定程度上影响现代中西道德价值追求的区别。

在当代中国，以往对于德育概念的讨论较多地集中于“德”字的分析上，即将较多的精力放在对德育内容范围的界定和解释上——争论的焦点在于德育到底是“道德教育”（小德育），还是“思想、政治、道德、心理健康教育”（大德育），这一分析当然十分重要，但在逻辑上却是残缺的。因为“德育”不只有“德”，还有“育”，即对德育概念的完整把握既需要内容及范围的分析，也需要外在教育形式或者形态的分析——所谓“德育”，在形式上到底指称哪些类型的教育实践。只有形式和内容的分析都完成了，人们对于德育概念的认识才能全面和准确，德育实践也才能更有实际成效。

二、德育课程内容建构中的形态划分

承接中国源远流长的伦理道德的传统，新中国成立之初民众对“德育”的期望，再到现今国家高速发展中社会对德育的需求，在“道德教育”（小德育），还是“思想、政治、道德、心理健康教育”（大德育）之争中，我们逐渐清晰了德育的内涵，形成以道德教育为核心，以思想政治、公民法制、心理健康为基础的大德育框架。以此理念建构德育在我国教育中的内容和策略，以德育活动的作用形式为标准，将德育分为直接德育、间接德育和隐性课程意义上的德育三种，以便更好地构建和实践德的内容规范和育的方法策略。

（一）直接德育

直接德育是我国最为核心的德育形态，但其实效至今仍未有太大的突破。所谓直接德育就是指教育者的德育意图明显，受教育者明确知道自己在接受道德教育的德育形态。换言之，只要德育意图是直接呈现的教育，就是直接德育。因此，不仅直接德育课程、主题德育活动、师生之间德育对话等属于直接德育，而且各科教学、校园文化等教育形式也都可能是直接德育形态。一般认为，德育课程以外的各科教学、校园文化中的德育影响应该属于间接德育形态，其实并不尽然。比如科学学科教学中教师对学生遵守课堂纪律的直接劝谕，在讲述科学家的故事之后号召学生学习他们勤奋学习、不怕困难的精神等，就是直接德育而非间接德育。同理，学校的校训、宣传美德的校园海报等的德育意图也是十分明显的，也属于直接德育形态。

在中国等东亚国家，直接德育形态一直受到高度重视。因为直接德育形态本身具有间接德育所不可能具备的优势，即直接德育能够清楚明白地解释道德价值、行为规范存在的理由和应用的策略，使受教育者直接受益。如果没有直接德育，许多人可能因为道德上的无知而犯错。直接德育对于未成年阶段的学生来说尤其重要。

西方在教育发展脱离宗教信仰影响的世俗化进程中，曾经舍弃了直接的德育形式，但社会的发展中呈现出一系列的问题。以美国为例，20 世纪中期，许多美国学校取消过直接道德教育课程，结果发现这并不可行。于是从 20 世纪 80 年代开始的品德教育运动（Character Education），又使直接德育形态在美国重新得到了较为广泛的强调。品德教育运动的代表人物托马斯·里考纳（T. Lickona）就明确指出，在文明冲突价值多元的社会中，仍然存在普遍认同的价值，除非我们承认正义、诚实、文明、民主、追求真理等价值观，否则价值多元是不能成立的；民主社会尤其需要品德教育，因为公民需要承担作为民主公民的责任；没有无标准的道德教育，问题不应当是“要不要教价值观”，而应当是“教哪些价值观”和“怎样教这些价值观”；传授正确的价值观过去是、现在仍然是文明之举，在社会普遍忽视德育的情况下，学校德育尤为重要，否则对良好品德的敌视很快就会弥补道德教育的真空。他的观点基本上代表了许多品德教育领袖人物的观点，也代表了美国教育界对直接德育课程形态经历了否定之否定的历史过程后的重新肯定。美国教育对于直接德育课程形态的认识历程证明，尽管直接德育可能存在许多缺点，但是简单地否定其价值也是不可取的。

（二）间接德育

否定直接德育形态而又承认德育本身重要性的思维会将对直接德育的兴趣转向间接德育形态。所谓间接德育，就是指教育者的德育意图并不直接和明显，受教育者通过间接途径接受道德教育的德育形态。在日常教育生活中，最为常见的间接德育形态主要是那些以其他教育任务为直接目标，间接发挥德育作用的课程、活动、校园生活等。间接德育最重要的形式是直接德育课程以外的各科教学。

实际上，所有科目的课程都包含间接而重要的德育因素。在现实的学校场域中，学生尤其是初高中学生，他们的绝大部分时间是在各学科的课堂上，老师对学生人格和品德的重要影响也应发生在课堂中。品格教育是学科教学的本质与核心价值所在。学生品格的发展离不开学科课堂的教育和引领，学科课堂应实现知识能力和德性品格提升的双赢。托马斯·里考纳就认为，各科教学对道德教育来说是一个“沉睡的巨人”，潜力极大，不利用各科教学进行道德教育是一个重大缺憾。在数学、物理和化学等科学学科课中，道德教育无处不在，如科学家的生平业绩、生活和治学态度，以及基础知识从现象到本质的发展过程，语文课中文学榜样人物的道德作用，历史课中历史伟人的德行与自律精神，体育与心理健康课中展示的适度自我控制对个人健康和品行的重要性，等等。需要说明的是，各科教学中存在的德育影响并不等于间接德育形态。比如，在数学和科学课中科学家的生平业绩、生活和治学态度的教学处理，教师如果只是在讲述数学知识发展历程时做一般介绍，其德育影响当然就是间接的。但如果教师在讲完故事之后，进一步引导同学们学习数学家的优良品质，则德育形态就由间接变为直接，因为这一做法与直接德育课程中讲述榜样人物的故事以塑造学生品德的教育方式并无不同。教师在各科教学中因势利导、恰到好处地开展直接德育是值得肯定的，但各科教学都有各自教学的直接目标，过多和勉强的直接德育不仅影响课程直接目标的实现，也可能使教学出现过度德育化的倾向。因此，如何通过自主选择提高间接德育的有效性就是一个值得研究的问题。

（三）隐性课程意义上的德育

关于隐性课程的概念，一般认为其主要特征有以下几点：第一，从影响的结果上看，隐性课程是指学业成绩之外的非学术的影响，更多地体现在对学生的价值、情感和意志等方面的影响上。第二，从影响的环境上说，它是一种潜存于班级、学校和社会中的隐含性、自然性的影响。第三，从影响的计划性角度看，隐性课程是非计划、无意识和不明确的影响。第四，从影响的效果上看，由于隐性课程的影响是潜移默化的，所以它的影响虽不是立竿见影，但具有“累积性”“迟效性”“稳定性和持久性”。总的说来，隐性课程是学生在学校学习生活中完整经验的一个有机组成部分。作为一种教育影响，它主要通过非学术、隐含性、非计划、潜移默化的方式实现。

隐性课程并不等于隐性的德育影响，它也可能通过非学术、隐含性、非计划、潜移默化的方式实现对智育、美育、体育等方面的影响。因此我们只能说“隐性课程意义上的德育”，而不能说“隐性课程德育”。但是，隐性课程概念本身与道德教育却有着内在的、天然的联系，因为隐性课程本质上是一种价值性的影响。学校是社会规范同化最有力的场所，社会化、价值学习等是隐性课程的核心内容。杰克逊是社会功能学派的代表，他们的特点是对班级、学校中的社会化作了正面或积极的说明。与社会功能论者相对立的是社会批判论者。他们认为，教育组织的主要方面，就在于再生产经济领域中统治与服从的关系。因此，隐性课程具有较明显的阶级性。但是社会批判论者的观点只不过从另一面证明了隐性课程所具有的价值本质。我国台湾学者陈伯璋教授将隐性课程概括为常数和变数两个部分。“常数”是指散播于学校教育各个层面的“社会意识形态”和教师的期待、教学内容中包含的未预期的意义、教室内移动方式、谈话流程等“教育工作者分析合理知识以及界定其运作概念的方式”。“变数”则是指组织教学、能力分组、升留级制度等“组织变数”，学校气氛、领导作风、师生之间的人际关系等“社会系统变数”，信念系统、价值观念、认知结构、意义等社会向度或“文化变数”。但无论“常数”还是“变数”，我们都可以看到，隐性课程中的德育影响成分是最大的。

如前所述，隐性课程意义上的德育其实也是间接德育形态的一种，是指通过教学流程和组织形式、学校人际交往方式、教育空间安排等教育途径、形式隐蔽实现的德育影响。隐性课程虽然与显性课程相对，但是其存在范围往往远远超过学校正式课程。因此，与其说隐性课程是一种课程，不如说是全部校园生活的隐性教育影响。隐性课程意义上的德育虽然存在范围甚广，但由于其有极大的隐蔽性，常常容易被人忽略。

在直接德育、间接德育和隐性课程意义上的德育形态中，与我国大德育观念相回应，学校生活中的方方面面均可成为德育的内容和场所，对学生产生相应的价值影响。同时将德育分为直接德育、间接德育和隐性课程意义上的德育三种形态，在学校生活中将具有十分明显的实践价值。

三、我国中小学德育内容的校本理解

2017 年，教育部关于印发《中小学德育工作指南》的通知中指出，我国中小学德育的内容包括：

（一）理想信念教育

开展马列主义、毛泽东思想学习教育，加强中国特色社会主义理论体系学习教育，引导学生深入学习习近平总书记系列重要讲话精神，领会党中央治国理政新理念新思想新战略。加强中国历史特别是近现代史教育、革命文化教育、中国特色社会主义宣传教育、中国梦主题宣传教育、时事政策教育，引导学生深入了解中国革命史、中国共产党史、改革开放史和社会主义发展史，继承革命传统，传承红色基因，深刻领会实现中华民族伟大复兴是中华民族近代以来最伟大的梦想，培养学生对党的政治认同、情感认同、价值认同，不断树立为共产主义远大理想和中国特色社会主义共同理想而奋斗的信念和信心。

（二）社会主义核心价值观教育

把社会主义核心价值观融入国民教育全过程，落实到中小学教育教学和管理服务各环节，深入开展爱国主义教育、国情教育、国家安全教育、民族团结教育、法治教育、诚信教育、文明礼仪教育等，引导学生牢牢把握富强、民主、文明、和谐这个国家层面的价值目标，深刻理解自由、平等、公正、法治这个社会层面的价值取向，自觉遵守爱国、敬业、诚信、友善这个公民层面的价值准则，将社会主义核心价值观内化于心、外化于行。

（三）中华优秀传统文化教育

开展家国情怀教育、社会关爱教育和人格修养教育，传承发展中华优秀传统文化，大力弘扬核心思想理念、中华传统美德、中华人文精神，引导学生了解中华优秀传统文化的历史渊源、发展脉络、精神内涵，增强文化自觉和文化自信。

（四）生态文明教育

加强节约教育和环境保护教育，开展大气、土地、水、粮食等资源的基本国情教育，帮助学生了解祖国的大好河山和地理地貌，开展节粮节水节电教育活动，推动实行垃圾分类，倡导绿色消费，引导学生树立尊重自然、顺应自然、保护自然的发展理念，养成勤俭节约、低碳环保、自觉劳动的生活习惯，形成健康文明的生活方式。

（五）心理健康教育

开展认识自我、尊重生命、学会学习、人际交往、情绪调适、升学择业、人生规划以及适应社会生活等方面教育，引导学生增强调控心理、自主自助、应对挫折、适应环境的能力，培养学生健全的人格、积极的心态和良好的个性心理品质。

从以上内容我们可以看出，德育既有思想政治教育（理想信念教育），又有环境教育（生态文明教育），还有传统文化教育（中华优秀传统文化教育）和心理健康教育（开展认识自我、尊重生命、学会学习、人际交往、情绪调适、升学择业、人生规划以及适应社会生活等方面教育，引导学生增强调控心理、自主自助、应对挫折、适应环境的能力，培养学生健全的人格、积极的心态和良好的个性心理品质），而伦理道德的内容隐藏其中，反而成了最稀少的部分。思想、政治、伦理、文化、环保、心理就其内容来说，是既有联系，也有着差异，其形成机制截然不同，同样的方法肯定会带来部分内容低效、无效甚至负效的结果。下面就以心理健康为例，说明我国“大德育”概念下不同内容之间的区别和联系。

我们知道，现代教育是从西方发展而来的。在近现代世界发展的进程中，近代西方社会中生产领域与社会生活领域的分化以及社会关系复杂化，导致浑然一体的社会意识渐次分化。不仅自然科学率先从哲学中分化出来，自然科学本身又逐渐分化，哲学脱离神学而独立存在，政治与法律也同宗教及教会分离。伦理道德也顺应这一历史潮流，在一定程度上脱离宗教与政治、法律而成为独立的社会意识形态，有别于宗教规范、政治与法律规范的道德规范，成为社会生活规范中的底线。在此背景下，古代以“宗教教育”为表、以浑然一体的社会意识为里的道德教育，转变为近代有别于其他社会意识教育的道德教育。到了20世纪，随着现代社会生活的演进，单纯的道德教育已不足以使学生社会化。西方国家实际上开始兼施道德教育、政治与法制教育等诸如此类的教育，一般纳入“社会科学课程”，是与个体社会化相关的“科学”的范畴。此类课程的要义不在于简单地传授社会科学知识，而在于通过社会科学知识的传承，影响学生的价值观念、人生观念、世界观念，并受到实际训练。不过，在这个各种社会意识形态明确分化的历史过程中，西方教育自觉地把“道德”同政治、法律、宗教区分开来，不再把它们混为一谈，并在不断的研究中寻找其发生的不同机制和策略，对我国的德育实践具有借鉴的价值和意义。马克思曾从他所处时代的知识状况出发，把人掌握世界的方式区分为理论的、艺术的、宗教的和道德的方式。其中，理论以真与伪评价的方式掌握世界，艺术以美与丑评价的方式掌握世界，道德以善与恶评价的方式掌握世界。尽管道德规范不局限于调节个人之间关系的简单准则，还包括调节个人与社会、个人与国家关系的较复杂的准则，但依然不同于政治、法律之类的规范，它是诉诸舆论与良心的社会生活规范。因此，道德教育所涉及的问题有是非善恶的评价，其具有的人与人之间价值评价功能的属性被保留了下来。

心理健康教育对涉及的许多现象秉持中性的态度，无所谓善恶评判。比如，患自闭症、抑郁症的人不应当被认为是坏人。所以，不能将心理健康教育和道德教育混为一谈。当然，不是说心理健康教育和道德教育没有关系，二者甚至有非常密切的内在联系。但是，这种联系是属于两种不同范畴之间的联系。将道德教育与心理健康教育混为一谈，不仅不能得到教育学界的普遍认同，也无法得到心理学界的认同，许多从事心理健康教育的学者都一致认为不能将二者混为一谈。

概念之间的混淆会导致教育实践的误判、误诊，导致危险，甚至不必要的悲剧。如初中生的叛逆问题：叛逆期孩子的想法、做法和成人世界的期待常常不同，甚至截然相反，孩子的行为往往背离成人的期待。从心理发展的角度来讲，孩子的叛逆是值得成人社会欢呼的事情，因为这一现象证明孩子已经发展到了比“乖宝宝”更高级的阶段。很多家长将孩子的叛逆行为完全看成道德领域的问题，于是很想将孩子的叛逆行为矫正过来，结果往往适得其反。实际上，如果能够将这一过程看作孩子积极的心理发展过程中需要作适当调适的问题，家长和孩子都静下心来平等对话，孩子自然会欣然接受成人的善意规劝，矫正自身的不当行为。成人如果继续将积极的心理发展现象看作消极的道德表现，摆出家长的权威、不可侵犯的面孔，强行向孩子施加自己的“道德教育”，结果可想而知。这样下来，最起码的亲子关系也会受到影响，严重的甚至会酿成悲剧。又如青春期所谓“早恋”问题，不是道德问题。因为孩子在生理上成熟的同时，心理上必然也要跟着成长。与叛逆是成长的表现一样，成人社会应该欢呼花季的到来。只有在这个前提下，帮助孩子解决与此有关的心理和行为问题才可能有效。由此可以看出，心理健康教育虽然重要，是与道德教育密切相关的领域，但是与道德教育却并不属于同一个范畴。

当然，不在一个范畴不是说它们没有关联。道德教育与心理健康教育是相互影响、有内在联系的教育范畴。心理状况会影响道德行为的表现和结果。这个不难理解。有同样爱心的小朋友，我们假设一个性格特别急躁，另一个特别内向，则他们的爱心会有完全不同的表现和结果。前者可能好心办坏事，后者则可能茶壶煮饺子。于是，老师会建议前者表达爱心的时候要多冷静思考之后再行动，后者则需要将爱心适当地表达出来，让人感受到爱的温暖。心理调适，可以让道德行为效果更佳。你可以说这是心理健康教育，也可以说这是道德实践策略的训练。反之，道德也会影响心理。孔子所说的“仁者无忧”，就是典型的道德对心理健康产生影响的例子。一个随时都准备把东西奉献给别人的人是不会担心失去什么的，这就是“仁者无忧”。随时都准备去帮助别人的人很少会去计较谁占便宜谁吃亏。这种人的心理一定比那些成天算计的人心理更健康，更符合利他心理的表达而让人获得更高的心理舒适度。有道德的生活选择，其实是一个人的生活质量最有力的保障。因为有了一定的道德品质，无论是贫穷还是富有，你都会幸福，从这个角度上看，我们认为道德和心理健康相互促进。因为有道德，所以心理很健康；因为心理很健康，所以在帮助别人的时候效果也很好。

同理，在我国“大德育”的框架中，道德教育和思想政治教育、纪律法制教育等都是既有联系又有区别的范畴，如同法制教育中既有法律规范的成分，也有德性成长的成分。在实际的德育工作中，我们要有这样的意识：不同的德育内容，需使用相应的策略去进行。只有智慧地去分辨这一点时，我们才能成为一个有专业素养的德育工作者，和自己作为教师的身份相匹配。例如：在实施学校规范要求的时候，我们既把它看作是一种行为规范，去约束学生相应的行为，进行德育管理也要在实施中本着规则（法律）面前人人平等的理念去进行行为的解读，让学生懂得自己的权利和义务，提升学生的现代公民意识。再把它看作一种有价值的言行，形成合格的学生应当遵守的价值判断，在相应的行为习惯的培养中去增进学生的德行。当学生将其上升为主动的选择和相关的愉悦感受时，就培养了自己的德性，拥有了自己相应的道德品质。最后选择把它作为一种学生的核心习惯引导学校育人环境的构建时，它便最终成为学校层面有文化意义的现象。在这个过程中，不同的德育内容具有不同的发生机制，需要采用不同的策略。

第三节 德育课程化实施内容建构中的校本策略

在本校的教育实践中，德育的有效性需要从三个方向进行重构，以期解决问题、指导实践、提高实效。

首先是从目标和内容的层面进行自下而上的整合，从学生需求、问题发现和实践操作中去融合学校德育资源；其次，通过课题研究构建以健全人格为核心的德育目标体系进行学校德育的顶层设计，并自上而下推进实施；最后，通过分科整合育人、多科协同育人、超科实践育人和班级管理育人、班会课程育人、超班级活动育人两条主线，从学科、班级、超班级集体活动三个方面层层推进课程化建设，促进德育工作专业化、规范化、实效化，努力构建全员育人、全程育人、全方位育人的德育工作格局，形成匹配学校教育理想的校本特色德育文化。

一、从学科维度进行德育课程化实施内容的建构

在分科整合育人中，重点进行健全人格目标与学科内容的整合，构建各学科课程与健全人格目标对应表，形成健全人格教育校本课程标准，探究学科健全人格教育路径；各学科深耕细作典型课例，认真组织典型课例展示，形成典型课例评价方式（献课教师进行上课、说课并反思，教研组长交流选题磨课、研课展示、评价反思，研究组员课堂观察、数据整理和结论解读）；以课堂为载体，通过典型课例研磨、展示、评价反思，促使老师在反思中既育人又育己，实现教学相长。在学科课堂中促进健全人格培养与学科教学的融合，达成课堂德育目标，提升教师的育人意识。推进以基于证据的课堂观察，收集分析课堂及焦点学生的学习过程信息，形成精心设计—实施观察—反思修订—实践提炼的一批体现过程性的教学案例，并进行收集整理，建设特色主题、典型课例资源库。

在多科协同育人中，我们需要紧扣时代，通过多学科对同一德育主题不同角度、不同方向的解读增强德育的时效性功能，为学生提供更广阔的看待事物的视野，也为学生辩证地、客观地、全面地理解问题、分析问题奠定基础，并在此背景下设计多学科同主题的德育活动。如将家国情怀与建党 100 周年相整合，梳理并形成相关主题，与当前的疫情背景相联系，梳理出部分典型课例并形成主题序列等。回应社会重大事件，整合多学科内容，提高系统思维能力，着力“课程育人”的整体性和时效性。

在超科实践育人中，借助本校综合实践课题研究的契机，集中进行以

“实践育人”为导向的综合实践活动课程的构建与实施。通过顶层设计、课题引领、三级开发、课型构建、全员参与、常态实施、现场展示、学分量化、系统评价等，进一步细化育人目标，明晰育人路径，辐射基础学科，改善学生的成长环境；通过对课程的整合优化，构建并完善实践课程、实践教育和实践育人环境，促进学校浓郁的实践育人课程文化特色的形成。

纵然我们知晓学科课堂培育学生健全人格的重要性，但是学科课堂育人是一个宏大并且抽象的概念，如何具体地在一节课堂中实现健全人格教育，是我们要长期思考与探索的方向。根据学科课堂的特点和本校学科人格教育三年的研究实践，我们逐步形成了从教材、教学目标、教学设计、课堂实施、教学评价等方面在学科课堂中实现健全人格教育的策略。同时通过这些方面的规范要求，力求在学科课程中实现有效德育，建构并丰富课程内容。

二、从班级维度推进学校德育课程化实施内容建构

当今世界，学校的组织形式主要有三种，分别为以英国为代表的学院制、以美国为代表的学科制和以苏联为代表的班级制。我国普遍采用的是班级固定管理制度，孩子在学校的生活，包括课堂学习、人际交往、体育锻炼等，几乎都是在班级内完成。班级氛围、同伴关系等对学生人格潜移默化的影响是巨大的。

在班级管理育人中，通过班级管理及相关活动，培养学生学校文化认同感和自豪感、班级认同感和责任感，形成浓厚的德育文化氛围，在管理中潜移默化学校健全人格为核心的德育理念。

在班会课程育人中，完善围绕健全人格教育主题词的主题班会课“同课异构”案例的分析、整理；进行基于实证的课堂观察，并以此反思班会课程主题内容和策略实施研究的效度；通过培训，提升班主任课程开发和实施的意识，形成班本特色课程的设计能力、实施能力和评价能力。

在超班级活动育人中，从学生实际生活出发，结合学生学情，在课程体系上遵循“顶层设计，逐层推进，全面铺开，重点实施”的原则，以学校《健全人格教育校本课程目标体系》为出发点和归宿，完善大型活动健全人格教育主题；开发和组织实施学生初中生活中重要时间节点的超科德育活动课程，构建相关主题序列。以课程意识引导学校的德育活动，打造适宜培育学生健全人格的软环境。

三、在课程框架的构建、德育模式的开发、德育资源库的建设中进行德育内容的建构

在此框架之下，形成健全人格培养的德育课程实施基本模式。

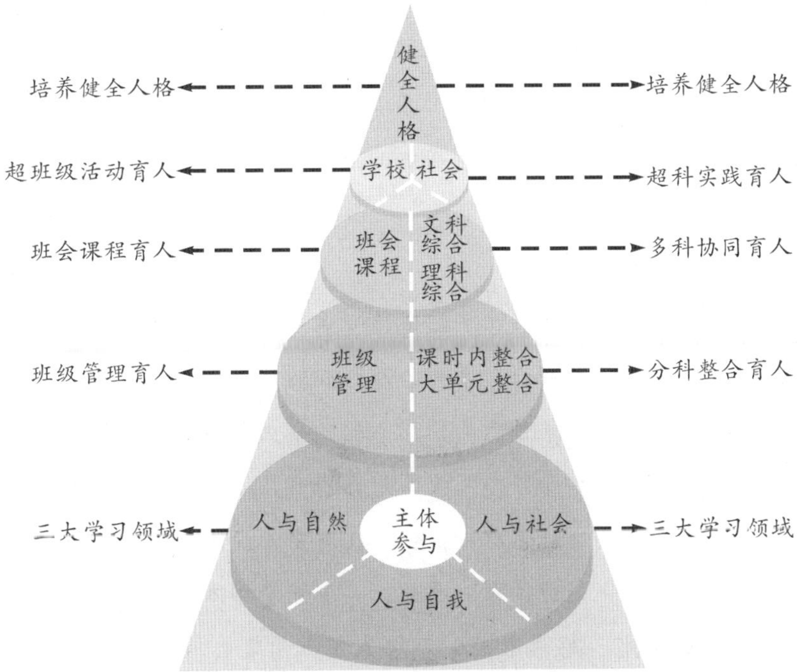

图 3—1　健全人格德育课程框架

初中学生正处于可塑性最强的年龄，以问题（主题）驱动的四环主体参与模式阶段，是形成健全人格的关键时期，是本校内化价值观念、形成必备品格的基本模式。该模式以学生的生活实践场景、

问题模拟场景、课堂创设情境中的个体体验开始，在老师多种方式的引导下积极探究，通过生生或师生的合作交流与整合，形成对相关价值观和必备品格，即健全人格要素的理解、分析和场景应用，并结合自己的已有经验进行反思和评价，从而在提出问题、分析问题和解决问题的过程中实现正向影响，健全学生人格。

案例一：在音乐课程八年级下册第三单元“我和你”中，本校陈杉杉老师引导学生在听赏、学唱《我和你》的体验中，感受这首歌曲的音律色彩之美、歌曲的艺术特点，和老师一起探究这首歌曲中蕴含的民族文化，从而理解歌曲意境。通过对歌曲的整合理解，她以欣赏—聆听—学唱—模仿—表演的教学形式和内容，引导学生在听唱演的体验和思考中发现美、欣赏美、体验美、创造美，从而丰富学生的情感体验，提升学生的审美能力，完成了“唱会歌、唱好歌、会唱歌”的教学目标，同时孩子们也大胆地展示了自己的创意成果。

案例二：通过毕业典礼课程让学生在精心设计的七组活动的参与中体验和感知个人的成长离不开学校、教师、家长和同学的支持与帮助。通过全体学生集体宣誓、大声宣读自己的梦想、齐唱毕业歌等活动环节，让学生感知个人对自己的能力和要努力实现的目标抱有信心。通过师生互送礼物（起航卡和鲜花）进行交流互动，整合形成对相关价值观和必备品格的认知和感悟，认识到个人是群体的一部分，人离开了群体就无法实现自己的价值，学会感恩母校、感恩教师、感恩家长。明确自信才有前进的动力，失去自信必然导致停滞或倒退，坚定中考必胜的信念，并结合自己的已有经验积极思考，从而在参与、体验、整合和反思中实现正向影响。

在此框架和模式之下，进一步开发健全人格培养的德育主题序列（表3—3），构建微型特色课程，建设典型课例资源库。在此进程中，不仅让直接德育丰富多彩，减少说教与规训，给予学生更多的体验、观察、模仿的时机，让德育情感得到引发，行为得以自然发生，习惯得到很好的培养，德行能够生成，从而能很好地建设以健全人格培养为核心的德育文化，让更多隐形课程价值得以产生并呈现。

表 3—3　德育主题序列表

平台	模块	主题（序列）	简　介
学科	分科整合育人：课时内大单元整合	主题一：《秋天的怀念》（语文）	通过多种形式的朗读，学生体会到母亲对儿子深沉的爱，以及流淌在文字中的亲情；通过对文中"好好儿活"这一句话深层含义的探讨，升华了学生对母爱的理解。这句话寄托着母亲对儿子的叮嘱与期盼：希望儿子能够对生活充满信念，能够坚强，有勇气地面对生活。这堂课，加深了学生对亲情的感悟，也修正了学生对生命、生活的理解
		主题二：Let's save the elephants（英语）	在阅读教学过程中，教师通过提问及追问引导学生比较大象与人类在能力和情感上的相似之处，尤其是让学生对比思考猎杀大象取象牙部分与人们拔牙的感受；联想大象和人类如果失去家园亲人朋友的感受，让学生更能感同身受，产生共鸣、共情。通过讨论，引导学生学习泰国学生拯救大象所表现出的爱动物、爱自然和有爱心、有责任担当的优秀品质。最后通过视频总结升华到敬畏自然、尊重生命、守护地球，实现人与自然和谐共生的梦想
	多科协同育人：文科综合、理科综合	"人生观——生命与生活"要素（语文、英语、历史、道德与法治、地理、艺术）	从多学科协同育人角度，设计主题，引导学生从不同学科围绕"人生观——生命与生活"要素去养正学生的人格品行。语文课，通过对生存困境中"好好儿活"的含义领悟，唤起学生对于生命的思考；道法课《探寻生命之谜》，启发学生思考"生命的短暂与永恒"；英语"good habits"，潜移默化地让学生意识到身体的健康，良好的习惯是提高生命品质、实现自我价值的基本条件；美术课在教会学生从"形象""笔墨""色彩"和"章法"去欣赏中国画的过程中，激发学生对美的追求，并从创造中感知生命之美、生活之美；历史课从左权、张自忠的家书中感受到英雄对生命之热爱，但面临个人生命与国家民族利益选择时，却舍弃个人生命，向死而生的崇高与伟岸

续表

平台	模块	主题（序列）	简　介
	超科实践育人：走进黄龙溪	《古韵飘香的黄龙溪——黄龙溪楹联调查研究》《黄龙溪民俗文化调查研究》《黄龙溪的古典美》《黄龙溪古镇营销调查》《黄龙溪自然资源调查研究》等	通过学生全员参与，开展探究性非学科实践课程。强调学生在面临问题（任务、课题）时，通过自主合作提出假设、设计方案，查阅资料，实验验证，分析数据，得出结论。让学生在亲历和参与调查、考察、实验、设计、探究、创作、想象、反思等一系列的活动中，感受生活，陶冶情操，在探究创新中多方位培养健全人格

四、打造公共空间，进行多样的隐性德育课程内容的建构

以成都市双流区立格实验学校为例：

首先，学校通过加强校园场域建设，浸润学生健全人格。进入学校，迎面而来的太阳门镌刻着“育健全人格”的巨幅对联，昭示着学校的育人目标，门后就是学生生活与学习的核心区域，也是学校的主楼。在一区和二区的底楼大阶梯分别雕刻着“自知、自尊、自信、自律”“平等、理解、友好、合作”的大字，促进学生对自我的良好认知。图书馆顶楼设置了学习休闲区，安放了绿植和休息长椅，学生可学习、可交流、可休闲，营造了课余学习的氛围。其四周摆放的“探究、体验”“质疑、交流”“阅读、思考”“实践、创新”四个灯箱又彰显了学校培养学生人格力、学习力、探究力和实践力的核心素养追求等等。校园内的一步一景，都是围绕学生健全人格培养的匠心设计。

同时学校加强班级文化建设，优化学校育人环境。以健全人格为目标，组织各班开展班级展板建设，展现班级学生风采；设置公布栏、展示栏、班训、国旗，支持班级特色创意，展示本班学生个性特长；形成《寝室文化建设方案》，对寝室的人际交流、活动安全、环境美化、氛围创建都进行了细致的引导。还通过劳动基地建设，打造实践专用场域，浸润学

生心灵，培养学生健全人格。

另外，学校还建立了30余亩的校外“综合实践活动基地”。近几年来，学生在基地开展综合实践及种植劳动3万余人次。师生在校内建立了“太阳能小屋”“汽车系统结构与模型实验室”“空中生态园”“蔬香园”“天象馆”“创客中心”等13个劳动和综合实践活动专用场馆。

第四章

基于健全人格培养的德育课程化实施——学科课程育人

在目前的教育教学中，学生在校的主要精力都倾注于学科学习实践活动中，抓住了学科教学与活动就抓住了学校德育实施的主要环节，学校德育的落实就有了途径、载体、时间和空间。结合学科教学内容和活动，将健全人格培养的要素融入教学内容和活动中，学校德育的落实就有了方向和灵魂，学科教学的根本价值才得以体现，教师育人的使命和根本职责才算完成。

第一节　基于健全人格培养的学科课程育人的内涵解读

《国家中长期教育改革和发展规划纲要（2010—2020）》指出：坚持德育为先，立德树人，把社会主义核心价值体系融入国民教育全过程；引导学生形成正确的世界观、人生观、价值观，把德育渗透于教育教学的各个环节，贯穿于学校教育、家庭教育和社会教育的各个方面。我们要探索如何在学校教育中，把德育教育渗透于教育教学的各个环节，培育学生的健全人格。

在目前的教育教学中，学生在校的主要精力都倾注于学科学习实践活动中，抓住了学科教学与活动就抓住了学校德育实施的重要环节，学校德育的落实就有了途径、载体、时间和空间。结合学科教学内容和活动，将健全人格培养的要素融入教学内容和活动中，学校德育的落实就有了方向和灵魂，学科教学的根本价值才得以体现，教师育人的使命和根本职责才算完成。

基于健全人格培养的学科育人是以学科知识为载体，深入挖掘学科本身内在的精神和价值过程；是结合教学内容和活动，渗透健全人格要素的过程；是教师在教学过程中引导、启发、点拨和唤醒的过程；是学生在学习活动中体验、思考、感悟和觉醒的过程。基于健全人格培养的学科育人离不开学科知识载体。学科知识是有层次结构的，它的外显层是数字、文字、术语、图表、线条等；中间层由思维方式、方法和过程构成，潜藏在知识表层背后，是可以通过分析、判断、推理而呈现和展示出来的一组程序和法则；其内隐层由情感、态度与价值观构成，是人们在知识探索过程中积淀的各种价值体验与隐性形式。

每门学科都有自己的“模式语言”。基于健全人格培养的学科课程育人的关键是让学生在学科符号与日常生活实际之间建立有机联系，逐步理解符号的内在意义，体验符号系统背后的思想观念和思维模式，同时能够内化整个过程中渗透的人格要素，而不是单纯背诵这套学科符号体系。在整个教育教学过程中，教师应注重借助学科教材等资源，让学生经历梳理与探究、移情与理解、创造与表现等学科活动，打开知识的深层结构，促进科学素养和人文素质的整体性提升，培养学生健全的人格。通过知识结构的沉积，即在各种符号理解、互换与整合、综合运用中实现对美的感受与欣赏；培养正确的世界观、人生观、价值观以及学生对自我、他人、社会、自然的积极态度；培养学生的自我意识与公共理性；培养学生亲自我行为、亲社会行为与利他行为等。

上述过程之发生、精神素养之生成和培养健全人格之关键在于学科世界与学生学科潜能的匹配，与学生生活世界的连接，与学生的身心发展相适应。正是在这些可能的触发点上实现了精神世界的突破与升华，人格的发展与健全。基于培养学生健全人格的学科课程育人也是教师本身在教学过程当中人格影响的过程。教师从教学的各个环节出发，从促进学生健康成长的角度不断加以审视和改进，善于联系实际，有效加以引导，让教师的人格魅力助推学科课程育人。

在实施基于健全人格培养的学科课程育人过程中，我们特别强调“学科活动育人、学科思想育人、学科文化育人和学科生活育人”，在教学活动中落实这些行动，充分体现培育学生健全人格的学科育人价值。

1. 学科活动育人——学生健全人格培养的有效手段

从本质上来说，学科教学是一种认识过程，一种学生在学科教师指导下进行的有目的、有计划的认识过程。这一过程主要由学科活动串联而成。教师要积极创造活动条件，让学生主动参与学科教学活动，在活动中发现自我、成长自我和超越自我，从而形成正确的人生观、价值观和世界观，养成高尚的品质，实现健全人格的目标。

2. 学科思想育人——学生健全人格培养的重要因素

学科思想是各学科固有的本质属性，能够反映学科知识本质、学科思维特点和学科学习规律，有“学科教学的精髓和灵魂”之称，对学科学习、学科教学、学科应用和学科发展有着指导性和决定性作用，对学生的认知、情感和意志有着积极的影响。

3. 学科文化育人——学生健全人格培养的有效载体

文化是教育的根，而教育本身也是一种文化，一种传承优秀传统文化和创造新文化的文化。文化之于教育，是一个有着强大的化人作用的“磁场”，具有独特的育人功能，对人的思想、行为、认知、情感、习惯、生活和价值观等都具有无可估量的潜移默化的影响。

4. 学科生活育人——学生健全人格培养的重要途径

学科生活育人，既包括学科生活化，又包括生活学科化。概括地讲，就是教师通过学科生活化的教学思路和教学策略，帮助学生实现生活学科化。具体来讲，就是指教师根据“生活”的方式理解、打开、构建和开展学科教学，即教师要立足“生活”的旨趣，依据学生所经历的真实生活及取得的生活经验组织学科教学。既要服务学生当下的生活，又要服务学生未来的生活，从而使学科教学“深深扎根于现实生活，深度融入现实生活，最大限度服务于现实生活”。学生既能在生活中做到学有所用，又能关注自身发展，实现人格的健全。

立德树人，以德为先，只有真正将德育落到实处，促进“德育”与“智育”深度融合，才能实现育人和育才统一，最大限度发挥所有课程的德育功能。培养学生健全人格的学科课程育人是新时代加强德育的重要路径和必然选择。

第二节 基于健全人格培养的学科课程育人目标、内容

一、学科课程健全人格育人目标

在本校的教育实践中，德育的有效性需要从三个方向进行重构，以期解决问题、指导实践、提高实效。

首先，从目标和内容的层面，进行自下而上的整合，从学生需求、问题发现和实践操作中去融合学校德育资源。其次，通过课题研究构建以健全人格为核心的德育目标体系进行学校德育的顶层设计，并自上而下推进实施。为此，学科组成立研究团队，依据学校德育的纲领性文件《基于健全人格培养的德育课程目标体系》，厘清学科课程育人中国家新课程标准、学科核心素养、核心素养学段目标要求、配套学业要求和学校健全人格德育目标之间的关系。新课程标准把形成正确价值观和必备品格作为德育培养目标，放在了十分重要的地位，要求学生具有爱国主义、集体主义精神，热爱社会主义，继承社会主义民主法制意识，遵守国家法律和社会公德，逐步形成正确的世界观、人生观和价值观……最后，学科核心素养在

指导思想和价值取向上体现了社会主义核心价值观的要求，有利于促进学生全面发展。

基于此，各学科立足学科课堂教学，结合各学科新课程标准中核心素养培养目标、核心素养学段目标要求、配套学业要求和本学科特点，从校本健全人格培养目标体系中筛选核心要素，形成适宜各学科操作的《基于健全人格培养的学科课程育人目标体系》。

表 4—1　人教版初中语文教材文言诗词健全人格培养目标要素（节选）

课文	内容要点	健全人格培养目标
《咏雪》	谢道韫对诗的才能	家学与教养
《陈太丘与友期》	陈元方与父友的一番较量	孝道，礼与信
《〈论语〉十二则》	论语	修身养性，学习诸事
《虽有佳肴》	议论“教”与“学”的关系	教和学都是一种对未知世界的探索
《河中石兽》	寻找水中石兽的波折	生活中蕴含着科学与实践，不宜臆断
《智子疑邻》	墙坏失盗，智其子疑其邻	人际关系与理性的联系
《塞翁失马》	马得马失，福祸相依	不以物喜不以己悲的胸怀
《伤仲永》	天才不学，导致没落	学习与成才息息相关
《木兰诗》	替父从军	爱国，女性地位，人生与功名
《孙权劝学》	孙权劝吕蒙学，有成	劝谏的艺术，学习与成就
《口技》	记录一个口技人的表演	艺术与人类文明
《夸父逐日》	古代神话：对光和力的崇拜	征服自然还是顺应自然

表 4—2 初中英语健全人格教育校本课程目标体系（节选）

	人格特征	基本要素		英语学科教学内容		健全人格培养目标
初中英语健全人格教育课程体系	意识倾向	认知	人生观	七年级上		英语教学中强调三大主题语境，人与自我、人与自然和人与社会。在相关单元教学中，让学生学会： 珍惜生命，开辟生活的新的领域以拓展生命的境界；不放弃生命； 关爱他人，在其承担责任中体会到幸福、快乐；个人的价值应受到尊重，个人的权利应受到保护；个人应该尊重并包容他人，与他人平等相处，友好交流合作；既要遵守群体的规则和义务，也要保留有个人独立的思想和思考。 要包容不同群体（包括不同民族、不同国家）的文化，促进不同文化的相互学习交流。听取不同意见，尊重不同的风俗习惯，努力促进不同区域的人群、不同的民族、不同国家人民的交流合作
				Unit 1	通过自我介绍姓名、电话号码等，鼓励学生交友，迎接新的初中学习生活	
				Unit 2	向朋友介绍家人，通过描述全家福的方式来表达对家人的热爱，提高学生的家庭幸福指数，促进人际关系发展	
				Unit 6	了解询问他人对于食物的喜好，学会包容他人，并培养健康的饮食习惯	
				Unit 8	学习谈论生日，关爱他人，关注他人的特别的日子，促进人际交往	

表 4—3 初中地理健全人格培养校本课程标准（节选）

章	节	教材内容	健全人格目标	课堂实施策略
第一章 地球和地图	地球和地球仪	人类对地球的认识过程	世界观——已知与未知	自主学习人类对地球形状的认识过程，挑选某一认识过程向全班介绍，教师引导学生感受有关科学史的教育，保持探索未知世界的热情
	地球的运动	地球的自转	意志力——坚毅世界观——现象与本质	自主学习教材 12 页的阅读材料：天转还是地转？教师通过多媒体展示哥白尼的故事。从资料中感受哥白尼持之以恒、坚韧不拔的精神。通过日心说也存在不合理的地方，感受善于收集情况、观察分析、全面看问题的重要性
	地图的阅读	选择适用的地图	人生观——人与自然	教师讲述“驴友”的山难事件。人类社会发展到今天已经取得了巨大的成就，拥有精确地图、高科技的装备，但是人类面对自然应该永远抱着敬畏自然、尊重自然的态度，树立正确的人地观。理解人与自然和谐共处的意义

二、学科课程健全人格育人目标与教材内容的整合

根据学校的顶层设计，健全人格育人目标分为三个维度、八个板块、三十二个核心要素，在不同学科的不同内容上，培养学生的侧重点不同。这就要求教师结合学情和教材，细化目标、确定要素。因此各学科就重点章节将学科课程育人核心要素与教材进行了整合，形成了学科课程健全人格培养的课程标准，如表4—4所示：

表4—4　基于健全人格培养的学科课程育人

部分学科课程目标与教材内容的整合（节选）

学科	教学内容	课型	健全人格培养目标
化学	金属和金属材料	复习课	存在与规律 现象与本质
体育	排球对墙垫球	新课	个人与群体——团队协作 诚实、守信
信息技术	移花接木	新课	存在与规律 已知与未知 现象与本质
英语	Teaching Design for Go for it! Unit 10 I'd like some noodles. Period 5 Section B 2a—2c	新课	生命与生活 促进人际交往 友爱感和道德感
语文	《秋天的怀念》	新课	生命与生活 坚韧性
美术	中国画的形式美	新课	审美感 世界观（已知与未知） 个人与群体

各个学科以典型课例打磨为载体，先后经历“选题”“定位”“铸型”“传神”“馈情”五个环节具体落实课程标准，主要通过“情境创设”“新课引入”“突出重点、突破难点”“总结反思”等环节达成培养学生健全人格的目标。下面是部分学科的典型案例节选。

案例1　物理课《滑轮》

教学设计中明确了健全人格培养目标，并结合教学内容有清晰的

阐释。

(1) 存在与规律：通过观察教师演示实验，学生自主探究，寻找到定滑轮、动滑轮的作用和特点，加深对“客观世界是有规律”的认识。

(2) 现象与本质：通过对杠杆的改进，探究定滑轮和动滑轮的实质，认识到现象与本质的联系与区别，引导学生学会透过现象去认识事物的本质。

(3) 已知与未知：联系生活实际，从已知的杠杆入手，过渡到滑轮，既让学生知道世界是可以认识的，又让他们知道有太多的未知需要去探索。既让学生不迷信权威、学会质疑，又不要妄自尊大，学会通过努力去认识世界。

案例2 数学课《轴对称现象》

(1) 存在与规律：学生在观察、动手操作、画图的过程中，形成思维的碰撞，体会问题的客观存在及事物内部的一定规律，发展空间观念。

(2) 促进人际交往：通过小组展示和其余小组的补充，加深对轴对称图形的认识，形成数学结论。在小组合作中，共同克服困难，能够自信地面对数学问题，通过协作完成任务，增进同学之间的友谊，促进人际交往。

(3) 审美感：能够基于对称的视角欣赏图片中蕴含的对称美，体会轴对称的广泛应用和丰富的文化价值，提升学生的审美观。

案例3 生物课《预防传染病》

(1) 人与自然：通过了解由于人类对野生动物栖息环境的侵占和破坏，以及任意捕杀和食用野生动物，导致病原体由动物传播给人类的事实，让学生意识到我们应该学会认识自然、欣赏自然、热爱自然、保护自然、顺应自然规律、与自然友好和谐相处。

(2) 善良仁爱：通过学习艾滋病的传播途径，了解艾滋病不会通过日常接触传播，让学生放下成见，不歧视、不故意躲避艾滋病人，而应该关心、支持、帮助他们，与他们平等友好相处，从而培养学生的乐于助人、关怀他人、同情弱者的情感。认同善良、宽容是人类的美德。同时认识艾滋病的严重性，洁身自好，树立积极、健康的生活态度。

（3）生命与生活：通过丰富的视频资料、体验游戏、调查活动、讨论活动等让学生了解传染病及其预防措施，引导学生关注时事热点、关心社会生活，让学生反思生活中不良卫生习惯的危害，学会如何在日常生活中进行自我保护，远离疾病，拥有强健的身体和快乐幸福的人生。

案例 4　地理课《长江中下游的洪涝灾害》

教学设计中明确了健全人格培养目标，并结合教学内容有清晰的阐释。

（1）个人与群体：通过安徽消防战士陈陆的事迹，理解个人与群体的关系，树立正确的人生观和价值观。

（2）人与自然：在“得出结论”环节，通过洞庭湖面积缩小的视频展示，让学生了解因人地矛盾突出，人类不合理开发利用湖泊造成湖泊面积缩小，湖泊调蓄洪水能力下降，加剧了长江中游洪水的危害，理解人与自然的密切联系，树立可持续发展观念。

（3）生命与生活：通过消防官兵抗洪一线的视频，知道国家把人民生命安全放在第一位，理解中国的“众志成城、全力以赴”的抗洪精神，懂得珍惜生命、热爱生命。

案例 5　音乐课《我和你》

教学设计中明确了健全人格培养目标，并结合教学内容有清晰的阐释。

（1）审美感：通过听、唱等音乐的方式引导学生去品味歌曲，感受歌曲的音乐风格，体验歌曲蕴含的民族文化及表达方式，从而感悟中华民族优秀的思想境界和审美境界，提高学生审美感。

（2）已知与未知：学科联动，以已知《中国画的形式美》作为切入点，启用艺术通感展开联想，探讨歌曲中体现的音乐创作手法，感受中华民族特有的审美情趣，引导学生继承和发扬我国优秀的民族文化传统。

(3) 个人与群体：调动学生积极参与小组讨论、分享、歌曲编创，用自己喜欢的方式体验与表现音乐；欣赏同学的编创成果，表达自己的感受，相互评价鼓励。在这一过程中培养学生的友爱感，潜移默化中理解个人与群体的关系。

案例 6 道德与法治课《中国担当》

教学设计中明确了健全人格培养目标，并结合教学内容有清晰的阐释。

(1) 世界观：通过“我在疫情中看到世界上的感人故事”，培养学生理性看待与正确评价全球各国所作所为的能力。

(2) 友爱感：通过老师和同学们分享一个个真实的抗疫故事，培养学生乐于助人，有亲和力与对民族、人类博爱的情怀。

(3) 自信：通过中国援助他国的具体实践，让学生感受到中国是一个负责任大国的形象，培养学生的民族自信和国家自信，做自信的中国人。

(4) 理智感：学生通过理智的分析和交流中国对外援助的态度和具体行为，学会看待问题不偏激，用理性的态度分析中国担当的本质。

第三节 基于健全人格培养的学科课程育人实施路径和策略

在学校德育课程目标的引领下，结合学科教育教学活动的特点进一步细化解读，形成三个方向的健全人格教育目标和两个方向内容体系。从国家基础课程和校本课程入手，基础课程以常规教学、人人献课、精品课例打磨为载体，校本课程以综合实践活动课为载体，从研究性学习、特长培训、学科特色活动等方面进行课程开发设计和组织实施。其具体思路如图4—1所示：

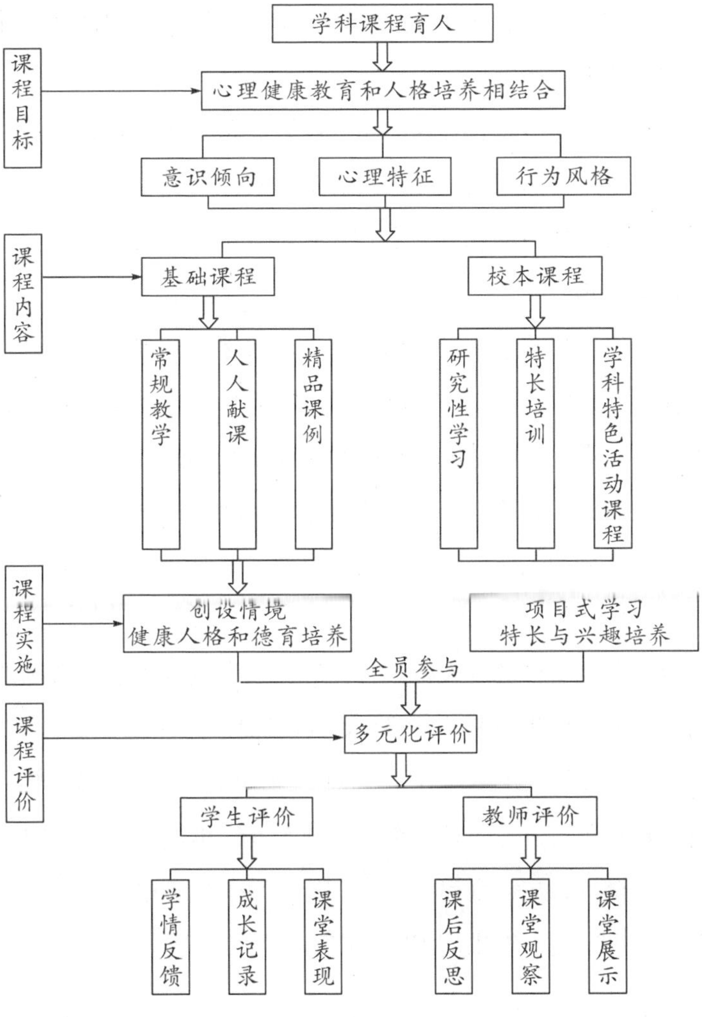

图4—1　学科课程育人思路

一、实施路径

首先，通过聚焦学科核心素养（以发展学科核心素养为径），找寻校本健全人格目标体系与学科核心素养之间的联系，树立教师“教”知识与

"育"人格并重的素质教育理念，使健全人格培养在国家基础课程的常态化教学活动中落实。

其次，聚焦综合实践活动（以开展综合实践活动为径），根据不同学生的个性特点和个人特长，在研究性学习中，通过丰富的活动和课程开展来促进学生人格的不断发展。

最后，聚焦跨学科综合育人活动（以开展跨学科综合育人活动为径），围绕共同育人目标，深入挖掘开发具有学科特色的大型活动，在活动中悄然浸润学生心灵，使活动成为学生人格培养的沃土。

二、具体策略

策略一：组建团队。通过课题研究的方式深入开展课程建设，组建团队营造课题研究氛围，建立课题研究网络，学科教师全员参与课题研究。

我们认为，学生全面发展的核心和灵魂乃是德性的培养。德性培养的基础乃是人格的成长，本校确立了基于健全人格培养构建"全员、全程、全方位"德育体系的工作思路。在学科层面，主要通过建立全员参与的课题研究网络，依托健全人格目标，结合学科教育教学活动特点进一步细化解读，整合并形成学科健全人格教育内容；以常规教学、人人献课、精品课例打磨为载体，优化国家基础课程，提高课程育人品质。

为此，从总课题组层面建立"总课题组——文、理学科方向研发组——各学科教研组——各学科全体教师"逐层推进，全员参与的课题研究网络，实现全员参与、全程实施。从各学科子学科组层面形成"教研组长牵头引领——研发小组成员协助推广——阶段研究人员主抓落实"的三级推进模式（见图4—2）。

策略二：树立典型。厘清学科优质课与基于健全人格培养的学科典型课例之间的关系，即通过健全人格培养的目标达成提升学科课堂的品质，提高教师教学专业能力和育人技能，探索并规范学科基于健全人格培养学科课程育人的实施操作流程。

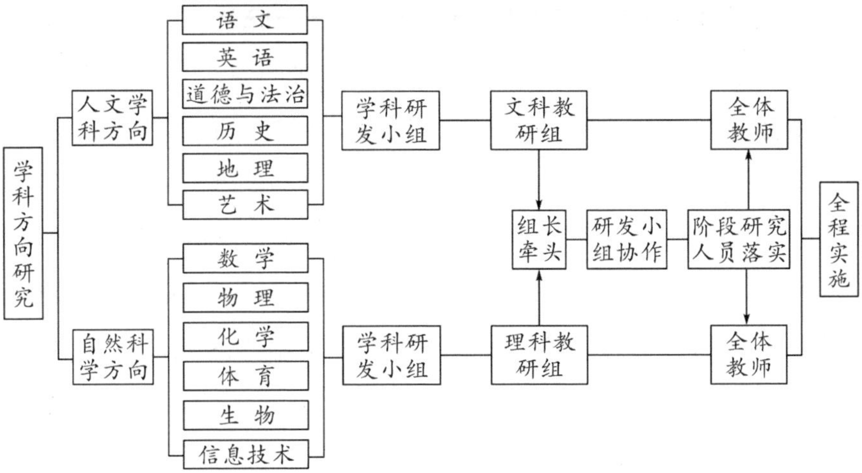

图 4—2　三级推进模式

具体操作：以每学期教研组合力建设“健全人格学科典型课例”为导向，构建学科课程育人“三三流程”，形成“课前——课中——课后”三阶段，每阶段三步走的操作流程，使老师们能将健全人格导向的德育理念融入学科教育之中，提升教师学科教学专业能力和育人技能。如图 4—3 所示：

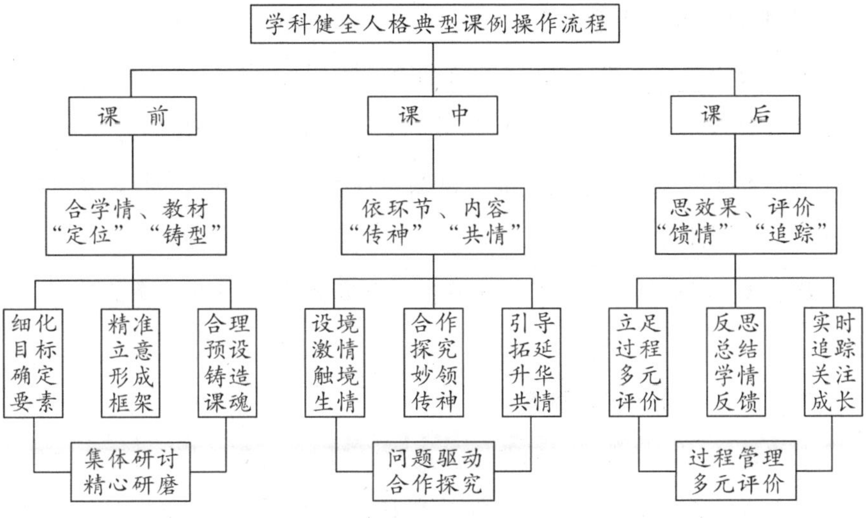

图 4—3　三三流程

（一）课前“三步”，合学情、教材“定位”“铸型”

在课前“三步”阶段，发挥教研组集体备课力量，由教研组长牵头，学科课题研发小组成员和阶段研究人员组织，利用教研会、备课组会等时机，调动学科组教师全员参与健全人格学科典型课例的“备——研——磨”过程。把基于健全人格培养的理念，如何挖掘教材内容中的人格培养育人因子，通过全员全程参与的实际操作，影响到学科组的每一位教师，从根本上转变学科教师的育人理念，提升学科教师的育人技能。具体步骤如下：

1. 细化目标，确定要素

教师根据自身的个性化教学特点，选定展示课题后，结合学情、教材内容，围绕本学科核心素养培养目标，确定学科课程育人渗透要素，细化学科课程育人目标。

2. 精准立意，形成框架

教研组协助献课教师围绕细化后的学科课程育人目标，深挖教材，找准教学立意，形成思路，精心设计，搭建教学基本框架。

3. 集体打磨，铸造课魂

献课教师通过说课、试讲，教研组通过听课、观课、议课、评课等方式反复打磨每期“基于健全人格培养的学科课程育人典型课例”，从对典型课例的不断思考修正中，找准学科课程育人定位，铸造课魂，修订教学设计，确定授课方式。

案例 1　历史组胡敏霞老师部编版八上第 22 课《抗日战争的胜利》打磨过程

（1）细化目标，确定要素

选定课题后，胡敏霞老师先与历史学科研发小组成员张玉萍老师和阶段研究人员晋云萍老师共同深入研读课标、历史学科五大核心素养、《成都市初中统编教材培训》等相关资料，有针对性地选出与本课教学相关的教学素材，从历史学科五大核心素养能力培养上定位教学目标。

围绕本课教学内容，抓住历史学科家国情怀核心素养培养与健全人格培养的共同育人指向目标，选定本课健全人格要素。意识倾向维度：认知板块——人生观要素（个人与集体）；意识倾向维度：情感板块——理智感要素；意识倾向维度：意志板块——坚忍性要素。

（2）精准立意，形成框架

利用健全人格课题专题研讨会，以胡敏霞老师先说课，全组教师后议课的方式，实现全员参与，结合本课教学重点——中共七大的主要内容、抗战胜利的原因和历史意义以及教学难点——抗日战争胜利的原因，最终将本课教学立意确定为：从不同身份、不同政党、不同阶层的人面对战争、面对民族危亡时对生命、对国家的选择上，突显中华民族的抗战精神，树立正确人生观。

（3）集体打磨，铸造课魂

形成教学基本框架后，胡敏霞老师开始试讲，由何玲组长牵头，全组教师共同参与到对本课的反复听、观、议、评上。

第一轮试讲，主要观本堂课课程设计的完成度、育人目标的呈现方式是否恰当。

第二轮试讲，重点观问题驱动引导教学的课模实现度及学生活动的情况。

第三轮试讲，重点关注学生本课的学习体验，育人效果的达成度。

通过反复的试讲，听、评、议课，胡敏霞老师在对教学设计的不断完善中对课堂教学任务的达成和如何从历史的细节中去提炼课魂，点燃课堂温度有了全新的认识。全组教师在磨课研课中共同学习、共同成长，在这样的实际操作中提高了整个教研组的教学科研能力。

案例 2　物理组罗远均老师教科版九年级上册第六章第一节《电功》课打磨过程

（1）**细化目标，确定要素**

选定课题后，罗远均老师先与课题组理科组长罗远洋老师和理科组研发成员刘曦萍老师共同深入研读课标、教材、物理学核心素养、《健全人格教育校本课程纲要》等相关资料，有针对性地选出与本课教学相关的教学素材，从物理学核心素养能力培养上定位教学目标。围绕本课教学内容，抓住物理学核心素养培养与健全人格培养的共同育人指向目标，选定本课健全人格要素。意识倾向维度：认知板块——世界观要素（存在与规律、已知与未知、现象与本质）；行为风格维度：文明素养板块——保护自然环境、促进人际交往、爱护劳动成果要素；心理特征维度：性格板块——自信、自律要素。

（2）**精准立意，形成框架**

利用健全人格课题专题研讨会，以罗远均老师先说课，全组教师后议课的方式，实现全员参与。

最终将本课教学立意确定为：学生通过活动观察用电器工作时将电能转化为哪些形式的能量，透过现象看本质，从而揭示用电器消耗电能的过程，实质上是将电能转化为其他形式能量的过程。有多少电能转化为其他形式的能量，我们就说电流做了多少功。通过学生介绍“一度电的作用”和“地球一小时”活动，增强大家的环保意识，呼吁大家从现在做起做到节约用电，人人有责，从而培养学生节约资源，促进可持续发展的责任与担当。

（3）**集体打磨，铸造课魂**

形成教学基本框架后，罗远均老师开始试讲，由罗远洋组长牵头，全组教师共同参与到对本课的反复听、观、议、评课中。

通过反复的试讲，听、评、议课，罗远均老师对教学设计不断地完善，对课堂教学任务如何达成和如何通过大量生活化的事例让学生从感性认识逐渐转化为理性分析有了深刻的认识，采用了科学的方法，让学生能够比较轻松愉快地学好本节的内容。本堂课在教学实施的过程中有效地渗透了课前预设的几个健全人格要素，根据师生的课堂表现和学情反馈，对学生的人格培养效果显著，激发了学生的学习兴趣，培养了学生的收集整理资料的能力、动手能力、语言表达能力、团队协作能力。

（二）课中“三步”，依教学环节“传神”“共情”

以问题驱动的四环主体参与模式引导学生在发现问题、分析探究问题和解决问题的过程中内化价值观念、形成必备品格。

该模式结合不同学科特点和不同课型，以学生的生活实践场景、问题模拟场景、课堂创设情景中的个体体验开始，在老师多种方式的引导下积极探究，创设育人“发生场域”，通过生生或师生的合作交流与整合，形成对相关价值观和必备品格，即健全人格要素的理解、分析和场景应用，并结合自己的已有经验进行反思和评价，从而在提出问题、分析问题和解决问题的过程中实现正向影响，健全学生人格。具体步骤如下：

1. 设境激情　触境生情

“设境激情”是指教师选用最能激发学生情趣的材料（如图片、视频、音乐、活动等），设置生动的情境快捷地导入新课。“触境生情”是让学生快速进入情境，产生学习新课的情趣。

案例 1　地理教研组王俊老师在上《撒哈拉以南的非洲》一课时，运用多媒体技术制作的“王老师深度游非洲”的图片，配合非洲鼓的动感音乐迅速调动学生兴趣，快速进入课堂；钟英老师在上《长江中下游的洪涝灾害》一课时，以感动中国2020年度人物陈陆事迹点燃学生情感，产生探究为什么安徽洪涝灾害会如此严重的渴望，从而快速引导学生走进课堂。

案例 2　体育教研组谷花老师在体育教学《双手前掷实心球》一课中，采用游戏情境创设引入教学：教师设置以“超级玩家”命名的团队接力赛游戏，配合节奏强烈的音乐，学生进行激烈的角逐比赛，评出胜负，感受游戏带来的乐趣，调动了学生的积极性，激发了学生的学习兴趣，同时在游戏中渗透了健全人格的教育——团队协作与拼搏精神，牵引出课的主题和学习的态度。根据教师设置的问题和提供的文字、图片、视频等引导学生顺利进入自主、合作、探究的实心球教学学习。

2. 合作探究　妙领传神

教师以师生（生生）合作探究的方式，结合不同学科特点和要求，通过巧妙的方法创设育人“发生场域”，引领学生在提出问题、分析问题和解决问题的过程中实现正向影响，于无声处浸润学生心灵，启迪学生思想，培育健全人格。

案例1　语文组张薇老师在上《天下国家》一课时，结合2020年武汉新冠肺炎疫情，让孩子理解“天下国家”的含义，懂得个人与国家的命运是息息相关的，真正了解和关切社会。在参与过程中，积累知识、激发心志、陶冶情操，进而激发孩子善良仁爱的内心，树立积极向上的人生观。

具体活动环节有三个。

环节一：了解背景，发现问题。

从问题入手，是活动课的前提，我们要让孩子探究，就得发现问题。在4月30日的活动课上，我们班的孩子对古代和近代英雄关注很多，而对当代英雄关注较少，所以瞄准这一问题，直接点明“症结”所在，才能让孩子的探究从问题出发，进而初步达到健全人格的第一个目标：让孩子关注社会生活。

环节二：聚焦当代，寻找英雄。

这个环节又分成三步：（一）初识英雄；（二）走进英雄；（三）众志成城、坚定信念。

第一步，明确英雄的内涵，明白只要是热爱国家，勇于担当，无私忘我，不辞艰险，为人民利益而英勇奋斗，令人敬佩的人都是英雄。

第二步，充分展现学生的具体活动。四组同学从阅读抗疫英雄事迹片段、片段朗读分享抗疫中的感动瞬间、亲身参与抗疫体验、绘画赞美抗疫英雄四个角度去认识英雄，理解英雄，赞美英雄。

在学生的活动中，张薇老师引导孩子们用诗歌朗诵、视频、剪纸、书法等方式从不同方面表现自己对疫情的关切，可以说，这次活动让孩子们都能认真参与其中。在参与中也见证了孩子们心灵的成长。

第三步，众志成城，坚定信念。

有参与，才能有感悟。在结尾处结合语文学科特点和要求，用写作的方式，内化英雄的含义，践行健全人格要素，用感悟进一步激发孩子善良仁爱的内心，树立积极向上的人生观。

案例2　化学组龚芮琦老师在上《二氧化碳的性质》一课时，将二氧化碳所具有的性质与学生喜爱的汽水结合到一起，激发学生的学习兴趣。学生从中体会到化学与生活息息相关，体验到科学实验探究的一般流程，提高了语言表达能力，增强了学生的合作意识与合作精神。掌握探究物质性质的实验方法，有利于培养学生的逻辑思维能力。

教学环节主要有三部分。

环节一：再识二氧化碳与石灰水反应。

活动一：汽水中气体的检验。

引领学生通过汽水中含有二氧化碳的现象，对其可能具有的性质做出猜想，并通过小组讨论设计实验方案、完善方案、完成实验，体会科学实验探究的一般流程，掌握探究物质性质的实验方法。

环节二：探究二氧化碳能溶于水并与水反应。

活动二：汽水中二氧化碳性质探究。

在教学中，运用创设问题情境——提出问题——建立假设——实验探究——得出结论的教学思路和方法。通过猜想探究，结合小组讨论—展示—评价等环节，培养学生灵活运用所学知识解决实际问题的能力，让所有学生在化学学习中都有不同的收获。

这一部分又分为两个小探究。

探究一：二氧化碳的溶解性。

通过小组讨论，分析设计实验方案，证明猜想，激励学生的合作参与意识。在合作过程中，鼓励学生勇于发表自己的观点，增强语言表达能力，促进人际交往，培养团队合作精神。在对二氧化碳的性质探究过程中，通过分析实验现象所对应的性质得出结论，体会现象与本质的关系。

探究二：二氧化碳与水反应。

引导学生通过对石蕊变红的原因分析，小组合作设计对比实验，强化控制变量思想，掌握探究实验常用的对比实验法。在对二氧化碳的性质探究过程中，通过分析实验现象所对应的性质得出结论，体会现象与本质的关系。

环节三：整合二氧化碳的其他性质。

活动三：二氧化碳其他性质拓展。

通过观看汽水灭火的视频，结合前面的实验内容分析总结：二氧化碳通常是一种无色无味的气体，密度大于空气，能溶于水。不可燃不助燃，能与水反应，能与石灰水反应。

在分析具体实例时体会到性质决定用途，用途体现性质。培养学生的知识迁移能力和应用能力，让学生体会通过学习能解决生活中真实存在的问题，同时认识到人与自然的关系，了解爱护环境的重要性。

3. 引导拓延　升华共情

根据不同学科特点和要求，以学生自主、师生（生生）合作、体验探究的形式，延展拓宽课堂深度、广度，引导学生品味学科知识中蕴含的科学精神、人文情怀、美学价值，让学生获得审美体验，接受情感教育，学习科学精神，健全学生人格。

案例 1　艺术组程剑老师在上《中国画的形式美》一课时，以 2008 年北京奥运会开幕式中国画视频引入，通过中西方绘画作品的对比赏析，引导学生对中国画的形象之美、笔墨之美、色彩之美和章法之美进行感知—交流—讨论—体验，从而认识中国画独特的形式美感，提高学生的审美能力，“珍视人类已积累的文化”，感受中国画的意境，读懂画外之趣，领悟中国传统文化的内涵和价值，从而“重视学习和传承文化”，关注并传承我国优秀文化遗产。而艺术组音乐老师陈杉杉讲授《我和你》时，则在此基础上，把中国画对形式美、色彩美、章法美的审美方式引入歌曲的赏析，开拓了学生从不同学科不同角度去理解感知艺术之美的思维方式；做了跨学科联动育人的成功尝试，拓展了音乐课的深度和厚度。并让学生从《我和你》的创作背景调查、歌曲赏析、试唱、弹奏、改编创作中去体验感知中华民族的性格：包容接纳、和而不同、大道至简。

案例 2　生物组陈晓红老师在《预防传染病》一课的引导拓延、升华共情环节中，首先让学生通过小组讨论了解艾滋病的病原体、传染源、传播途径和易感人群，以及艾滋病的预防措施。了解艾滋病不会通过日常接触传播，让学生放下成见，不歧视、不故意躲避艾滋病人，而应该关心、支持、帮助他们，与他们平等友好相处，从而培养学生乐于助人、关怀他人、同情弱者的品质，认同善良、宽容是人类的美德，从而渗透“善良仁爱”这一人格要素。

然后让学生理解艾滋病的危害和预防的重要性，学会如何在日常生活中进行自我保护，远离疾病。树立积极、健康的生活态度，拥有健康的身体和快乐幸福的人生，从而渗透“生命与生活”这一人格要素。

最后通过一段视频了解由于人类对野生动物栖息环境的侵占和破坏，以及任意捕杀和食用野生动物，导致病原体由动物传播给人类的事实，让学生理解“人与自然”的关系，意识到我们应该学会认识自然、热爱自然、保护自然，顺应自然规律，与自然友好和谐相处。最后，结合新冠感染疫情的严重性感受人类在自然界中其实非常渺小和脆弱，激发敬畏自然、敬畏生命的情感。

（三）课后“三步”，思课堂效果“馈情”“追踪”

一堂课的结束不是结束，而恰恰是新的学习的开始。课后“三步”包括：教师角度的反思总结，学生角度的学情反馈，多向追踪育人效果是否达成。结合课堂效果的观察，课堂教师对健全人格教育学科渗透有效性的反思总结，学生的学情反馈，以此追踪课堂育人效果的达成。再结合实际，寻找契机，形成可持续性的育人场域，促进学生人格的健全。

案例 1 地理组王俊老师在讲授《撒哈拉以南的非洲》一课后，把学生通过课堂构建的非洲饥饿贫穷的深刻感悟结合到现实中对“杂交水稻之父”袁隆平先生的缅怀，引导学生深刻地去领悟人地协调，关爱自然，珍惜粮食。

案例 2 信息技术组詹超老师讲授了《移花接木》一课，让学生自己动手大胆尝试、体验，发现问题，解决问题，增强自信心。通过相互协助，总结归纳并拓展练习，进一步熟练掌握图片的设计编辑操作，促进学生之间的交流，锻炼他们的胆量。

每一堂健全人格学科典型课例的打磨，都是集全教研组之力对课题研究从理论走向实践的深入探索，引导学科教师通过切身的参与体验，形成自身对健全人格的正向理解，实现对学生健全人格的正向引导，从而真正地将学科德育行于实际、落于行动。这样的育人理念从一堂健全人格学科典型课例开始，走向学科教师的人人献课，再延展到学科教师常规课堂，从而使立德树人在常态化教学中落地生根。

策略三：综合实践。立足国家级课题《基于核心素养培养的初中综合实践活动课程开发与实施研究》，通过对学生在亲身经历的活动（包括考察、调查、实验、探究、体验、服务、制作等）中发现和解决问题的过程指导，形成对学生健全人格的正向引领。

在学校的办学理念和育人目标的指引下，我们参考林崇德团队的《中国学生发展核心素养研究报告》自主构建了校本核心素养体系（核心素养的校本化表达）。学生发展核心素养，主要是指人文基础、科学基础、学会学习、实践创新、健全人格、社会责任。例如，“社会责任”核心素养，细化为责任意识、国家观念、国际理解三个层面。“责任意识”层面再具体化为：履职尽责，敬业奉献的精神，互助合作的团队意识；感恩、热心公益；明是非，有规则法纪意识，对自我及他人负责；维护并行使公民权利，履行公民义务；崇尚自由、平等，维护公平正义；意识及行为体现可持续发展；等等。

“基于核心素养培养的初中综合实践活动课程开发与实施研究”是本校正在进行的国家级重点课题。该研究旨在厘清初中生发展核心素养的内在结构，澄清综合实践活动课程对初中生核心素养的发展价值。综合实践活动课程是重视学生直接经验的，强调“活动”是实施的主要形式，学生在亲身经历、积极参与的“考察、调查、实验、探究、体验、服务、制作”等一系列活动中发现和解决问题，体验和感受生活，培养实践能力和创新精神。特别是综合实践活动蕴含的评价多元性、表现性、发展性的特点与多元智能理论的教育相通。学生在获得参与实践的积极体验与丰富经验中，形成对自然、社会、自身内在联系的整体认识，发展对自然的关爱、对自身的责任；形成从自己的周围生活中主动地发现问题，并独立解决问题的态度和能力，对知识综合运用和创新的能力，养成合作、分享、积极进取的个性品质。

案例1　历史组张玉萍老师在“走进黄龙溪”跨学科综合实践活动课题开发时，以“基于健全人格培养的学科育人”视角带领七年级一班学生进行了“黄龙溪与龙文化内涵”课题探究。

在课题研究中，她结合七年级学生刚刚跨入少年期，理性思维的发展还有限，身体发育、知识经验、心理品质方面依然保留着小学生的特点的学情，引导学生以体验式的课题研究方式，进行课题的推进和思考。

在研究活动中以研学旅行的方式，搭建起历史学科乡土特色教材的开发路径，从认识家乡的古镇名称与龙的渊源为切口，通过各种不同的体验深入调查了解龙文化的内涵、发展。如寻龙组通过布置龙文化展示墙、寻龙打卡、现场成语接龙等活动体验，体会到个人与他人、个人与集体的关系，从活动体验中引导学生思考找到恰当方式去解决问题，实现润物无声的育人目的；导游组通过向陌生游客导游讲解体验，打破自身面对陌生环境的胆怯，增强克服困难的勇气，从中获取信心；创意组从最初不明确目标的实地模仿到龙创意盘的制作，再到采访川师大教授后的明确目标意义的再创作，将创新的理念融入传承龙文化的精神价值，以求实的精神对传统文化进行反思，在继承基础上不断学习探索、明确目标，逐步实现目标。

研究中，学生通过不断的体验去发现问题、解决问题、获取知识，提升创新思维能力。从自己参与体验的感悟中去理解龙文化赋予的新时代精神价值，拉近学生与时代发展需求的距离，树立学生使命感与责任感，传承民族精神文化，弘扬家国情怀，由此促进学生健全人格的培养。

案例2 数学组万静老师在讲授《轴对称现象》一课中，带领学生从认识三角形出发，用几何图形表达生活中的物体。基于刚刚完成全等三角形学习的基本事实出发，引导学生由已有的知识走向未知的领域，站在一个全新的视角（变换视角）重新认识一些基本图形。

课程设计中，从发现数学之美，到创作之美，感悟美有机的串联，整节课环环相扣，将学生的思维引向深处，其中的微课题“探究轴对称图形的多种方法”成为本节课的点睛之作。

表4—5 探究轴对称变换的多种方法

<table>
<tr><td>分工</td><td>组长</td><td></td><td>主发言人</td><td></td><td>记录人</td><td></td></tr>
<tr><td colspan="2">任务</td><td colspan="5">主要任务：移动一个方格子，构造轴对称图形
子任务：1. 理清对称轴的位置
2. 找到尽可能多的方法</td></tr>
</table>

续表

分工	组长		主发言人		记录人	
活动流程	1. 小组内成员独立思考 2. 先组内展示（人人参与） 3. 小组内互评（小组长负责组织） 4. 收集小组成员的意见（记录员负责） 5. 形成小组共同意见或结论 6. 组间交流展示并做出评价					
结论记录						
结论修正						

该活动以实践操作为主，不同于以往知识点的单独检测，让知识的习得内化于心、外化于行。通过小组展示和其余小组的补充，加深对轴对称图形的认识，形成数学结论。在小组合作中，共同克服困难，能够自信地面对数学问题，通过协作完成任务，增进同学之间的友谊，促进人际交往。

策略四：活动引领。以“活动”为导引，统筹各学科顶层设计，打通学科间屏障，实现学科综合育人、整体育人、全程育人，孕育学校德育文化场。

借助学校顶层设计搭建“两节一会”平台，举办各学科特色活动，如英语组基于国际理解教育的“英语活动月”；历史组基于家国情怀素养的“祖国在我心中”演讲会；地理组的“导游风采大赛”；道德与法治组的“人格体验周”“青春微剧场”；语文组的“春芽诗会”“读书月”；艺术组的“现场书画比赛”“民乐大赛”“美术书画、摄影展”。各种饱含育人特色因子的活动给学生创造了更多参与体验的机会，学生在文艺节上精彩绽放，芬芳四溢。数学组的“风筝制作及放飞比赛、几何画板比赛”，物理组的“水火箭比赛、桥梁称重比赛”，化学组的“污水净化比赛和去污渍比赛”，生物组的“生物实验操作大赛”，信息计算组的“计算机组装比赛”，体育组的“自制纸箱车投准比赛”，构成充满科技元素的健全人格育人氛围。

一年一度的学术年会为学生创造了更多展示个性特色的空间，为老师们创造了跨学科交流学习、聆听专家指导的良好契机。以“活动”为导向的德育课程化建设，拓宽了学科育人途径，为学生健全人格的培养提供了充足的养分，创造了实现各学科综合育人、整体育人、全程育人的途径，成为滋养学校德育文化的沃土。

第四节 基于健全人格培养的学科课程育人评价策略

为推动健全人格学科典型课例建设，我们积极实践，树立正确的评价理念，探索构建多元化的学科课程育人评价体系。

一、扭转德育评价导向，构建学科课程育人评价体系

人格的培养是一个长久持续的过程。我们倡导“立足过程，促进发展”的评价，树立以素质教育为核心的评价理念，通过评价促进被评价者的发展进步。与之相适应，健全人格学科课程育人的评价需要从教师和学生两类评价主体、过程和结果两个评价方向、形成性和总结性两种评价价值，去探索并形成可操作评价方案。倡导师生自评、互评相结合，以激励为主。不但有量化的评价，也有描述性的评价。不但有共同的评价标准，还要增加大量的个性化评价要求。最终实现德育评价的最高目标——育人。

探索学科课程育人评价的校本改革，能帮助我们厘清现代教育体制中各类参与主体的权责范围和能动空间，进而建构立体交互、多元参与的学科育人评价体系，充分发挥各参与主体的角色功能，注重评价的过程性，

改变评价的“单一性、静态性”，扭转不科学的德育评价导向，完善学科课程育人评价机制，更加科学系统地培养“五育”融合的社会主义接班人。为此，我们形成与之相适应的课程育人评价体系。制定了针对学科课堂健全人格教育达成度的相关评价表——双流区立格实验学校健全人格教育课堂评价表。

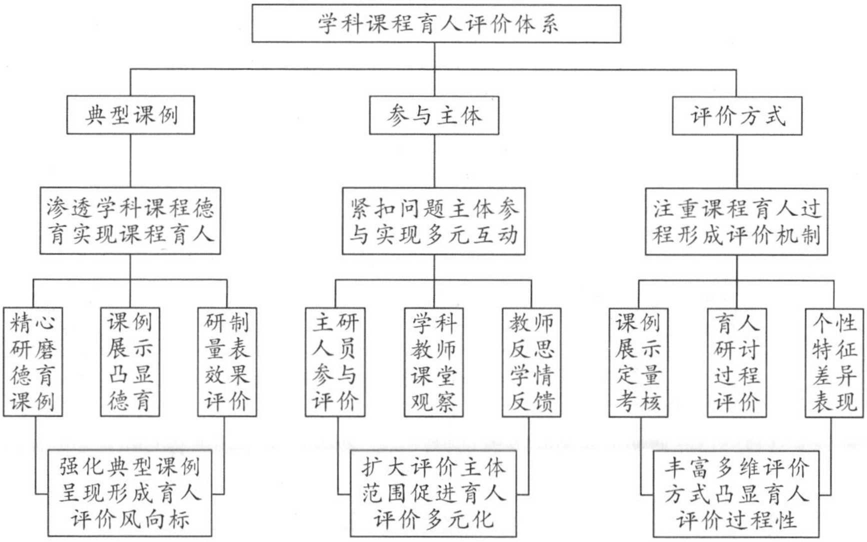

图 4—4　学科课程育人评价体系

表 4—6　基于健全人格培养学科课程育人评价量表

项目	评价内容	分值	得分
课前准备	教学设计以《纲要》为指导，结合所教学生年级，符合该学段学生的认知规律和心理特征，并能结合健全人格教育进行学情分析	5 分	
	教学设计以《纲要》为标准，结合该课课程教学内容确定健全人格培养目标，并进行清晰准确的描述；对教学设计中确定的课堂健全人格培养要素，有清晰合理的具体阐释和解读	5 分	
	教学活动设计充分体现学科与健全人格教育的有机整合，环节设计体现对学生健全人格教育目标的逐层递进，并对教学环节中如何进行健全人格教育有准确清晰的解读	5 分	

续表

项目	评价内容	分值	得分
课堂实施	教师教态自然，大方得体，能以个人的人格魅力感染学生，进行课堂引领	5 分	
	教学过程中有渗透健全人格教育的情境创设，情境创设与课程教学内容自然融合，课堂教学中教师能以富有感染力的语言去组织课堂教学，引导学生积极思考，主动参与到健全人格教育活动中	5 分	
	授课教师善于发现课堂里学生活动中的生成性问题，并结合健全人格要素进行积极引导，为学生提供思考问题、解决问题的时间和空间，体现教师“引路人”风范	5 分	
	课堂教学中气氛活跃，活动丰富，学生在轻松的氛围下积极参与课堂、主动融入课堂，教师确定的人格要素目标在课堂中能以学生自主接纳的方式进行	5 分	
	学生能通过教师设计组织的教学活动与教师在课堂中产生共鸣，潜移默化地领悟本课所渗透的健全人格要素，从而修正完善自我人格与认知	5 分	
课后总结	授课教师以说课的方式，简介教学内容，重点解说在本堂课上教学内容的哪个部分与健全人格要素如何进行融合。写出课后反思，说明所选课例教学内容是否适宜、教学环节是否合理、教学效果是否显著、教育策略是否可行。通过“健全人格教育典型课例”的建设活动，阐述自己有何变化与收获，对自我教育教学能力和观念有何影响，个人对人格要素有何理解等	5 分	
	授课教师以适当的方式进行学习反馈（如课堂调查），了解健全人格要素的教育效果，并作好调查资料的收集和整理，保留并上交部分资料以做课题研究的印证	5 分	

二、加强典型课例建设，达成学科课程健全人格育人目的

为了真实地评价学生的潜能、人格发展，需要真正把学习过程与评价过程结合在一起，为促进学生的发展提供全方位信息，有利于在真实的学习情境中对学习者的思维能力、反思能力、合作能力、信息搜集能力、处理能力和创造能力等进行评价，让学生积极参与学习过程。

通过课题组的理论学习和实践探索，结合教研组的研讨，研制出了从“课前准备——课堂实施——课后总结”三个阶段可量化的学科课程育人

评价表。总课题组按照评价量表，组织课题主研人员对每一节健全人格培养典型课进行评价打分，打破传统的重知识传授和优秀学生选拔的评价，实现“以评促教”，达到学科课程育人之目的。

评价量表案例解读如下。

（一）课前准备

评价内容1：教学设计能以《纲要》为指导，结合所教学生年级，符合该学段学生的认知规律和心理特征，结合健全人格教育进行学情分析。

案例　刘曦萍老师在《滑轮》的教学设计中进行了以下的学情分析：八年级学生具有强烈的好奇心，求知欲和表现欲较强，喜欢动手动脑，他们的思维方式正在由形象思维向逻辑思维过渡，已经具备了一定的观察能力和分析问题能力，但不够严密。前面已学习了杠杆的有关知识，并掌握了相关的实验方法和技能，可以说已经具备了独立的实验能力。研究动滑轮特点时，学生可能忽略动滑轮的重力这一次要因素来下结论，需要我们教师给予他们有效的指导与帮助。

评价内容2：教学设计以《纲要》为标准，结合该课课程教学内容确定健全人格培养目标，并进行清晰准确的描述；对教学设计中确定的课堂健全人格教育要素，有清晰合理的具体阐释和解读。

案例　段绪德老师在《滑轮》的教学设计中明确了健全人格教育要素并结合教学内容有清晰的阐释。

（1）存在与规律：通过观察教师演示实验，学生自主探究，寻找到定滑轮、动滑轮的作用和特点，加深对客观世界有规律的认知。

（2）现象与本质：通过对杠杆的改进，探究定滑轮和动滑轮的实质，认识到现象与本质的联系与区别，引导学生学会透过现象去认识事物的本质。

（3）已知与未知：联系生活实际，从已知的杠杆入手，过渡到滑轮，既让学生知道世界是可以认识的，又让他们知道有太多的未知需要去探索。既不迷信权威，学会质疑，又不要妄自尊大，会通过努力去认识世界。

评价内容3：教学活动设计充分体现学科与健全人格教育的有机整合，环节设计体现对学生健全人格培养目标的逐层递进，并对教学环节中如何进行健全人格培养有准确清晰的解读。

案例 王春艳老师对《大气压强》的课堂教学进行了如下的设计：首先，通过实验，激发学生的学习兴趣，让学生感知大气压的存在；其次，提供器材让学生参与设计实验证明大气压的存在并且展示阐述，从而让学生对大气压有正确的、客观的认识；再次，学生通过设计方案，分析了解粗测大气压的相关方法并明确其不足，再利用已有知识找到精确测量的方法，让学生体会科学探究的过程；然后，抓住学科发展史，让学生知道大气压的变化规律；最后，通过介绍大气压在生活中的应用（例如：吸管、注射器、吸盘、负压病房），让学生在经历学习的过程中感受到物理与生活的紧密联系，感受科技的重要、知识的力量、学习的必要，让人格得到升华。这样的教学设计环环相扣、逐层递进，对已知与未知、存在与规律两个要素进行了润物无声的渗透。

（二）课堂实施

评价内容1：教师教态自然，大方得体，能以个人的人格魅力感染学生，进行课堂引领。

案例 谷花老师在《双手头上前掷实心球》的课堂中，通过教师示范或者学生示范，让学生更加直观地看到双手头上前掷实心球的动作并进行模仿学习，通过个人的专业素养和人格魅力引领课堂。

评价内容2：教学过程中有渗透健全人格教育的情境创设，并与课程教学内容自然融合。教师能以富有感染力的语言去组织课堂教学，引导学生积极思考，主动参与到健全人格教育活动中。

案例 罗远均老师在《电功》的课堂教学中组织学生讨论分析常见家

用电器工作过程（洗衣机、电饭锅、电灯、手机充电的过程）的能量转化，通过师生互动、生生互动，总结用电器消耗电能的过程，分析能量转化实质上是将电能转化为其他形式能量的过程。教师通过情境创设引导学生积极思考，引导学生透过现象看本质，从而揭示用电器消耗电能的实质。

评价内容 3：授课教师善于发现课堂里学生活动中的生成性问题，并结合健全人格要素进行积极引导，为学生提供思考问题、解决问题的时间和空间，体现教师“引路人”风范。

案例　辜曼莎老师进行《确定位置》的课堂教学中，在探究新知环节，通过生活情境再现以及游戏活动的方式，选取贴近学生生活的素材，让学生在活动中学会描述位置的不同方法，并引导学生总结出不同方法之间的共性（即在平面内，确定一个点的位置需要两个数据），感受存在与规律这一要素，引领课堂。

评价内容 4：课堂教学中气氛活跃、活动丰富，学生在轻松的氛围下积极参与课堂、主动融入课堂，教师确定的人格要素目标在课堂中能以学生自主接纳的方式进行。

案例　罗远洋老师在《电流的磁场》教学中，设计学生活动：探究通电螺线管磁场方向与电流方向的普遍性规律，利用易课堂将实验现象投屏，具有直观、形象、生动、有趣等特点，营造出生动的物理情境；借助 Flash 动画的立体感，进行安培定则的教学，帮助学生建立正确的物理模型，变抽象为具体，促进学生对安培定则的理解；整个探究过程让学生在轻松的氛围下体验；从现象的存在——规律的总结——实际运用，让学生从事物本身存在的现象中找寻规律，引导学生体会科学家总结现象的能力，培养学生对科学的正确态度与责任感。

评价内容 5：学生能通过教师设计组织的教学活动与教师在课堂中产生共鸣，潜移默化地领悟本课所渗透的健全人格要素，从而修正完善自我人格与认知。

案例 张颖老师在《金属单元复习》的课堂教学设计中，通过课堂分组实验，巧借“异常”现象，推动学生发现问题、引发思考、实验验证、资料搜集，并最终使“异常”现象得以解释；使严谨求实的科学精神于无形中得到渗透，培养学生透过现象看本质的科学探究态度。

（三）课后总结

评价内容1：授课教师以说课的方式，简介教学内容，重点解说在本堂课上教学内容的哪个部分与健全人格要素如何进行融合。写出课后反思，说明所选课例教学内容是否适宜，教学环节是否合理，教学效果是否显著，教育策略是否可行。通过“健全人格教育典型课例”的建设活动，自己有何变化与收获，对自我教育教学能力和观念有何影响，个人对人格要素有何理解等。

案例 罗远均老师在《电功》的教学反思中这样写道：

本堂课在教学实施的过程中有效地渗透了课前预设的几个健全人格要素。根据师生的课堂表现和学情反馈，本节课对学生的人格培养效果显著，激发了学生的学习兴趣，培养了学生的动手能力、语言表达能力、团队协作能力、搜集整理资料的能力，通过这节课的学习让节约用电、节能减排、保护环境的意识深入人心。通过本次的健全人格典型课例的打磨，我自己也在不断成长，收获颇多。我对健全人格的要素理解得更加透彻，对在教学中渗透健全人格要素的方式和技巧运用得更加灵活和自然。在以后的教学过程中我需要注意如下几点：

①课前需要分析该学段学生的认知规律及心理特点。

②在备课时，有意识地思考我在这节课中可以培养学生哪些健全人格要素，思考可以通过哪些方式潜移默化地渗透健全人格教育，而不是很直白地以“喊口号”的方式很刻意地对学生进行人格教育。健全人格要素应该是以润物细无声的方式让学生自己领悟，从而修正完善自己的人格与

认知。

③在课堂教学实施过程中，我会更加注意对课堂气氛的调控，注意我的语言和动作，更加具有亲和力，拉近师生之间的距离，让学生感受到平等，感受到自己被充分尊重，从而可以自由地表达自己的想法。同时我会注意课堂评价方式，发挥评价的价值导向，多肯定学生做得好的地方，对学生学习的积极性和自信心起促进作用。

④课后我会及时进行学情反馈，关注学生通过这节课或这段时间，哪些人格更加完善。

评价内容2：授课教师以适当的方式进行学习反馈（如课堂调查），了解健全人格要素的教育效果，并作好调查资料的搜集和整理，保留并上交部分资料以做课题研究的印证。

案例　罗远均老师在完成《认识浮力》的课堂教学后，设置了以下的调查问卷（部分）。

通过本堂课的学习，你是否在以下各方面有所收获？请在后面的（　）内画“√”或“×”。

(1) 通过演示实验将橙子分成两部分，发现橙子皮下沉而整个橙子浮在水面上，当你的猜想和现实情况出现冲突，是否能激发你的学习兴趣？实验是否能培养你具有执着求真、不怕失败的精神，知道实践是检验真理的唯一标准？ ……………………………………………………（　　）

(2) 探究下沉的物体是否受到浮力作用时，通过你自己设计实验，探究在水中下沉的石块是否受到浮力。亲手设计实验、进行实验，是否能培养你设计实验的能力，养成善于思考、细心观察的习惯；培养你相互交流、协同合作的能力？ ………………………………………（　　）

……

(7) 多媒体展示生活中常见的利用浮力现象，并让你自己说出生活中还有哪些利用浮力的例子。是否能让你体会从生活走向物理，从物理走向

社会的新课程理念？ ……………………………………………………（　　）

（8）通过亲自制作孔明灯，是否能培养你的创新精神和实践能力，培养你的合作意识、人际交往能力；是否能培养你学习的兴趣、自觉性和开拓精神；是否能培养你的环保意识，爱护环境意识，珍爱生命意识？ …………………………………………………………………………（　　）

三、扩大评价主体范围，促进育人评价的多元化，凸显育人评价的过程性

“评价主体的多元化”是指评价活动的主角是由多种人或多个团队组成。扩大评价主体范围，就是让更多的人参与到活动评价中来，杜绝以往的学生或献课教师单一的评价或被评价。随着教育评价的功能从单纯的鉴定、证明发展到导向、风向标，评价人员的角色关系必然随之发生变化。在学科课程育人评价中，通过主研教师对典型课例量化评价、本学科教师的课堂观察、献课教师的反思和学生课后情况反馈，促进育人评价多元化的落实。

首先，总课题组成员按文理学科，分别对学科课程育人的典型课例展示依照《学科课程育人评价量表》进行现场评价。接着在子课题组阶段总结会上，由课题组长、教研组长、研发人员和学科阶段研究人员组成的评价小组，对各学科深耕细作典型课例、组织典型课例展示，进行多元定性评价（具体流程是献课教师进行上课、说课并反思，教研组长交流选题磨课、研课展示、评价反思）；促使老师在反思中既育人又育己，实现教学相长。在学科课堂中促进健全人格培养与学科教学的融合，达成学科课程育人目标，提升教师的育人意识；本学科组教师临时抽取 5 名教师，就学科课程育人进行课堂观察、数据整理和结论解读（定性评价），以此提炼体现学科特点的健全人格培养的路径和方法，建设学科育人特色、典型课例资源库，促进教师教学方式的转变，提升学科课程育人的实效。

最后，献课教师通过自我反思（自我评价）和学情反馈，提高教师学

科育人认识，优化育己、育他的育人方式，形成自己独特的学科育人风格；学生在学情反馈中既描述课堂学习也进行自我评价。

“凸显育人评价的过程性”是指在学科课程育人的实施过程中，注重课程育人过程评价（形成性和发展性），是学科课程育人评价的长效机制。在实际的过程性评价中，主要从典型课例过程性评价、研讨活动过程性评价、学生个性特征差异表现性评价展开。

在课堂实施的现场，课题研发人员、阶段研究人员、教研组长组成的评价团队，分文理科别对学科课程育人的典型课例展示依照《学科课程育人评价量表》进行现场量化评价。在课题研究阶段总结会上，献课教师以说课的形式对本次课题的教学设计进行说明，阐释本堂课的健全人格要素，如何围绕教学内容培养学生的健全人格以及教师反思和学生反馈；教研组长展示本次典型课例的打磨过程，呈现出教研组的集体研究过程，总课题组成员对各教研组的研讨过程进行定性评价。

案例　化学组教研组长周翠花老师展示了张颖老师献课《金属与金属矿物复习课》的整个磨课过程。张颖老师最初确定的渗透要素：现象与本质、存在与规律、促进人际交往、爱护自然环境等，先由研发小组的主研王元元老师对这四个要素进行详细解读，然后组内教师结合本节课的教学目标和内容，确定主要渗透存在与规律、现象与本质、促进人际交往这三个要素，以抓住要点、突出重点和提高课堂效率。张颖老师写出教学设计初稿，组内集体讨论形成第一稿；再选择不同层次班级课堂试讲，结合交流讨论、综合提出的意见反复修改形成最终定稿。

根据学生差异表现，进行个性化辅导。每位学生都有一个电子成长档案，客观记录学生学习和生活中的表现，教师每学期根据记录情况对学生进行过程性评价和表现性评价；晚自习的最后一节为本校特色的个性化辅导时间。教师利用该时间可以针对学生的学科知识问题、思想动态、行为规范，进行小范围（不超过 5 人）的谈心和评价。

第五章

基于健全人格培养的德育课程化实施——班级管理育人

当今世界，学校的组织形式是多样的，包括以英国为代表的学院制、以美国为代表的学科制和以苏联为代表的班级制等。我国普遍采用的是班级授课制。班级是学校教育的基层单位，孩子在学校的生活，包括课堂学习、人际交往、体育锻炼等几乎都是在班级内完成，学校的教育功能大部分是在班级中实现的。

对学生而言，班级是学校生活的主要场所，是社会化进程的演练场，是培育健全人格的重要场域。在班级中，师生彼此合作，教学相长，共同进步。班级的物质文化、制度文化、同伴关系和精神文化等对学生人格起着潜移默化的影响。目前，本校基于健全人格培养的“班级管理育人”主要通过班级管理、文化建设和班会课程实施来实现。

第一节　班级管理课程内涵解读

2018年9月10日，习近平在全国教育大会上指出："要努力构建德智体美劳全面培养的教育体系，要把立德树人融入思想道德教育、文化知识教育、社会实践教育各环节，贯穿基础教育、职业教育、高等教育各领域……"2019年10月，国务院印发《新时代公民道德建设实施纲要》，其中指出，要"深化道德教育引导，把立德树人贯穿学校教育全过程"。坚持育人为本、德育为先，把思想品德作为学生核心素养纳入学业质量标准，构建德智体美劳全面培养的教育体系。2020年全国教育工作会议中强调，提升落实立德树人根本任务的针对性、实效性，对准"五育并举"体系中的短板弱项，保持定力、持续用力、精准发力。由此可见，我国教育提倡"五育并举"，培养全面发展的学生，坚持将德育摆在素质教育的首要位置，具体落实到教育工作中。

一、关于"班级管理"

班级管理是指在一定的教育思想指导下，由相关教师，特别是班主任老师根据一定的目的要求，采用一定的手段，带领全班学生，对班级中的各种资源进行计划、组织、协调、控制，以实现教育目标的组织活动过程；是一种有目的、有计划、有步骤的社会活动，活动的根本目的是实现教育目标，使学生得到充分的全面的发展。

（一）班级管理的功能

班级是个体社会化的微观环境，所发挥的功能可能是正面的，也可能是负面的。班级管理的目的就是最大限度地发挥它的正面功能，限制以至消除其负面功能。班级管理的功能主要体现在以下几个方面：

1. 社会化功能

人的社会化是指社会将一个“生物人”教化成为一个“社会人”，使其取得社会成员资格的过程。班级社会化功能主要表现在：（1）学生在班集体里通过学习和掌握系统的文化科学知识、技能，提高认识世界和改造世界的能力；（2）学生通过班集体组织的共同活动及生活中的各种关系，学习和内化社会规范，积累社会生活经验，学习做人之道；（3）学生通过班集体中规范化的组织机构，扮演各种社会角色，培养公民意识，为做一个合格公民奠定基础。

2. 个性化功能

所谓个性化，是把自己本身的存在看成个人的，进而追求与人不同的方式去行动。班级的个性化功能主要表现在：（1）丰富多彩的集体生活和集体活动，培养学生不同的兴趣、爱好、特长，形成和发展学生各具特色的能力；（2）性质和内容各异的集体活动和人际交往，也塑造着学生的性格，形成各具特色的个性品质；（3）同班同学之间的相互比较和评价，促使学生自我意识的发展，形成各人的独特个性。班级要尊重和培育个性，而不是在比较和评价中趋同，进而丧失鲜活的个性。如国际教育发展委员会报告《学会生存》所强调的，“集体教育学的技术和个性化的教育过程丝毫也没有不一致的地方，因为事实上，一个方向正确、管理完善的集体是不会对个人施加抑制性的影响的”，班级的个性化功能和社会化功能并不矛盾。

3. **需求满足功能**

如马斯洛理论所说，每个人都有多方面的心理需求。对处于成长中的中小学生来说，这种心理需求显得更为广泛、更为强烈，满足学生健康的心理需要，才能使其身心得到全面发展。这些需求包括：（1）交往需求；（2）归属与爱需要；（3）自尊需要；（4）认知需求；（5）自我实现需要。

4. **选择功能**

班级的选择功能表现在两个方面：一是通过班级的教育、训练、观察和考核，及时发现和选拔各方面的人才；二是指导班级成员根据社会需要和自己的兴趣、特长选择职业，班级应重视培养学生对社会变革和职业变动的适应能力。简言之，班级选择功能是在当前多元价值的条件下，帮助学生在多重社会角色和不同的职业结构中选择较为合适的社会角色和职业。

5. **保护功能**

社会生活环境和儿童的学习生活环境，直接或间接影响着青少年学生的身心健康。目前，我国有些学校在片面追求升学率的重压下，忽视班级保护功能的发挥，致使学生的体质下降，心理不健康的现象有增无减。应当注意加强营养保健，增加户外活动，创设学习、文体、休息等方面合理调度配置的环境，指导学生进行心理自我保健，提倡讲究个人卫生和仪表，从而保证青少年学生身心健康地发展。

6. **自我教育功能**

中小学生的自我教育发展水平有较大差异，小学是自我教育的萌发期，中学是自我教育能力培养的关键期。在班级学习和生活中，教师通过对集体的管理去间接地影响个人，班集体本身也为学生提供了自我完善的动力和条件。如以自我为中心的学生会因受到伙伴的批评而改变行为。

（二）班级管理的模式

它是指在一定的教育思想指导下建立起来的相对稳定的一系列班级管

理方式的总和。班级是一个由多因素构成的综合体，基于班主任不同的教育思想、理想追求、个性、管理风格（相对稳定的）和学校、班级、学生的实际情况（多变的），会有不同的班级管理模式。

1. 日本学者提出的三种模式

由于班级管理具有多因性、相关性和综合性等特点，班级管理模式的研究相对薄弱。日本吉本均（1979）提出三种班级团体模式：

（1）管理型团体：教师使儿童遵守班级规则，同时又使优等生、劣等生固定化、等级化的团体；

（2）适应型团体：使儿童更好地适应班级规则、维护规则，并采用规则手段使其得以内化的团体；

（3）自治型团体：儿童创造规则的团体，竞相创造自主共同的学习纪律的团体。

2. 我国学者提出的五种模式

我国班华、王正勇（1997）等提出五种班级管理模式：

（1）目标系统化模式。目标系统化，就是先确定班级管理目标，然后统筹安排各学年段的德育内容，形成长期、中期、近期的管理层次和班级德育管理活动的质量标准、规格要求以及质量控制等有机系列。这个目标系列必须具有正确的导向、科学的激励等功能，有推动活动、控制行为与评估结果的作用。

（2）优化环境模式。优化环境，指的是调控和优化班级德育目的、任务与管理目标，创造和谐团结、积极向上的育人环境。育人环境既包括班级内部环境，如精心培养、挑选班级干部、合理设置管理机构，也包括班级外部环境，如校外德育基地、校外辅导员组织、家长学校、家长委员会。

（3）民主参与管理模式。民主参与管理，就是发扬民主精神，创造条件让全班学生参与班级管理的决策、计划、组织、控制、评价的全过程，以增强其认同感、责任感和荣誉感，充分发挥他们在德育管理全过程中的主体作用，确保班级管理目标与任务的圆满实现。

（4）自我意识管理模式。针对学生身心发展的特点，引导学生认识自己，促使学生自我激励、自我控制、自我调节，强化自我教育的内在因素。其次，制订学生自我意识管理的计划，让学生自我意识管理的内容渗透于德、智、体、美、劳之中。再次，创建有利于学生自我意识管理的教育环境，组织开展丰富多彩的活动，帮助他们掌握自我意识管理的方法等。

（5）质量效益模式。在管理过程中，追求班级管理的质量、效益和效果，把教育学生学会认知、学会做事、学会共同生活等作为检验班级管理工作质量、实际工作效果最主要的标准和要求，制定出正确评价学生的综合评估标准。

在实际的教育场域中，许多优秀班主任，常常是以一种管理模式为主，交叉或同步运用几种管理模式，以求得班级管理的最佳效果。

（三）班级管理的发展趋势

随着科技的发展、社会的进步，在班级管理上，国际教育的总趋势是走向民主化、个性化。历来保守的日本等国家也在逐步强调教育过程中重视学生自律、自我教育，着力反对并革除传统教育中僵硬、划一、封闭的成分。二战后，日本放弃管理型、适应型等模式，将自治型作为教育的理想模式。

具体来说，班级管理的趋势表现在：

1. 从封闭走向开放

这是一个开放的时代，“新技术使人类进入了信息传播全球化的时代；它们消除了距离的障碍，正十分有效地参与塑造明日的社会。……最准确和最新的信息可以提供，而且往往可以实时地提供给地球上的任何人使用，并能达到最偏僻的地区”，对学生进行封闭的、僵化的、压抑个性的管理，只能走向失败。我们不仅不能把周围社会的种种问题拒之于学校门外，而且要打破与社会的隔阂，引导学生参加社会实践活动，多与社会接触，多经受社会风雨的洗礼和涤荡，才能“学会生存”。

2. 从引导走向自主

班级管理常常被误解为仅仅是“管”，其实班级管理更多的是“理”。班级管理的最高境界是学生的自主管理。教师对学生的影响可分为权力性影响和非权力性影响。如果过分或单纯强调教育者的权力，强调教育者对学生的管制与约束，往往可能事与愿违。在班级管理中，应该“把班级还给学生”，让学生自我规划、自我管理，这蕴含着以人为本的管理新理念。

3. 从“人治”走向“法治”

受中国传统文化“官本位”和“人治”的浸润，传统的班级管理往往把学生看成是“管教”的对象，班主任常常根据自己的主观意愿处理班级事务，苦了班主任自己，也剥夺了学生应有的锻炼机会。摒弃“人治”管理方式，从“人治”走向“法治”，无论是小学还是中学，这都是共通的。追求法治的管理方式，无论是国内还是国外，都将成为一种一致的目标。当然这不仅需要教师转变自己的管理观念，还要相应地提高自己的管理能力和水平，以适应这种管理的方式。

4. 从教育走向文化

从文化学的角度来看，班级管理中的所有内容都具有鲜明的文化色彩。例如，班级的基础设施属于一种物质文化，是文化互动的场所；教室前面悬挂的班训、班风等醒目图案或标语，是精神文化的体现。用文化的眼光看教育、看班级管理，学生发展、班集体的形成都是一种文化现象。班级文化是由班级的全体成员在教育教学活动中创造出来的。实施班级管理，也就是用文化理念来统领班级工作，用文化的氛围来熏染学生，用文化的互动来影响学生，最终使学生养成一定的文化素养。

5. 从单一走向多元

新课程的实施，产生行政班、学科教学班共存的局面，班级管理也必将适应这种变化。课程的开放性以及学生的选课，使得学生的身份不仅属于某一个行政班，而且也属于不同的教学班。原来只在固定的某个班级活动的“班级学生”将逐渐淡化，取而代之的是在行政班、不同的教学班、社团组织活动的“年级学生”“学校学生”。单一的由班主任管理“班级学生”的局面将走向班主任管理“班级学生”和导师管理“年级学生”“学校学生”的教学德育一体化的管理机制。倡导道德教育回归生活，营造丰富、积极、有意义的校园生活，需要以一种全新的理念构筑富有生机活力的学校新德育。

二、关于“班级课程”

德育工作的开展即是德育过程的实施，它是以德育课程为载体的。德育过程是学校道德教育内容与学习经验的组织形式。首先，德育是教育工作者组织适合德育对象品德成长的价值环境，是促进他们在道德认知、情感和实践能力等方面不断建构和提升的教育活动。从课程的定义出发，德育课程是道德教育内容或教育影响形式，是学校道德教育内容与学习经验的组织形式。

目前，我国初中的德育显性课程主要包括国家德育课程和班会课程。国家德育课程是基于学生发展的共同需求而开设的，如初中的“思想品德”课，是普遍性的德育课程。而班会课作为国家德育课程的重要补充，是学校实施德育教育的有效途径。它是通过德育的直接实施者班主任利用班级这一基层德育单位，对学生开展的思想品德教育活动。它是把学校德育工作、班主任工作以及学生的综合素质发展工作串联起来的重要纽带，在学校教育中占有重要地位。

德育课程有不同于其他学科的特点：一是道德教育课程目标不是在于简单地传授某一方面的知识或知识体系，而是在于价值观念的确立、态度的改变以及正确的道德信念和行为方式的形成；二是道德教育要了解与尊重学习主体才能取得应有的效果；三是德育课程不仅要诉诸认知的因素，更要通过情感、行动的经验去实现；四是德育课程应当认同更多的道德学习的方式和途径。

在具体的德育实践中，班级德育课程（其主要载体是德育班会）还存在以下方面的问题。

（1）德育班会的活动内容较为功利化、知识化、碎片化。一是教育者致力于教育学生如何在社会上生存、生活，间接使学生将教育当成个人实现自己某种利益的工具，认为教育能够解决人生路上的各种现实问题，逐渐淡化教育是培养自身崇高道德品质的良药。同样都是教育人、培养人，如果不重视培养学生自身的素质、修养以及道德品质，就会在德育教育中忽视“人”的存在，失去其应有的作用。二是教育者把道德教育作为知识传授给学生，把书本知识里所隐含的道德思想当作培养学生道德品质的主要渠道。三是德育班会的碎片化，缺少对学生初中学段的整体规划——内容之间缺乏逻辑推进性，内容与学生所在学段的内在关联性不强，内容较少考量学生共性特点和个性差异之间的关系。

（2）德育班会组织形式重灌输、轻实践，重说教、轻体验。不重视让学生将所学到的德育知识付诸实践，学生没有亲身体验所知所学，也就不能对道德知识产生认同感。不注重实践，既不能使学生内化于心，也不能外化于行，更不会产生良好的教育效果。灌输式德育不仅不以学生为主体，还会使学生正在提升的思维能力和判断能力逐渐停滞，进而使学生的独立自主能力减弱。

（3）德育班会类型单一。其表现为一提到班会就特指主题班会。主题班会当然是一种能够促进学生道德发展和管理班级的有效德育方式之一。主题班会更多关注的是学生发展的共性需求，但对学生的品德教育难以形成连贯性，常常出现“断片”难续的现象，所以对学生个体和阶段性突出问题的解决的短板，也是值得关注的。

综上认识，我们将学校《基于健全人格培养的德育课程目标体系》的基本内容细化、小化到一个个具体的教育活动。为了真正发挥“班会课”

的教育功能，将德育作为培养学生“学会做人”的第一要务来抓，我们开展了“班会课”课程化改革的研究与实践；为了转变传统“班会课”在德育上的异化与缺位，更为了践行学生主体下的生活德育、体验德育和情感德育的教育理念，我们将课程化后的班会课定名为“班级课程”。

本研究将班级德育课程分为主题班会课、常态班会课和微班会三部分，三者有机统一，共同助力班级德育工作。其中主题班会课作为每月教育主题的龙头课程（1 课时/月），常态班会课在主题班会课后实施，进一步巩固深化主题班课教育效果（3 课时/月）；微班会用于灵活应对班级突发事件，及时有效地挖掘其教育契机（无课时要求）。

（一）主题班会课龙头引领

主题班会课活动是活动课程，它既体现了“课程”特点，又体现了“活动”特点。“课程”由三个主要内容构成，它们是教育目标和对教育目标的反映；教育内容和教育内容的计划与安排；教育活动，尤其是学习活动的方式。“活动”是指课程实施由活动项目及活动方式组合而成。活动课程的目的是为学生提供获得直接经验和即时信息的载体，学生通过活动载体获得经验及有关信息，促进全面素质的提高。

基于此，本课题研究着力构建科学、全面、序列化的健全人格主题班会体系，以促成学生健全人格品质的形成，避免主题班会流于表面形式，动态地形成一个课程序列，改变为德育而德育的传统德育模式。将主题班会课程作为着力点，旨在将德育渗透到学生的日常生活中，直面学生的实际生活问题。研究分点和面进行，以学校班级管理团队为点，重点构建初中生健全人格序列主题班会课程体系，动态生成主题班会课设计，让德育在基层真正“生根发芽”。一个主题班会只是一次生命的感动，系列主题班会的构建才是一段精彩的生命旅程。只有构建序列化的主题班会，才能动态地、持续地在学生心理上制造矛盾，迫使他们习惯性地去反思自身日常行为表现，让他们意识到目前行为表现是“好”还是“不好”，这才是德育应有的潜在作用。优秀的序列主题班会不仅有助于在师生之间形成强大的凝聚力，而且有助于培养学生的思考感悟能力，以启迪学生的智慧，实现健全其人格的目的。

（二）常态班会课动态跟踪

“常态班会课”课型是班级教育的常态化活动。它具有很强的教育生活化、体验化的教育理念，以及对问题处理的及时性意识，实现教育的无痕化效果。它通过学生的责任担当，学生参与自我管理、自我教育，同辈群体的特殊影响和重要他人的评价引领，再加以有针对性的“故事法”为主的润物细无声的教育方法，促使学生经验重构、道德内化，从而有效地引领学生向上向善的价值取向，培养学生良好的行为习惯。

常态班会课实际就是常规班会课程化的具体实践，把对学生的班级德育教化常态化。“常态”体现在：时间常态，它是班主任按课表实施的课程；内容常态，跟踪学生发展过程，即学生近期日常行为表现（学习表现和生活表现），培养学生四大基础习惯；模式常态，学生根据班级近况进行总结评价，教师现场捕捉教育点，通过讲述有代表性的德育故事来对学生进行价值引领。

（三）微班会随时渗透

“微班会”是一种教育视角细微、教育目标明确、教育问题及时、教育时间较短、教育场地不限、教育方式灵活的面向全体学生的班会形式。微班会作为主题班会和常态班会课的重要补充形式，用得其所，对班级管理可以起到积极的协调作用。微班会可以利用多个时间段进行——晨会、午会、晚会、自习课，甚至是晚自习下课前。利用这些边边角角的时间，进行德育渗透，使微班会既为学生喜闻乐见，又净化学生的心灵。微班会的系列化设计有别于主题班会，主题班会侧重学生年级身心发展特征结合每学期教育目标做系列化设计，而微班会的系列化设计侧重从一个中心主题出发，或并列或递进地展开。

第二节　班级管理课程内容序列构建

一、课程序列

该课程系列围绕着“三学会、三管理、三教育”这一人格教育主线，涵盖学会学习、学会协作、学会感恩、美德培养、自我管理、生涯规划、规则教育、安全教育、礼仪教育九大分支，共计47个主题的健全人格序列化课程。（见图5—1）

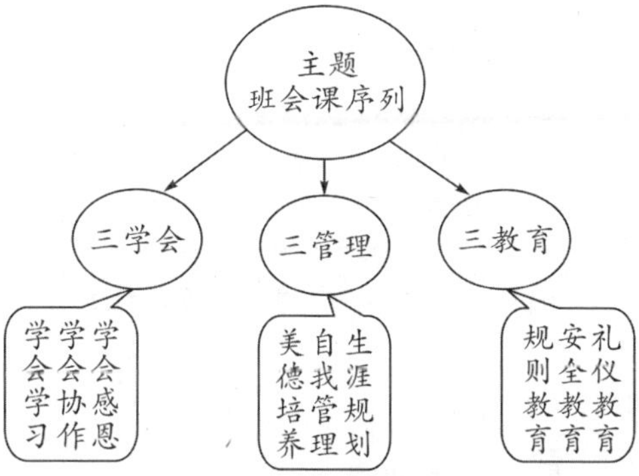

图5—1　班级管理课程内容

结合本校学生心理发展规律，确定了连续性、框架式、螺旋形的主题班会课程开发思路。充分尊重学生心理发展规律和成长轨迹，形成从七年级至九年级三年连续发展目标。从时间跨度上来看，每年九月至次年六月，形成“每月一主题，周周有活动”的特色主题班会课课程体系，为健全人格教育提供了切实可循的路径和参照。（见图5—2）

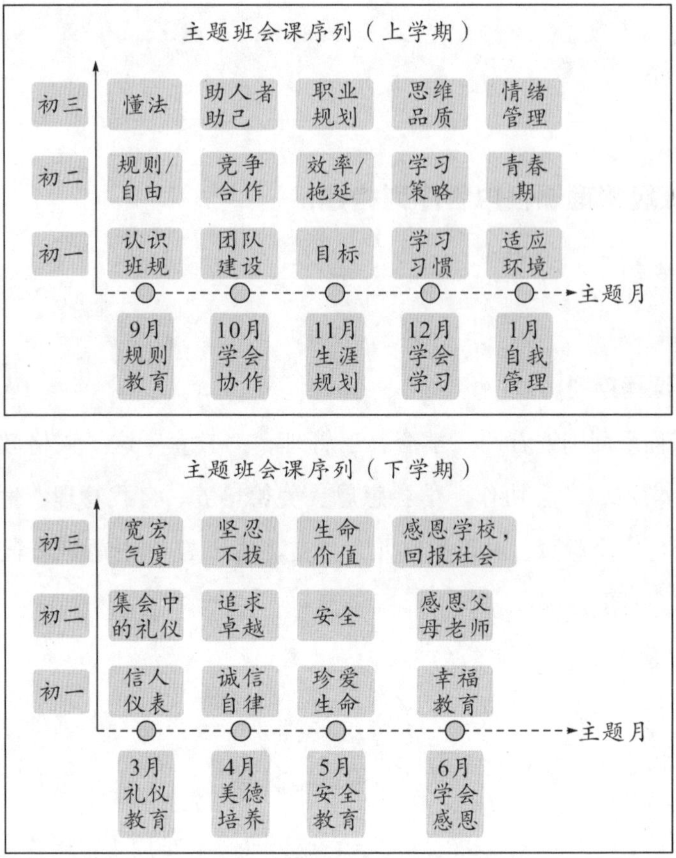

图 5—2　每月一主题，周周有活动

二、课程内容

（一）班会课程主题分月计划表

九月：规则教育	十月：安全教育
1. 认识班规和校纪 2. 理解规则与自由 3. 形成法制意识 ①关于未成年人的法 ②不良行为—违法—犯罪 ③犯罪的原因　④违法犯罪的自我预防 ⑤处罚　⑥面对不法侵害的应对措施等	1. 珍爱生命 2. 培养安全意识 ①食品安全　②人身安全 ③灾害自救　④远离毒品 ⑤互联网安全 3. 提升生命的价值等

续表

十一月：生涯规划	十二月：学会学习
1. 目标的制定　2. 计划的落实 3. 时间规划　　4. 效率与拖延 5. 认识我们身边的职业 6. 了解未来的职业发展 7. 我的职业规划	1. 养成良好的学习习惯 2. 形成有效的学习策略 3. 提高自主学习的能力 4. 培养良好的思维品质 ①正向思维　②逆向思维 ③聚合思维　④发散思维等
一月：自我管理	**三月：礼仪教育**
1. 适应环境 2. 青春期的生理、心理发展 3. 自我认同、自我激励 4. 时间管理 5. 情绪、情感管理 ①培养积极乐观的正向情感 ②调节压力与焦虑　③调整期望值	1. 个人仪表 2. 教室礼仪 3. 公共场所的礼仪 4. 集会中的礼仪
四月：美德培养	**五月：学会协作**
1. 坚持不懈　　2. 坚忍不拔 3. 观察能力　　4. 积极作为 5. 勇于创新　　6. 诚信 7. 自律　　　　8. 追求卓越 9. 宽宏气度　　10. 替他人着想	1. 处理人际关系 ①与同辈/朋友　②师生关系 ③异性关系　　④亲子关系 2. 学会竞争合作 ①团队意识　②良性竞争　③助人者助己
六月：学会感恩	
1. 幸福教育 2. 感恩自己的努力 3. 感恩父母、老师 4. 感恩学校，回报社会等	

（二）班会课程可渗透的健全人格要素列表（节选）

主题序列	教学内容	可渗透的健全人格教育的内容	渗透的要素
九月：规则教育	1. 认识班规和校纪（七年级）	教师通过班规校纪的落实让学生改变懒散混乱的生活状态以及不良心态，正确认识班规校纪，把纪律作为行动的指导，帮助学生养成良好的行为习惯，同时也培养学生的自省意识、纪律意识、责任意识。	意志（自觉性自制力）

续表

主题序列	教学内容	可渗透的健全人格教育的内容	渗透的要素
	2. 理解规则与自由（八年级）	规则在教育活动中的体现就是纪律。如果课堂上所有的学生都吵吵闹闹，互相干扰，那么学生是无法进行有效的学习的。所以制定规则是教育活动开始前的头等大事。规则的制定不是为了限制学生的活动，而是为了促进师生的活动，不是为了限制学生的自由，而是为了保障所有学生的自由。	意志（自觉性自制力）
	3. 形成法律意识（九年级）	加强法制教育宣传，预防未成年人不良行为；增强学生的自我保护意识，让学生养成学法、懂法、依法办事的好习惯，有效地树立和维护学校良好的学风以及社会的稳定发展；让学生更了解法律，并知道法制教育的重要性，在遇到某些情况时（如被打劫、勒索等）懂得如何运用法律维护自己的合法权益。	道德观（善良与仁爱、诚信正义）
十月：安全教育	1. 食品安全（七年级）	让学生了解食品污染的知识，了解食品中毒的相关教育知识。教育学生在食品安全方面的注意事项及预防措施；认识食物中毒的特征。 通过以下方面来展开教育工作： 提高自我救护认识；预防发生食物中毒；养成优良的卫生习惯；选择新鲜和安全的食品；食品在食用前要彻底清洁，尽量不吃剩饭菜；不吃霉变的粮食、甘蔗、花生米，其中的霉菌毒素会引起中毒；警惕误食有毒有害物质引起中毒；不到没有卫生许可证的小摊贩处购买食物，以及饮用符合卫生要求的饮用水，等等。	人生观（生命与生活）
	2. 人身安全（八年级）	了解有关法律法规知识明确危害安全的行为。时刻提高警惕，自觉做好防范工作，同时认识安全的必要性，树立安全意识、自救意识，增强安全责任感。树立起正确的安全防卫心理，加强安全防卫意识教育。掌握紧急情况下的逃生策略。	人生观（生命与生活）

第三节　班级管理课程实施的模式与解读

经过多年的探索与实践，我校构建了主题班会课的基本模式，依托常态班会实现班级全员管理，通过活动、故事、案例来渗透健全人格教育，并且在班会课的评价方面取得了阶段性的成果。

一、“主题班会课”基本模式构建及解读

（一）基本教学模式

1.“问题—情境—探究”的教学模式

该教学模式是指学生在教师的指导下，围绕一定的问题，根据教师所提供的材料或学生的亲身实例，通过自己的观察、思考和操作，在一定的问题情境中亲自去探索、寻求答案，并从中获得启发和感悟的一种教学模式。

2.“活动—情境—体验”的教学模式

该教学模式是指教师在教学活动中创设一种情感和认知相互促进的教学活动情境，激发学生积极参与实践活动，让学生在轻松愉快的教学氛围中自由释放自己，投射自己的内心世界，分享同伴的经验和感情，体验和反思自己行为的一种教学模式。

3.“示范—体验—模仿”的教学模式

该教学模式是指教师有目的地把一定的示范情境作为有效刺激，以引起学生情感和认知的共鸣，使他们通过自觉模仿，有效地获得良性的心理品质和行为习惯的一种教学模式。

（二）教学组织实施流程及解读

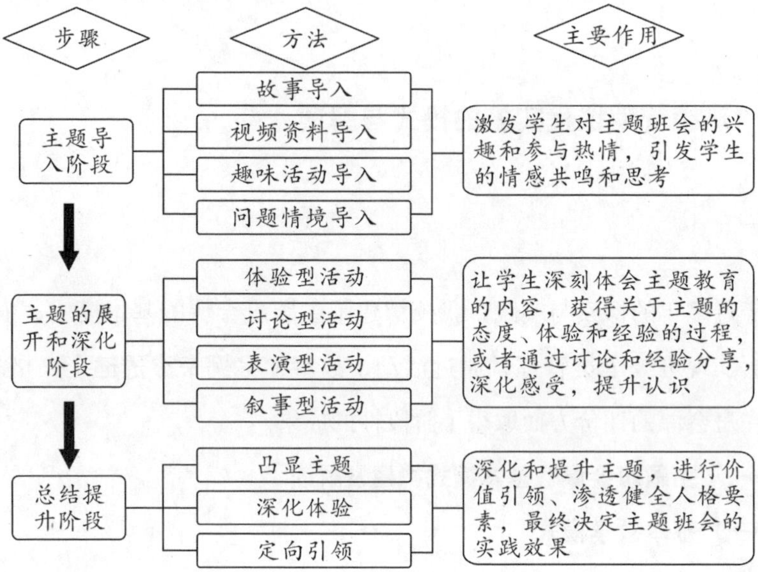

1. 主题的导入阶段

主题的导入是主题班会课实施的第一个阶段，导入的方式也是影响学生对主题班会课兴趣与参与热情的重要因素。如果导入的形式新颖，导入的活动具有趣味性，并能引发学生的情感共鸣和思考，就会给接下来的主题活动打下良好基础。相反，如果班会导入的形式僵化、呆板，具有强烈的表演色彩和说教意味，那么很容易让学生对主题班会产生抵触情绪或排斥心理。

主题班会课导入的常用方法：

（1）故事导入：通过当下大家关注的问题、有启示意义的典故等来导入主题。

（2）视频资料导入：通过有趣的，或者能带给学生深刻启示的，具有很强教育意义的视频资料导入主题。

（3）趣味活动导入：通过学生喜欢的游戏活动、趣味智力活动，以及趣味心理测验活动导入主题。

（4）问题情境导入：通过制造冲突的问题情境来导入主题。

备注：以上介绍的故事导入、视频资料导入、趣味活动导入、问题情境导入是主题班会较常采用的方法，班主任老师可灵活选择，甚至创新使用。

2. 主题的展开和深化阶段

主题的展开与深化阶段是在主题导入以后，通过有效的活动，让学生深刻体会主题教育的内容，获得关于主题的态度、体验和经验的过程。在这个环节，班主任要根据主题和学生的特点选择适宜的活动形式，创设体验的空间，丰富学生的感受；或者通过同学们充分的讨论和不同的经验分享，深化认识、提升认知。这个阶段常用的活动形式有：

（1）体验型活动。此类活动是主题班会中最常见的，就是给学生提供相应的体验空间，使他们获得对某个主题内容的比较深入的体验，从而加深他们对相关教育内容的深入理解。

（2）讨论型活动。学生在老师的正确引领下，围绕某个主题进行深入的探讨或辩论，从而获得对某一问题的深入理解和清晰认识。

（3）表演型活动。通过让学生模拟一定的生活场景，扮演某一生活场景的角色，来获得关于某一问题的深刻体验。比如心理剧和道德情景剧。

（4）叙事型活动。通过一个事件、故事的讲述，调动学生对这个故事的体验，唤起学生的情感共鸣。

备注：以上介绍的体验型、讨论型、表演型以及叙事型，实质上都是一种理论上的划分，而在真正的主题班会中，往往是两种或几种类型和综合或灵活的搭配。比如，“感恩父母”的班会课典型课例就用到了叙事、讨论、活动体验等多种设计方式。

3. 总结和提升阶段

班会实施的最后一个阶段是“总结和提升”。这个阶段是在班会结束时由老师和同学共同总结班会的体悟，进行主题的深化和提升。总结和提升是一个主题班会必不可少的环节，没有这个点睛之笔，主题就很难突出。适宜、恰到好处的主题提升有助于学生获得关于班会主题的清晰的印象。值得注意的是，主题班会的提升环节不仅是决定主题班会实践效果的最重要的环节，而且也是检验主题班会中教师是否充分发挥了主导作用的重要参考指标。这一阶段是对班主任进行价值引领、渗透健全人格要素的最好体现。班主任要画好“点睛”这一笔，必须进行精心的事前准备，写好总结发言，并设计好“出场”的时机和方式。总体上看，班主任的总结发言可以使用以下方法：

（1）凸显主题：在班会课上，活动除了能够增强主题班会的吸引力，调动学生的参与热情以外，也会带来“负效应”，就是活动有时会淹没主题。活动结束前，班主任对活动进行全面总结，重申主题内涵，结合班会中的活动，进一步阐释主题的内涵，会使学生的注意力重新回到主题上来，更好地凸显主题教育的意义和价值。

（2）深化体验：在主题班会中，通过体验活动、讨论活动，或者通过观看相关的视频资料，提升学生的情感层次。

（3）定向引领：使学生对主题教育内容的理解朝向老师所期望的方向，为下一次班会的主题打下基础，做好主题系列设计的预设和过渡。

二、“常态班会课”的活动流程及解读

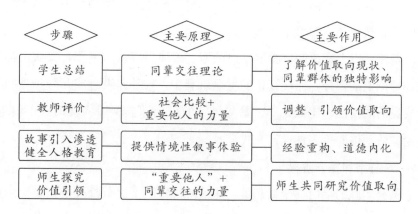

步骤	主要原理	主要作用
学生总结	同辈交往理论	了解价值取向现状、同辈群体的独特影响
教师评价	社会比较+重要他人的力量	调整、引领价值取向
故事引入渗透健全人格教育	提供情境性叙事体验	经验重构、道德内化
师生探究价值引领	“重要他人”+同辈交往的力量	师生共同研究价值取向

（一）关于“学生总结”

（1）由学生主持、全班参与的全方位总结，分为两大板块。

（2）班干部常规总结，如寝室方面、卫生方面、学习方面、生活方面、安全担当等。

（3）自由发言：我有什么值得表扬或需要提醒的，特别是提出有没有“主动、创造性的做事”的表现。

“学生总结”的理论依据——“同辈交往”理论。

青少年处于价值体系的形成和个性发展阶段，同辈是他们进行自我评价的首要参照系，因此情感定向性质的同辈交往对于他们有着超越成人的独特影响。“自由发言”阶段，学生已形成自我评价；同时教育者也比较充分全面地了解学生的现实价值取向。于是，“榜样就在身边，进步就有肯定，反省能得到支持，创新能得到喝彩”的氛围定会养成。

（二）关于“教师评价”

教师作为学生的“重要他人”，教师评价发挥着“社会比较”的作用，进而让学生了解自己在多大程度上超越了别人而获得成就感和自我肯定感，达到调整和引领学生的价值取向的目的。同时教师评价内容直接来源于孩子们的生活，是孩子的“重要他人”对其日常言行进行价值判断的过程，会产生导向、诊断、强化、调整作用，这能有效地帮助他们解决实际生活中的道德冲突，达到知行合一。

（三）常态班会课的两大核心之一 —— 班级全员管理

班级管理过程是管理者、管理方法和管理对象相互协调、相互作用、相互影响的运行过程。“班级全员管理”的理念是指班主任主导班级管理，学生配合班主任共同参与班级管理工作。秉承管理民主化，以学生为主体，充分体现健全人格教育中“个人与群体”协调发展的和谐要素。班主任激发学生的主人翁意识，与学生共同讨论确定适宜班级的教育目标、教学方法等。让每一位学生都积极投身于班级管理，锻炼管理能力，提升其全面发展的能力。

鉴于此，我们提出两条管理主线：

第一条主线：两套班委管理团队，轮流管理班级。

班主任可以让学生自行组建两套班委管理团队，轮流管理班级。每个团队在管理期间全权负责班级管理，从学习、生活、考勤、纪律、卫生到班会课主持，都交由该团队处理。让学生放手去实践，班主任适当给予建议和指导，发挥学生主体作用，实现学生自己管理自己、自己教育自己，在管理中时时有约束、有规范、渗透责任的理念，体现集体意识。到班会课上，管理小组主持时，实施评价环节，展开批评与自我批评，其他学生也可对这一管理任期的工作给予批评和建议。让学生在身份转换的过程中，充分体验管理者和被管理者的处境，激发学生体谅并支持管理者的行为，达到管理主体与管理对象的高度契合，使班集体的管理上一个层次。

第二条主线：班级常规的管理，人人有事做，事事有人做。

关于班级常规的管理，包括寝室方面、卫生方面、学习方面、生活方面、纪律方面、安全方面等。这条线是对班级值日进行重新分配。动员全体同学主动承担班级的日常管理事务，譬如有管理晚自习纪律的，有管理教室及卫生区卫生的，有管理作业收交与统计的，有管理三操的，有管理课堂学习动员与课外活动分配的，等等，让每一个人都有事可做，这样班级中的每一个成员都能够有参与班级管理的机会，将班级管理由班干部个人的管理变成了管理小组的团队管理，扩大了管理的规模，群策群力提高班级管理的效率。

（四）常态班会课的两大核心之二 ——故事引入渗透健全人格教育

青少年要体验道德发展，需通过叙事的经历来体验，以叙事心理为依据，利用故事来理解抽象的道德，从而内化为自己的个性品质。常态班会课中的故事选用，基于以下三种情况：

1. 教师根据班级近期存在的主要问题，提前准备故事案例开展叙事讲述、师生共同研讨，教师引领。

2. 教师在学生进行自主管理和自我评价中发现问题（此类问题属于突发性，体现了教育的针对性），及时确定价值取向引领点，在预先准备的故事案例集中选择相应的来进行引领。（本项操作需要老师平时形成故事案例集）

3. 教师要善于捕捉各类有利于价值引领的鲜活案例，融入常态班会中，及时开展健全人格教育。

故事法是基于叙事心理学理论的基本观点，并结合儿童道德发展的心理特点来进行道德教育的。儿童理解道德问题是用一种人际的、情感的、想象的方式。如果儿童要体验道德发展，他们必须通过叙事的经验来体验，用故事来理解抽象的道德概念，从而内化为自己的个性品质。

生活德育理论告诉我们，生活教育是给生活以教育，用生活来教育，为生活向前向上的需要而教育。因此，在当前的德育教育领域，谋求德育向生活的回归已成为一种重要的教育改革精神和发展趋势。日常的德育生活蕴含丰富的故事素材，通过对学生讲述一些生活中的典型事件，从而促进学生的道德发展。

须知，不良品行的开始阶段可能是出于好奇地尝试或偶然地发生，但一经反复强化，就不知不觉地采取类似的习惯性做法，而维持坏习惯得来的暂时舒服体验又会使这种坏习惯得以加强。要想改变，必须要阻断原有的习惯性行为，建立新的习惯。因此，我们不仅要让学生有正确清晰的道德认识，还必须加强对学生良好行为习惯的训练，用科学的方法让学生形成新的良好的习惯。

第四节 班级管理课程实施评价策略

班级管理课程的评价策略，目前主要集中于班会课程，形成了主题班会课评价标准和常态班会课评价标准。

一、课程评价的概念

课程评价是指依据一定的客观标准，对教学活动及其结果进行测量、分析和评定的过程。它以参与教育活动的教师、学生、教育目标、教育内容、教育方法、教育形式、教育手段等因素的有机组合的过程和结果为评价对象，是对教育活动的整体功能所做的评价。

二、课程评价的意义

（1）对教师来说，可以及时了解学生的班会课开展情况，获得教育效果的反馈信息，分析自己教育活动的优缺点，更好地提高育人水平。

（2）对学生来说，可以及时得到学习效果的反馈信息，明确自己的长处与不足，从中受到激励与警示，扬长避短。

（3）对家长来说，可以了解子女的学习情况及其变化，便于配合学校进行教育。

（4）对教育活动来说，课程评价最重要的作用在于运用它来探明、改善和提高教育活动本身的功能。同时教育评价也是教育的一个手段，用来帮助提高教学水平，为实现育人目标和促进学生发展服务。

三、课程评价的原则

（1）客观性原则。课程评价要客观公正、科学合理，切实反映教师的教学质量和学生的学业水平，不能掺杂个人情感，不能主观臆断，这样才能使人信服。客观性是教学评价发挥功能的基础，违反客观性原则就会丧失评价的意义。

（2）发展性原则。课程评价应着眼于学生的人格改善及能力发展，其目的在于激发学生的积极性和创造性，而不是压抑和扭曲学生的发展。

（3）指导性原则。课程评价应在指出师生的长处与不足的基础上提出建设性意见，以便他们修正自己，不断前进。

（4）计划性原则。课程评价应当全面规划，使学校大型活动与主题班会课进程的要求匹配，有计划、规范地进行课程评价，以确保其质量和效果。

四、课程评价常采用的方法

（一）对教师

1. 谈话法

（1）含义

谈话法又称问答法，是教师根据学生的已有知识和经验，通过师生间的问答、对话而使学生获得知识、发展智力的教学方法。

（2）基本要求

①准备好谈话计划。善于引导学生从一个问题过渡到另一个问题，以实现教学目的。

②善于提问。向学生提出的问题要明确，有趣味，有挑战性，能激发与深化学生的思考。

③善于启发诱导。让学生探究问题或矛盾所在，循循善诱，一步一步获取新知。

④做好归纳与小结。要纠正一些不正确的认识，帮助学生掌握正确的认识，力求简明科学。

2. 练习法

（1）含义

练习法即学生在教师指导下运用知识反复完成一定的操作，以形成技能、技巧的方法。

（2）基本要求

①提高练习的自觉性。只有明确目的，掌握原理、要领、步骤与方法，才能提高练习的自觉性，保证练习的质量。

②循序渐进，逐步提高。引导学生由易到难，逐步提高其对原理与技能的理解与熟练度。

③严格要求。无论是口头、书面练习或动作练习，都要求学生一丝不苟、精益求精。

3. 研究法

（1）含义

研究法是学生在教师的指导下通过独立的探索，创造性地解决问题、获取知识和发展科研能力的方法。

（2）基本要求

①正确选定研究课题。课题应当有一定难度和研究价值。

②提供必要的条件。包括仪器、药品、图书资料、工具以及其他必需的条件。

③让学生独立思考与探索。应以学生为主体，教师适当给予指导，让每个学生都受到锻炼。

④循序渐进，因材施教。一般要从半独立研究逐步过渡到独立研究；从单一问题的研究过渡到复杂问题的研究；从参与局部的研究过渡到较全面的研究。

4. **讨论法**

（1）含义

讨论法是学生在教师指导下为解决特定问题而进行探讨，以辨明是非、获取知识、锻炼思维和独立思考能力的方法。

（2）基本要求

①讨论的问题有吸引力。能激发学生的兴趣，问题要有讨论、分析的价值。

②在讨论中善于启发诱导。要鼓励学生独立思考，勇于发表个人见解，把大家的注意力集中到争论的焦点上，向纵深发展，使问题得到深化、解决，切忌暗示问题的结论。

③做好讨论小结。讨论结束前，教师要简要概括讨论情况，使学生获得正确的观点和系统的知识，并肯定学生的独立思考，允许保留个人的质疑。

（二）对学生

1. **观察法**

这是直接认知被评价者行为的最好方法。它适用于在教学中评价那些不易量化的行为表现（如兴趣、爱好、态度、习惯与性格）。为了提高观察的精确度和可靠性，一方面应使观察经常化，记录一些学生的行为日志或日常报告，使评价所依据的资料更全面；另一方面，可采用等级量表，以力求观察准确。

2. **调查法**

这是为了了解学生的学习情况进行学生成绩评定而搜集资料的一种方法。如果教师对学生的成绩有疑问则需要经过调查解决，特别是学生的学习态度、方法和习惯，更需要调查。调查一般通过问卷、访谈进行。

3. **自我评价法**

在课程评价中，自我评价十分重要。它可以帮助学生更好地理解教学目标、正确地评价自己，从而自觉提升学习水平。自我评价的具体方法有运用标准答案、核对表，以及用录音机、录像机等进行记录、比较。

表 5—1 主题班会课评价办法

评价项目	评 价 要 素	得分
目标 （10 分）	1. 教育目标明确，体现情感态度价值观的统一，促进学生道德主体的自我形成、自我发展； 2. 以本校《健全人格教育课程纲要》为指导，参照班级管理子课题组对健全人格要素的解读，合理确定健全人格教育目标	
内容 （30 分）	1. 紧扣主题，依据社会主义核心价值体系，挖掘学生生活经验中的教育素材，选择满足学生道德发展需要的易于接受的具体教育内容； 2. 贴近学生实际，选择符合学生年龄特点和道德认知水平的相关健全人格教育内容，进行合理的内容分解； 3. 以教育目标的实现为前提，选择恰当的情境素材（如社会热点、焦点问题）、活动方式、理论方法	
形式、手段 （20 分）	1. 按照“近、小、亲、实”原则设置情境，采用学生喜闻乐见的活动方式； 2. 凸显学校“健全人格教育”特色，立足解决学生成长中的共性问题，采用学生喜闻乐见、有创意的教与学的形式，让学生在活动过程中体验、感悟，掌握方法，生成德行，健全人格； 3. 合理、有效地运用现代教育技术手段	
师生行为 （20 分）	1. 师：遵循学生主体性原则，面向全体学生，充分尊重学生，采用开放的活动控制方式，在活动过程中，引导学生情感参与，提升精神境界，健全学生人格； 2. 生：自主参与，实践体验，合作学习，广泛活动，在调动真情实感的基础上加深对健全人格的感知与理解	
效果 （20 分）	1. 活动目标达成度较高，通过活动，学生情感态度和价值观有所变化，确立正确的思想观念和道德价值取向； 2. 解决了学生的实际问题，促进学生思想道德素质的提高的同时，在潜移默化中健全学生人格	
评价人建议	总分	

表 5—2　常态班会课评价办法

评分项目	评分内容	评分指标	参考分值	得分
学生总结（30 分）	（1）班干部常规总结，如寝室方面、卫生方面、学习方面、生活方面、纪律方面、安全方面等 （2）自由发言：针对班级和个人值得表扬和批评之处	总结明确、针对性强；有良好的问题解决措施	30	
		总结明确、针对性强；有一定的问题解决措施	25	
		总结泛化、针对性不强；解决措施不明显	20	
教师评价（20 分）	教师评价内容来源于学生们的总结陈述和平时表现。及时对班级问题进行诊断、导向和调整，或对班级亮点进行表扬或鼓励	教师评价诊断准确、导向清晰、调整及时，表扬适度	20	
		教师评价诊断较准确、导向较清晰	15	
		教师评价诊断不够准确、导向模糊	10	
故事引入渗透健全人格教育（灵活选择）（20 分）	教师根据班级近期存在的主要问题，选择相应的便于进行健全人格要素引领的鲜活案例（如学生的亲身实例、典型故事、时事新闻、视频剪辑等）	故事具有典型性、教育意义深刻、符合学生年龄特征	20	

第六章

基于健全人格培养的德育课程化实施——超班级集体活动育人

2017年8月，国家教育部颁布的《中小学德育工作指南》（教基〔2017〕8号）提出，要精心设计、组织开展主题明确、内容丰富、形式多样、吸引力强的教育活动，以鲜明正确的价值导向引导学生，以积极向上的力量激励学生，促进学生形成良好的思想品德和行为习惯。仪式教育活动要体现庄严神圣，发挥思想政治引领和道德价值引领作用，创新方式方法，与学校特色和学生个性展示相结合。

抓住学校活动这块肥沃的育人之地，就找到了学校落实立德树人根本任务的重要途径，学校健全人格培育的空间和时间也就得到了延伸。基于此，谈“学校德育”，需要把它放在“学校文化”视野下观照，运用系统论的观点进行实践，重视学校德育与社会的联系。

第一节 超班级集体活动课程育人的内涵及原则

一、超班级集体活动育人内涵解读

本校基于健全人格培养的超班级集体活动是指学校全体成员之间共有的、大多数人在长期教育教学实践活动中积累的、在学校生活中成为常态化或序列化的活动。其往往面向两个或两个以上班级，通过校级层面及部门（如德育处、教研组、备课组、团校委、学生会、年级组等）组织实施，抓住学生成长的关键节点，以培养学生健全人格为目标的德育活动。超班级集体活动具有参与学生较多、影响较为广泛、德育目标明确等特点，成为本校开展德育教育的重要形式。

超班级集体活动是学校在长期的办学实践中，经过自身努力、外部影响、历史积淀而逐步形成的独特形式，深受学校的观念、制度、管理、校风、教风、学风等深厚文化底蕴的影响，并且总是在特定的时空内，以稳定的形式出现，有着鲜明的健全人格育人属性。超班级活动的融入使健全人格贯通学生在校学习的全过程，让德育走出课堂教学，走出单一的学科育人，融入各项教育教学环节，推动了健全人格培养的内容与形式、课内与课外、教化思想与引导实践的统一。由此，创新中学德育课程体系，促进文化与活动协同育人，全方位涵养学生德行，培养学生健全人格。

基于健全人格培养的超班级集体活动着眼于活动的德育资源、德育功能、实施策略三个方面功效的发挥。超班级集体活动的德育资源是丰富的，涵盖了学生学校生活的方方面面，包括规范学生的言行举止、进行礼仪教育、榜样示范和程序暗示等传播道德观念，运用象征符号、实物演示、音像传播等烘托德育氛围，通过两节一会、社会实践、职业体验等参与德育实践。超班级集体活动的德育功能是多向的，通过超班级集体活动既能促进学生认同、接受、内化社会公德，又能帮助学生树立正确的价值观念，形成良好的个人行为标准，还能引导学生适应社会角色的变化等。超班级集体活动的实施策略是多样的，包括转变活动的教育观念，以学生为活动的主体，尊重学生的德育需求，引导学生树立正确的德育观念；挖掘超班级集体活动的德育价值；创新超班级集体活动形式，打破常态活动模式，形成特色的超班级集体活动等。

通过课题研究，本校开发的超班级集体活动包括“文明言行基础养成系列”“个性特长自我探索系列”和“全面发展环境建构系列”。在丰富多彩的德育主题活动中唤醒学生的自主意识，激发学生的道德情感，培养学生的健全人格。

在文明言行基础养成中，通过开学仪式、军事训练、入学规范、升旗仪式、国旗下演讲、节日活动、毕业典礼等活动的开展，让学生了解学校班级建设，理解个人与群体的关系，锻炼团体合作意识与能力，养成良好的行为习惯……

在个性特长自我探索中，学生通过团校委、学生会、志愿者服务平台，服务同学、展示自我；在国旗班、礼仪队和校园广播站的活动中树立责任和自律意识；在“科技节”活动中，形成科学的世界观、人生观、价值观，培养持久而稳定的兴趣；在人文艺术节活动中培养审美感，感知与欣赏审美对象，引发情感共鸣；在竞技体育、趣味运动中增强集体荣誉感，培养坚忍的意志；在生涯规划中，逐步清晰人生目标，积极行动，体验成功……

在全面发展环境建构中，学生积极参与校园文化建设，黑板报、文化墙、主题园都是他们的领地；专题讲座周、主题活动月、国旗下演讲等都有他们的身影；他们参与班规班训制定，班徽班歌设计，班级墙面规划，班级板报展示等，展现积极向上的班级风貌……

超班级集体活动重视活动，特别是实践活动。人是实践中的人，实践是人全面发展的根本途径。无论采取何种途径和方法，学生健全人格的培养必须回到实践活动这个原点上来。学生健全人格朝什么方向发展，怎样发展，发展到什么程度，如何成为精神和身体、个体性和社会性都得到普遍、充分而自由发展的人，这与学生的实践参与密不可分。超班级集体活动突出学生主体，为学生创设宽领域、多层面的实践参与生活场域，切实解决学生人格发展的各种问题。

如果说实践参与是学生健全人格生成的根本途径，那么公共生活则是学生健全人格生成的基本路径。如何为学生创造和提供丰富的公共生活场域，引导学生探究解决公共生活中的实际问题，则是健全人格培养的基本思路。超班级集体活动遵循学生身心发展规律和学校《健全人格教育校本课程目标体系》，从“人与自然”“人与他人”“人与社会”和“人与自然”四个层面去打造学生的学校生活和社区生活，突出学生的主体地位，让每一个学生都能有自主、充分、自由、和谐的宽领域，多层面公共生活场域，促进学生健全人格的生成，最终培育和提升学生与环境的和谐共生。

从根本上讲，健全人格培养的实质在于价值观的引导与建构。核心的价值观念，既导引着学生的思维模式，又规范着学生的行为方式。正确的价值观是塑造健全人格的基础。超班级集体活动在课程实施中着力培育学生的健全人格，导引学生的价值思维、价值逻辑、价值认同、价值分析，从而逐渐提高学生的价值综合把握能力。

二、超班级集体活动育人的原则说明

基于健全人格培养的超班级集体活动育人离不开活动实施，活动的灵魂蕴含于活动的目标定位、实施形式、开展过程、评价方式中。在活动实施中要注意以下原则。

（一）学生主体性原则

教育要“以人为本”，在教育教学活动中追求“每个人的自由发展”，为培养学生的自主精神、自信心和创造力营造良好的环境氛围。学生作为受教育者，是教育活动的前提和出发点，忽视受教育者的教育活动就背离了存在的意义。参与活动的学生不是简单被动接受信息，而是通过主动行为对活动信息进行积极主动地选择、加工和处理，从而形成健全人格。因此，学生是超班级集体活动的认知主体、体验主体和道德主体，超班级集体活动中要体现学生的主体地位，引导学生主动参与。要尊重学生的需要和选择，调动和激励学生德育主体的主动性和能动性。要让学生明白超班级活动举办的目的，活动的内涵。超班级集体活动从筹备、场景的选择、布置到活动议程、设计、排练，都要求学生能自主地参与建构和调整，这样才能使他们在自主管理、自我实践中受到教育和锻炼。超班级集体活动只有充分调动、发挥他们的积极主动性、创造性和个性，才能真正发挥活动育人的价值。

（二）注重心灵体验原则

要调动学生情感投入，重视学生在超班级集体活动中的心灵体验。德育的活动要从科学设计程序、渲染场景，逐步推向情感的升华，调动教育者的情绪和思想。超班级集体活动通过特殊的德育形式，建构学生德育认知，培育、矫正、引领学生的道德情感、态度和价值观。在“体验”中触动思想。

（三）深挖德育内涵原则

要挖掘活动的内涵，充实超班级集体活动的德育意蕴，超班级集体活动前需要充分认识到活动的意义和价值，遵循活动的特点和精神内涵，结合学生的年龄特征、认知水平和德育需求，参考时代需求、社会发展、地方文化传统以及学校情况，组织策划超班级集体活动，要将学生的德育需求融入活动的精神内涵中。在超班级集体活动中，要灵活调配活动的时间和方式达到活动预设的效果。在活动结束后，要总结反思前期策划以及活动中的优势和不足，为下一次活动积累经验。

（四）追求形式创新原则

要规范超班级集体活动组织，创新超班级集体活动的形式。超班级集体活动因其场域与文化环境的特殊性而区别于一般学校日常活动，表现出规范性、长期性、重复性等特征。如果只是一味地以单调、重复的形式轮流只会影响超班级集体活动的德育功能的发挥。学生习惯于活动的固定流程和形式，对活动形式和内容不再充满好奇和期待的时候，对于超班级集体活动德育意蕴的领悟会下降。因此，超班级集体活动要有规范性，但也要追求活动的创新，让学生在超班级集体活动中感知、领悟活动的德育价值和意蕴。

第二节　超班级集体活动课程育人目标、内容

一、基于健全人格培养的超班级集体活动育人目标

基于健全人格培养的超班级集体活动从学生的实际生活出发，结合学

生学情，在课程体系上遵循“顶层设计，逐层推进，全面铺开，重点实施”的原则，以双流区立格实验学校《健全人格教育校本课程目标体系》为出发点和归宿，形成超班级集体活动课题研究目标和课程目标。

超班级集体活动课题组的研究目标包括以下三个方面：

1. 学生方面，通过参与学校举办的各项超班级集体活动，促进学生人格发展，使之在意识倾向、心理特征、行为风格等人格特征方面及人生观、世界观、道德观等认知方面获得相应成长。

2. 教师方面，以课题研究为契机，将超班级集体活动的组织实施与健全人格教育实践的研究相融合，既促进教师不断优化和完善校内各项超班级集体活动的流程，又促进教师本人健全人格的发展。通过提高教师自身素养，有目的、有计划地把心理学、教育学的方法，融入活动组织当中，以更好地实现活动育人目的。

3. 学校方面，构建以“健全人格”为核心的超班级集体活动课程序列、实施策略及评价体系。构建学校超班级集体活动课程序列、撰写完善课程设计、组织实施典型案例形成有效评价体系，使活动育人目标更加明确、活动组织更加科学、活动开展更加具有实效性，促进学生人格健全发展，从而形成特色鲜明的校本德育活动模式。

二、超班级集体活动课程目标体系建构

（一）“一主体”“四和谐”人与环境和谐共生目标体系

遵循学校《健全人格教育校本课程目标体系》，通过课题研究，梳理出“一主体”“四和谐”健全人格培养的人与环境和谐共生目标体系，以此为指导，开发超班级集体活动健全人格教育主题序列并进行相关内容建构。

“一主体”是指以人与环境的和谐共生为主体，“四和谐”是指人与自我的和谐、人与他人的和谐、人与社会的和谐、人与自然的和谐。此目标体系如图 6—1 所示：

图 6—1 健全人格培养的人与环境和谐共生目标体系

（二）形成目标要素解读的水平层级描述

从维度、要素及水平层级出发，对人与自我、人与他人、人与社会、人与自然四大层面的要素进行解读，建构学生健全人格的层级体系。

表 6—1 健全人格要素水平层级描述（举例）

维度	要素	水平一	水平二	水平三
人与自我	自知	能客观分析、自我察觉自身特点，从而形成自己言行风格的心理特性和行为特点	能结合自身特点，面对初中生的学业特点，树立正确的目标和动力，并不断优化和进步	能将自知和生涯规划进行有机整合，能从自我察觉中找到今后的努力方向，不断成为更好的自己
人与他人	善良仁爱	认识到与人和睦相处的重要性；有乐于交往，敢于交往的情感态度，增强交往的意识和自信	正确看待异性交往，学会掌握异性交往的基本原则，掌握友情及爱情的界限	能构建和谐的师生关系，理解老师，尊敬老师，掌握消除师生间的屏障隔阂，增进师生间的感情的技巧；有与父母和谐相处的技巧，获得心理和谐的发展
人与社会	社会责任	能严格规范自身，自觉文明言行，能自觉维护班级和集体荣誉	能关心他人，主动承担自己应有的责任，愿意为他人和集体奉献自己的时间和精力	能够将自己的责任和个人发展，与社会的发展相适应，并能够用自己的决心和意志，推动社会发展的不断进步

三、基于健全人格培养的超班级集体活动课程内容

在学校德育课程目标引领下，结合超班级集体活动的特点进一步细化解读，整合并形成匹配德育教育目标的内容体系。利用多种集体活动项目设计进行课程开发并组织实施。

（一）提炼实施流程

超班级活动的每一个项目都是一项工程，老师们往往无从下手，因此很有必要从项目管理的角度对相关实施流程进行梳理，从而让师生在项目实施中少走弯路，并具备一些项目管理的基础知识。课题组在实践演练的基础上，高度概括，形成了双流区立格实验学校超班级集体活动开发与实施流程图。

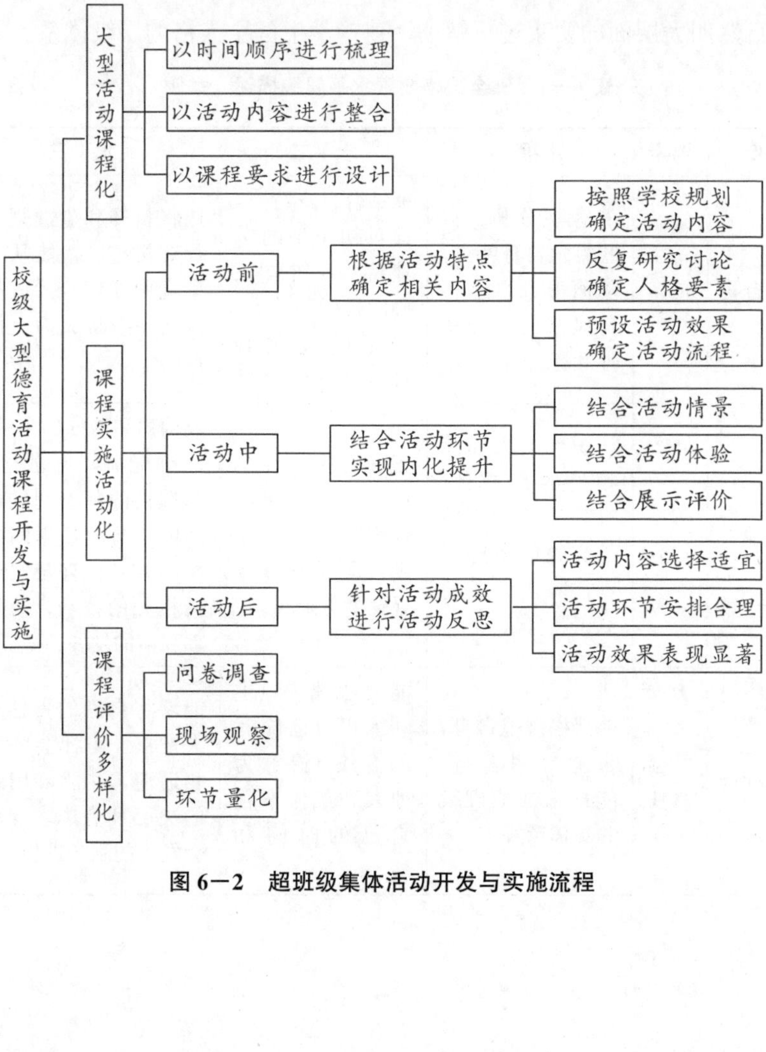

图 6—2　超班级集体活动开发与实施流程

该流程将一个典型的超班级集体活动切分为三个部分，通过以时间顺序进行梳理，以活动内容进行整合，以课程要求进行设计，实现大型活动课程化；通过三个环节，即根据活动特点确定相关内容，结合活动环节实现内化提升，针对活动成效进行活动反思实现课程实施活动化；通过问卷调查、现场观察和环节量化等实现课程评价多样化，特别是其中的第二个环节，以活动前、活动中、活动后的系列设计保证活动项目实施的有效性，在实践中呈现出亮点。

（二）构建主题序列

基于健全人格的基本结构与目标体系，分别从人—自然、人—社会（他人）、人—自我三个领域，探讨和开发出双流区立格实验学校以健全人格为核心的超班级集体活动课程内容主题序列图。

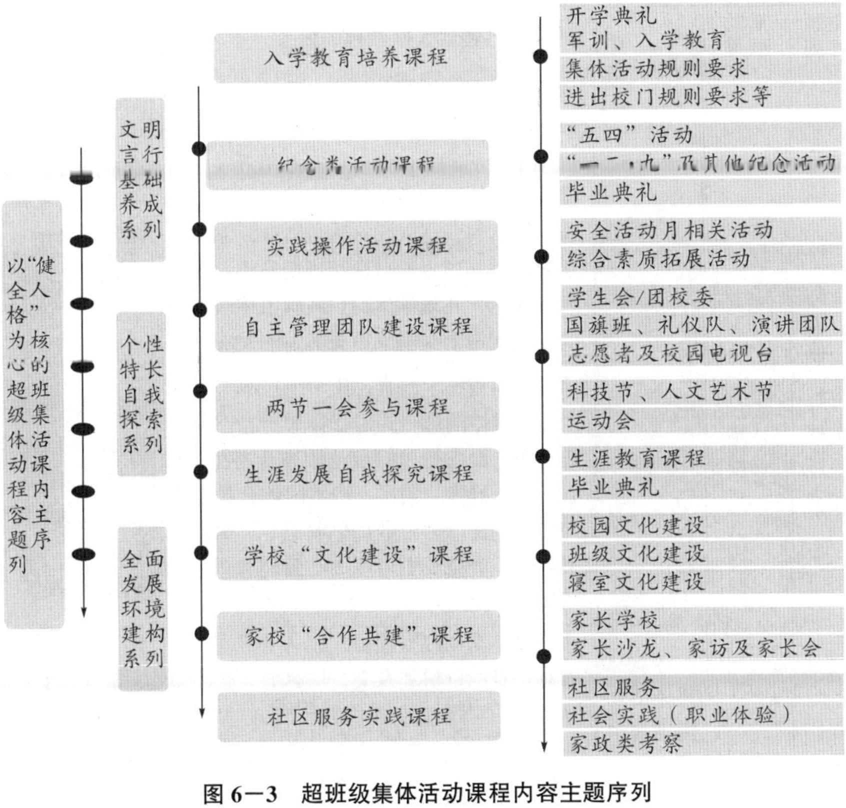

图 6—3　超班级集体活动课程内容主题序列

该序列包括了学生生活的多个面向，从家庭生活向校园生活和社区生活逐步扩展，形成“文明言行基础养成系列”“个性特长自我探索系列”和“全面发展环境建构系列”，有入学教育培养课程、纪念类活动课程、实践操作类活动课程、自主管理团队建设课程、两节一会参与课程、生涯发展自我探究课程、家校合作课程、文化浸润课程、社会实践类课程九大活动课程，以及若干活动支撑的课程体系。

（三）形成要素整合

超班级集体活动课程中可渗透的健全人格教育要素是实现活动育人目标的重要途径，通过要素整合，实现不为活动而活动，不为上级安排而活动，从源头上保障活动的教育实效。

表 6—2　超班级集体活动课程可渗透的健全人格教育要素（节选）

<table>
<tr><th>主题序列</th><th>活动课程</th><th colspan="2">可渗透的健全人格教育的内容</th><th>渗透的要素</th></tr>
<tr><td rowspan="3">文明言行基础养成系列</td><td rowspan="3">1. 入校教育培训课程</td><td>开学典礼</td><td>通过开学典礼课程，让学生理解个人只有融入群体、主动参与、积极奉献，才能获得尊重与成就感；通过仪式，培养学生对学校的认同感和自豪感；在此基础上，增强学生的自我认同感；通过对规章制度的学习，增强学生的自律和规则意识；通过表彰先进，实现学生对自我价值体现的需要，也促进学生抽象审美能力的发展</td><td>认知（人生观）
意志（自觉性）
性格（自律）
情感（审美感）</td></tr>
<tr><td>军训、入学教育</td><td>通过军训和入学教育，让学生理解个人必须遵守群体的规则并对群体履行自己应尽的义务，提高行为的自觉性和自制性；理解个人与群体的关系，锻炼团体合作意识与能力；在活动中锻炼坚毅意志，提高审美观念，培养学生自制力、劳动意识，提高生活自理能力</td><td>认知（人生观）
意志（自觉性）
性格（自律）
情感（审美感）
文明素养（爱护劳动成果）</td></tr>
<tr><td>集体活动规则要求</td><td>通过集体活动规则课程，让学生感受到群体对自身的价值和意义，理解个人必须遵守群体的规则并对群体履行自己应尽的义务，树立起责任担当意识，提高行为的自觉性和自制性，提升自尊和自律能力</td><td>认知（人生观）
意志（自觉性）
性格（自律）</td></tr>
</table>

续表

主题序列	活动课程	可渗透的健全人格教育的内容		渗透的要素
		进出校门规则要求等	通过进出门规则，让学生感受到自己的衣着外貌和言行举止在融入集体过程中的重要性，体验到在集体中的存在感和归属感；能够正确认识个人与班集体的关系，体验到自己对班集体应履行的义务	认知（人生观） 意志（自觉性） 情感（审美感）
	2.纪念类活动课程	“五四”活动	通过“五四”活动课程，使学生获得对抽象事物的审美能力。通过对当代大学生奋斗事迹的了解和认知，有利于初中学生学习青春榜样，弘扬青春正能量，落实健全人格教育课程中的认识自我，培养学生全面的人生观、世界观	认知（人生观） 情感（审美感） 情感（理智感）
		“一二·九”及其他纪念活动	通过“一二·九”及其他纪念活动，培养学生爱国主义情感，树立正确的人生观和价值观；使学生认识到个人只有融入群体，主动参与，积极奉献，才能获得尊重与成就感，培养学生团队合作的意识；突出学生自我成长，引导学生树立正确的学习生活榜样	认知（人生观） 情感（审美感） 情感（理智感）
		毕业典礼	通过毕业典礼课程，让学生感知个人的成长离不开学校、教师、家长、同学整个环境的影响；个人是群体的一部分，人离开了群体就无法实现自己的价值；培养学生感恩学校、感恩教师、感恩家长的人生观；通过全体学生集体宣誓、大声宣读自己的梦想、齐唱毕业歌等环节，让学生感知个人对自己的能力和要努力实现的目标抱有信心；为参加中考的学子树立自信，坚定中考必胜的信念	认知（人生观） 意志（自觉性） 性格（自信、自律）

第三节 超班级集体活动课程育人实施途径和策略

一、基于健全人格培养的超班级集体活动课程育人实施途径

依据学校《健全人格教育校本课程目标体系》，超班级集体活动通过总结课题研究的成果，积极构建双流区立格实验学校超班级集体活动育人目标体系。以此目标体系为指导，在超班级集体活动的实践中，形成学校超班级集体活动的开发与实施流程。本节内容将详细阐述本校超班级集体活动的实施途径和策略。

（一）德育课程化是学校超班级集体活动实施的根本途径

课程是文化、思想、规范和技能的载体，课程建设的形式使主题更鲜明，目标更明确，组织更科学，发展更全面，结果更有效。我们深知，德育工作贵在持之以恒，而要建立长效机制，就必须进行德育活动的课程化，回归教育的本源，转变以往德育教育与学科教育的分裂状态，合而为一，形成合力，以此增强德育的实效性。课程化是一种思维和行动策略，通过课程的目标构建、内容选择、方案设计与实施、师生评价与反馈的过程，以较高的组织纪律性保证其实施的思维和行动策略。德育活动课程化是学校德育在生活化、体验性、参与性基础上，借鉴学科教育之长，依据课程的四个要素（课程目标、课程内容、课程实施、课程评价），对德育活动进行设计、组织、整合和实施、评价，以期改善和提升德育教育的有序性与有效性的重要策略。也就是说，将德育工作纳入课程设置，更加注重规划、评价，更加注重实效。

长期以来，学校德育存在着明显的问题或不足，如何提高德育的有效

性、针对性是我们面临的重要问题。目前，学校德育与学科教育被人为地分为了两大部分。学科教育以课程为载体，有明确的任务、有序的组织、适切的实施、可靠的检测，保证其高效有序地实施。但学科教育本身也存在着生活化、体验化、参与化、活动化等不足的问题，这些则是德育之长。学校德育课程就是既保持德育活动化之长，又汲取学科课程化教育之长，两“长”并举。学校德育课程化有助于解决德育有效性问题，也有助于打开德育长足发展的新局面。

（二）目标体系化是学校超班级集体活动实施的前提和方向

在立德树人的根本任务下，成都双流区立格实验学校确立了“人本化、规范化、创新化、现代化”的办学理念和“全面发展、个性特长、健全人格”的育人目标。学校成立健全人格研究课题组，开发健全人格教育校本目标体系，下设三大子课题，分别从三大方向分解目标，进行研究。班级集体活动通过课题研究，梳理出“一主体”“四和谐”健全人格培养的人与环境和谐共生目标体系，以此为指导，形成超班级集体活动健全人格教育微课程目标并进行体系化构建。（详见本章第二节）

案例一　通过开学典礼课程让学生理解个人只有融入群体，主动参与，积极奉献，才能获得尊重与成就感；通过仪式培养学生对学校的认同感和自豪感，在此基础上，增强学生的自我认同感；通过对规章制度的学习，增强学生的自律和规则意识；通过表彰先进，实现学生对自我价值体现的需要，也促进学生抽象审美能力的发展。

案例二　通过开展“科技节”活动课程，在活动中实施健全人格教育，培养学生形成科学的世界观、人生观、价值观，认识到世界是客观存在的，世界的变化具有规律性。培养学生持久而稳定的兴趣，促进形成自信自律的性格，提高审美能力，培养坚忍的意志，促进学生合作交流能力的发展。

（三）内容序列化是学校超班级集体活动实施的基本途径

基于健全人格的基本结构与目标体系，超班级集体活动分别从人—自然、人—社会（他人）、人—自我三个领域，探讨和开发出本校基于健全人格的初中德育活动课程内容主题序列："文明言行基础养成系列""个性特长自我探索系列"和"全面发展环境建构系列"，包含"规矩成就方圆"规则意识培养课程、"做幸福进取者"学生自我成长课程、"视其好，知其人"特长探索活动参与类课程、"环境育人，润物无声"课程、"昨日，今日，明日"节日纪念日课程、"自治者明"学生自主管理团队建设课程、"家校共育，共促成长"家校合作共建课程、"学校小社会、社会大学校"社会实践与职业体验课程、"吾生也有涯"生涯发展自我探究课程九大活动课程，并有其他子活动支撑的课程体系，形成丰富的德育内容序列。

至此，通过德育课程化、课程活动化、目标体系化、内容序列化，达成整合德育内容和形式，加强德育活动的综合设计，力求做到目标价值多元、内容丰富多彩、活动灵活多样，使每一次超班级集体活动都成为一个完整的、和谐的、富有弹性的、具有人性化氛围的教育场域空间，使道德发展成为一种自然、愉快的过程。

（四）管理全员化是学校超班级集体活动实施的重要保障

学校设立超班级集体活动总课题组，建立"总课题组——超班级集体活动课题组——各年级组——各学科老师"逐层推进，全员参与的课题研究网络，实现全员育人、全程育人、全域育人。

为了更好地开展课题研究工作，提高课题组全体成员的理论水平和课题研究能力，课题组采用了集中学习、小组研讨两种学习模式。除定期集中开展理论学习，为全体教师订阅各类相关杂志、购买相关专著以外，还采用推荐理论书籍进行自学、QQ 交流、网上论坛等方式，学习关于健全人格培养的先进思想、成功经验以及相关课题的研究进展情况，博采众长，为课题研究寻找有效的理论做支撑，提高课题研究的实效性。每月的小组研讨活动，研究教师结合教学实践、班级管理实际和校级层面学生现实动向，研讨学科教学、班级管理和校级活动实践中如何渗透健全人格教育的相关内容，并收集典型学生个案进行深度研讨分析，让课题组教师们养成带着研究眼光观察并关注学生的习惯。

加强超班级集体活动课题组主研教师科研意识，明确科研方向、课程性质和课程目标，使教师能够对健全人格导向的德育课程建设保持持久的热情，同时协调学校各个部门全力支持健全人格导向的德育课程开展。

（五）德育活动评价多元化是超班级集体活动实施的生命力

德育活动评价，就是德育活动的组织者、参与者，依据一定的标准，对开展的德育活动做肯定或否定的价值判断。一种好的德育活动评价机制，具有导向功能、诊断功能、强化功能。目前，对学科教学和学生综合素质的评价机制日趋完善，但对单独的德育活动本身进行评价，还处于一个摸索和研究阶段。

在对超班级集体活动实施评价中，我们认为：不仅要客观、明智、公正地评价每一次超班级集体活动，还要在评价过程中注重评价的多元化。只有做到德育活动评价的客观、公正、多元化，德育活动才可能保持不断完善、活动育人的生命力。

二、超班级集体活动课程育人实施策略

在超班级集体活动实施过程中，我们按照“活动前——活动中——活动后”三段开展，明确每一阶段的主要内容和重点，确保每一次超班级集体活动的顺利开展和实施。具体操作如图 6－4 所示：

（一）活动前——目标导向为先

活动前，根据活动特点确定本次活动拟达成的目标要素，组织相应部门及人员共同研讨活动内容和流程。在目标设计中，要注意活动目标清晰明了，有主要渗透健全人格要素和次要渗透要素；活动目标不宜过多，要明确、具体、可操作性，切合学生实际。在内容设计上，要注意活动内容

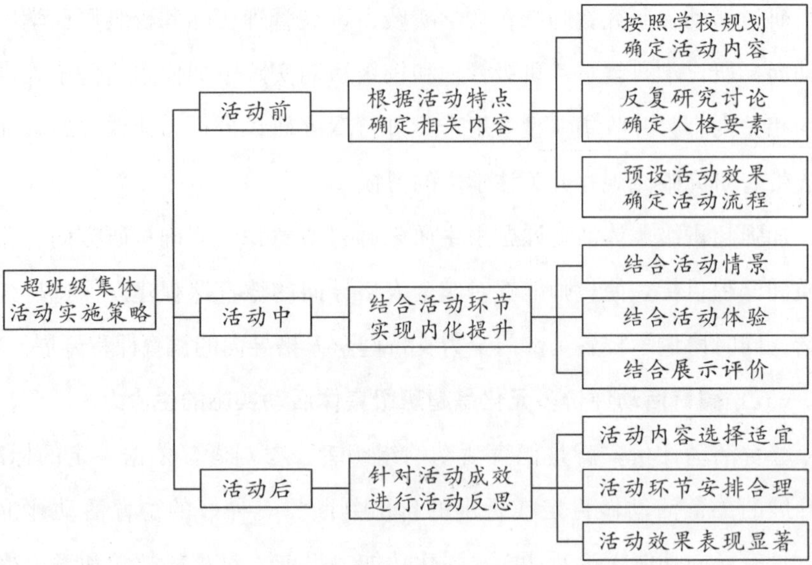

图6—4　超班级集体活动实施策略

切合学校实际情况，将健全人格要素渗透与活动进程有效结合；明确活动的重点、难点及解决措施；活动内容设计安排有序，结构严谨，衔接自然，各环节时间安排合理，更好地渗透健全人格教育。在活动方法上，策略选择得当，符合活动参与者的认知特点和年龄特点；注重活动体验性设计，在活动中参与者能感悟健全人格教育；现代教育技术手段运用得当，在展示过程中参与者能直观感受健全人格教育。

（二）活动中——细节落实为重

细节决定活动开展的成败，一些重大的德育活动，需要考虑大量的活动细节，必要的时候，须安排多次现场彩排以实现教育活动的效果。在活动中，要充分考虑学生参与的主动性，使每一个环节都能成为学生自我教育的载体。活动设计需要注意以下方面：

（1）活动主题引入、活动准备、活动体验、交流展示、问题深化等环节时间分配合理，整合有序；

（2）活动过程中善于创设情境，能让活动参与者参与其中，感受活动中进行的健全人格教育；

（3）活动的时间分配合理，充分体现学生主体地位；

（4）活动组织者和参与者能在活动过程中对突发情况形成应变处理能力；

（5）活动充分筹划，组织者具备现场组织和把控能力；

（6）活动组织者的语言准确、流畅、形象生动；活动手段多样化，适时、适量、适度进行体验活动，更好地实施健全人格教育。

（三）活动后——评价感受及时

活动后，应及时进行有效评价。德育活动的评价应注意以下方面：

（1）是否达成了活动目标，完成了预定的活动设计；

（2）活动参与者的体验感如何，活动过程气氛是否符合设想；

（3）活动参与者在活动参与中是否实现了知识、情感双收获，是否实现渗透健全人格要素目标；

（4）活动参与者与活动实施者之间的配合默契程度。

第四节　超班级集体活动课程育人评价策略

一、超班级集体活动课程评价的目的和原则

（一）超班级集体活动课程评价的目的

随着德育评价实践的推进，超班级集体活动课程评价的作用愈加突出：一是增强活动评价的鉴定与诊断作用。通过活动评价，可以把握德育活动的特点、优势或存在的问题，寻找问题存在的原因，并提出解决问题的对策，以此实现学校超班级集体活动的自我调节与控制。二是增强了活动评价反馈与沟通作用。活动评价有力地增强了学校超班级集体活动课程

主动适应时代发展，密切学校与社会的联系，满足社会发展对青少年培养的需要。

总之，通过活动评价中所能提供与反映的各方面信息，建立增强中学生德育效果为目标的超班级集体活动评价机制，使得活动育人的工作更加合乎目的、合乎规律。

（二）超班级集体活动课程评价的原则

1. 科学性原则

活动评价标准的确立、评价的程序与方法、评价结果的分析和应用等都应该是科学的。从本质上充分认识和把握中学德育的客观发展规律，才能构建科学的超班级集体活动评价体系。对此，深入分析和研究中学生思想的发展轨迹，加强对德育发展规律的认识和研究是我们始终需要践行的工作，为深入开展有效的德育工作奠定坚实的基础。

2. 可行性原则

可行性原则具体表现在超班级集体活动评价体系的可操作性上，是指构建的评价体系必须在使用的过程中具有可行性，能够为活动评价参与者实际应用，并且能客观公正地反映活动的实际效果。因此，在构建活动评价体系时主要遵循以下几点：

（1）评价体系尽量精简。尽量减掉可有可无的评价指标，优化评价指标以提高活动评价的可操作性。虽然指标越多越细一定程度上代表着对评价对象的认识就能更具体，但有时繁杂的指标降低了可操作性，而失去了操作性也就难以客观准确地反馈德育工作的进程和效果。而指标数量过少又不能真实客观地反映被评价对象的整体和实质，进而导致评价结果缺乏客观科学性。

（2）评价指标要有区分度。构建德育评价指标要从评价对象的实际出发，以提高德育评价指标的区分度，便于评价结果的运用。在标准指导下最好能够做到一课一案。

（3）评价方式具备可操作性。评价体系的标准要避免抽象空泛的概念化条文，具有实际的可操作性：既要充分考虑学生个体发展水平的层次性和学生间发展水平的差异性，又要能够使用便捷，为大多数学生、活动组织者和评价参与者所认可和接纳。

例：《开学典礼活动评价问卷调查》指标设计

开学典礼作为一种学校仪式，具有一定的象征作用、规范作用和德育作用，为学校教育教学提供支持和帮助。把握开学典礼的育人价值，落实学校育人目标，开展健全人格教育，是本次开学典礼的重要目标。为了更好地进行课题研究、促进课题组不断进步，诚邀您对本次开学典礼进行活动评价。

（1）您认为本次开学典礼整体效果【必选】

○非常好　○比较好　○一般　○比较差　○非常差

（2）您对此次开学典礼的以下环节满意吗？【必选】

①暖场环节

○非常好　○比较好　○一般　○比较差　○非常差

②入场环节

○非常好　○比较好　○一般　○比较差　○非常差

③升旗仪式环节

○非常好　○比较好　○一般　○比较差　○非常差

……

（3）您对开学典礼的设计还有什么意见吗？

____

总之，要能更为准确、客观、公正地反馈德育工作的进程和实效。

3. 综合性原则

综合性原则就是指活动评价不仅仅要关注结果，也应该关注过程。例如在构建超班级集体活动评价体系时注重质的评价和量的评价相统一，结论性评价与过程性评价相结合。

质的评价强调的是对被评价的事物的本质属性从客观、整体、系统的角度上进行抽象的分析和总结，对评价的对象一般不做出具体、量化的分析，只在事物的性质、本质等方面做出总结和评价。超班级集体活动评价中倡导的质的评价是指在活动评价的过程及结果中，对被评价对象的德育效果方面进行定性的分析。然而，事实上我们并不提倡只采用质的评价方式，因为大多数德育工作者在采用该方式时只凭少量的与被评价者交流的经验和对被评价者的一些主观印象来下结论，可能会脱离被评价者在实际中“量”的变化，因此存在一定的盲目性和片面性，结论缺乏说服力和科学性。

相反，量的评价则关注被评价者的实际发展水平，用精准的数字表现出被评价者在数量上的发展情况，一般都是采用一定的数学方法对被评价者进行考核、估量和鉴定，以数量的形式将评价结果展现出来。这种评价方式得出的结论能够比较客观地展现事物，有一定的科学性和说服力，但运用到对德育活动评价的测量上还是有不足和局限的，因为并不是所有客观存在的事物都能用具体的数字来进行测量的，中学生的思想道德是一个动态变化发展的过程，仅用数学的方式确实难以对其进行科学客观的考核和分析。

例：开学典礼活动评价反馈

本校某班开展了2020年春季开学典礼活动评价反馈，一位同学在作文中写道：

当我看到那根亲切的旗杆，耳边响起激昂的国歌时，我不禁想起那些在疫情期间为我们奋斗的白衣天使——他们用双手拯救了一个又一个的病人，减少了死亡人数，挽救了一个个家庭，我很自豪。我又想起来那些坚持在工作岗位的志愿者——他们在街道上，高速公路旁，坚持用体温计测量每辆车、每个人的体温，这有效地控制了患者增加的人数，我很骄傲。

我再次想起我的老师们，他们兢兢业业地传道授业解惑，能让我们继续上课，我很感激。

中国加油！

然而，根据活动当天的观察与反馈，我们得知为保持安全距离坐在操场最后几排的班级几乎听不清音响的声音，大约占到全校总人数的六分之一，活动的体验感降低后个别同学开始交谈讲话，这使得活动育人的效果大打折扣。

因此，构建超班级集体活动评价体系必须做到在量化的基础上做定性的描述，坚持“质”“量”相结合的评价原则，以质的评价分析为主，辅以量的评价分析，才能给出更科学客观全面的评价结论。

4. 评价工作与指导工作相结合的原则

活动评价是超班级集体活动育人工作的重要组成部分，具有诊断、导向、激励、调控等功能。通过活动评价，可以把握德育活动存在的问题，寻找问题存在的原因，并提出解决问题的对策，以实现更好的育人效果。

二、超班级集体活动课程育人评价的内容与标准

基于健全人格的目标体系，德育活动主题实施分阶段评价，力求在各阶段做到德育理念的渗透和体现，保障学生的主体参与性，通过课程化实现健全人格的育人目标。同时通过活动评价找到活动中所存在的问题，并提出解决问题的对策，实现评价工作与指导工作相结合，以增强德育效果。评价标准如下表6—3所示。

三、超班级集体活动课程育人评价的程序与方法

（一）超班级集体活动课程育人评价的程序

根据超班级集体活动课程实施主题序列，在每个德育主题活动前、活动中、活动后分阶段评价，充分调动多元评价主体参与活动评价，力求在各阶段做到德育理念的渗透和体现。

表 6—3　双流区立格实验学校超班级集体活动评价标准

		评价内容	分值	得分
活动前评价	目标设计	①活动目标分层明确，有主要渗透健全人格要素和次要渗透健全人格要素； ②活动目标中的知识、技能、情感三维目标明确、具体、可操作，切合学生实际	10	
	内容设计	①活动内容切合学校开展的大型德育主题活动，将健全人格要素渗透与活动进程能够有效结合； ②明确活动的重点、难点及解决措施； ③活动内容设计安排有序，结构严谨，衔接自然，各环节时间安排合理，更好地渗透健全人格教育	15	
	活动方法	①活动策略选择得当，符合活动参与者的认知特点和年龄特点； ②注重活动体验性设计，在体验活动中参与者能感悟健全人格教育； ③现代教育技术手段运用得当，在展示过程中参与者能直观感受健全人格教育	15	
活动中评价	活动过程	①活动主题引入、活动准备、活动体验、交流展示、问题深化等步骤时间分配合理，环节整合有序； ②活动过程中善于创设情境，能让活动参与者参与其中，感受活动中进行的健全人格教育； ③活动时间分配合理，充分体现学生主体地位； ④活动组织者和参与者能在活动过程中对突发情况形成应变处理能力	20	
	活动技能	①活动充分筹划，组织者具备现场组织和把控能力； ②活动组织者的语言准确、流畅、形象生动； ③活动手段多样化，适时、适量、适度进行体验活动，更好地实施健全人格教育	15	
活动后评价	活动效果	①完成了预定的活动设计； ②活动参与者积极性高，活动过程气氛活跃； ③参与者活动中掌握知识技能，实现渗透健全人格要素目标	15	
	活动反馈	①活动参与者与活动实施者之间配合默契； ②活动实施者对活动过程有及时总结	10	
总　分				

（二）超班级集体活动课程评价的方法

1. 鼓励参与活动评价主体的多元化

第一，让学生以评价主体的身份真正参与到活动评价的过程中来。在活动实施中努力动员学生积极主动地加入到活动评价中来，评价采取自评与互评相结合的方式，使得学生在对自己、对他人的评价中获得最真实的体验，更清楚地看待自己，也能加深学生之间的了解和互动，最终达到良好的德育效果。当然，保证学生的主体性并不意味着就是让他们在自我评价和互评中给自己和他人扣上各种“光环”，而更多的是注重让学生通过充分自评和互评的方式来达到对学生进行激励或抑制的措施，提高德育评价的实效性。

第二，让教师和专家以教育引领的形式参与到活动评价的过程中来。在活动结束后的总结会上，由课题组长、研发及实施人员组成活动评价小组，对典型活动在活动实施中发现的问题进行讨论和交流，并结合活动后所收集的活动反馈，进行多元定性评价。在适当时机，引入专家学者评价引领。

第三，积极动员学生家庭成员参与到活动评价的过程中。家庭环境的熏陶对学生的成长极其重要，家长也是学生成长的全程参与者，因而，家长的评价对学生的成长影响是最有力度的。学生在日常生活中的表现是否与学校的教育、社会的要求相一致，家长是最有发言权的；学生参与活动是否真正有所收获，家长是最有感受的。我们要有序地引导家长积极参与到课程评价中，并通过评价提高家长对孩子教育引导的能力。

2. 采用多种方式进行活动评价

随着电子信息化的发展，我们可以使用各种手段进行活动评价信息体系的搜集、评价信息的处理。同时本校利用每位学生的电子成长档案，客观记录学生在学习和生活中的表现，每学期根据记录情况对学生进行过程性评价和表现性评价，并长期进行个案追踪。

第七章

基于健全人格培养的德育课程化实施评价策略

评价就是对一定的想法、方法和材料等做出价值判断的过程。它是一个运用标准对事物的准确性、实效性、经济性以及满意度等方面进行评估的过程。评价常被教师视为不易操作、较难全面的事，德育评价更甚。个中原因很多，评价知识的缺乏、评价方法的欠缺、对评价的认知不足等都是其中之一。为此，有必要了解评价的基础知识，明确评价的相关功效，走出评价的认知误区。

第一节 评价概述

一、评价的概念

评价就是对一定的想法、方法和材料等做出价值判断的过程。它是一个运用标准对事物的准确性、实效性、经济性以及满意度等方面进行评估的过程。评价的内涵包含两个方面：第一，评价的过程是一个对评价对象进行判断的过程；第二，评价的过程是一个综合计算、观察和咨询等方法的复合分析过程。由此可见，评价是一个非常复杂的过程，本质上是一个判断的处理过程。

评价也指对材料做价值判断的能力。它包括对材料的内在标准或外在的标准进行价值判断。

基于上述对评价的理解，在课程评价的实施中要考量课程的标准、课程表现的判断以及课程内容的价值，因此从评价的含义中衍生出对课程评价的基础理解。

二、评价的不同类型

在评价的过程中，又根据不同维度将评价划分为不同类型。依据评价标准的不同，可将评价类型分为相对评价、绝对评价和个体内差异评价、常模参照评价与标准参照评价；依据评价的功能，可分为诊断性评价、形成性评价、终结性评价；依据评价对象的范畴，可分为整体评价和单项评价、群体评价和个体评价；依据评价学校的级次，可分为高等学校评价、中等学校评价、初等学校评价；依据评价学校的类别，可分为职业学校评价、专业学校评价、师范学校评价、特殊教育学校评价；依据评价主体的身份，可分为自我评价与他人评价；依据是否采用数学方法，可分为量化评价与非量化评价等。

（一）诊断性、形成性与总结性评价

诊断性评价指对评价对象的现实状况及存在的问题、产生的原因所进行的价值判断。在教学活动过程中进行的诊断性评价，其主要目的是分析原因，以便对症下药采取相应的改进措施。良好的诊断评价有助于教师把学生适当地分置在教学顺序中，找出妨碍学生学习的原因，从而保证教与学的成功。在学校教学中对于学习内容本身的评价常采用诊断性评价。

形成性评价指对正在进行的教育活动做出的价值判断，也称过程性评价，其特点是通过及时揭示问题、及时反馈以促进工作的改进。形成性评价一般以反馈调控和改进完善为主要目的。如对教学过程开展形成性评价，往往是通过诊断教学方案、计划、过程、进展情况和存在问题，并及时反馈、改进、调控、校正，以达到提高教学质量的目的。我国将形成性评价运用扩展到整个学校教育领域，控制学习工作过程，及时或定期检查学校各项计划的执行情况，分析工作上的问题，并及时加以改进。学生人格的成长和健全是个漫长的过程，因此通过课程建设形成的健全人格也是在过程中不断累积和转变的。在对课程开展的评价中，教师看到学生持有的身心特点以及发展轨迹，引导学生个体健康发展。在课程中教师更注重

学生的体验、感悟和互动，同时也促进教师对本校人本思想德育理念的实践。

总结性评价指对评价对象一定时期内的全面状况所进行的价值判断，也称终结性评价。总结性评价旨在对教育活动做出总结性的结论，甄别优劣，鉴定分数等，为各级决策人员提供参考依据。这种评价注重对教育活动的结果做总体分析，提供描述性信息，着重对效率的陈述，并强调自身的效果。其特点是在学习或教学活动后，就学习或教学的效率，对学生、教师或课程编制者做出价值判断。评价者一般应独立于计划实施者及协助者，以保证对评价对象持客观态度，得出可靠的结论。

（二）常模参照评价与标准参照评价

在教育评价中，由于评价基准不同，解释也就不同，常将它们分为目标参照评价和常模参照评价，又称绝对评价和相对评价。

目标参照评价，又称绝对评价，它是指以预先设定的、期待的教育目标为评价基准，来衡量评价对象到达完满程度的一种评价。有人也称它为标准参照评价。在学校以学生为教育对象的测定中，关心的是每一个学生的发展，因此也叫作到达度评价，学校中教学评价多属于此类。本课题也参考了达成度的评价，但这一标准并不是作为衡量一个学生优劣的标准，而是通过这个标准对学生的发展状态做客观参照。这一标准也被写入课程开发的目标体系，从意识形态、心理特征和行为风格三个方面对学生健全人格的具体表现做描述，通过目标参照形成独具校本特色的德育文化氛围和学生行为典范。

常模参照标准评价，又称相对评价，它是指在某一个集团（班级、学校、地区、国家）中，以这个集团的平均状况为基准，评价每个被评对象在这个集团中所处的相对位置的一种教育评价。经过近百年的发展，它已有一套测量和统计方法，客观性很强，适用于选拔性考试。它是以正态分布的理论为基础，所表示的是学生之间的比较，而与教育目标无直接的关系。一般大型的标准化考试、升学考试、心理测试，以及各种竞赛性考试等属于此类评价。

如果是用测验来进行上述两种评价，那么这两种评价方式又称为常模参照测验和标准参照测验。这两种测验的主要差异在于解释分数的方法不同。

常模参照测验，是指参照常模群体的水平解释分数的测验。常模群体可以是一个特别选定的团体，也可以是被测者所在群体本身。常模群体的平均分数（或百分数等）一般可以反映它的水平，称为常模。以常模为参照点，将被测个人的成绩与常模相比较，并把比较的结果所反映出来的差异数量化，参照常模解释分数，便于个体间的比较和选拔工作的进行。

标准参照测验，它是指依据某种特定操作标准可以直接解释测量结果的测验。操作标准一般可以通过界定个体所应该完成的任务来确定。对标准参照测验来说，它的分数解释是以界定良好的任务或行为领域为基础的，是与预先设计的特定标准相对照所确定的。有了这个条件，我们便可以从较少的有代表性的测验题目反映的情况，推断出被测试者的真实水平。用目标表示领域，并且题目是该领域中行为的有代表性样本，这时目标参照测验就是标准参照测验，主要用于实现鉴定的目的。

（三）量化评价与质性评价

量化评价，顾名思义就是一种数量化的评价。它主要运用统计与测量的方法，对被评价的资料信息进行数字化处理。质性评价则主要是在描述的基础上进行评判，通常表现为书面的“鉴定”或“评语”。一般来讲，书面的评语通常比简单的分数或等级能更清晰地传达出被评价者的优点与缺点，但这种评价方法不够精确，且主观性较强。在课程评价中既有量化评价，也有质性评价，对学生成长过程的记录和统计是课程中重要的量化参考；同时在课程中学生的体验、感受所带来的改变与转化，是课程在健全人格方面质性的体现。

三、教育评价的历史演进

教育活动作为一种特殊的社会活动，自出现之初便与评价紧密联系。教育评价来源于古代学校对学生的学力检验，而教育评价系统的理论和方法的形成则直接来源于20世纪初兴起的一种以追求考查教育效果的客观性为目的的教育测验运动。教育评价的渊源可追溯至中国古代的科举考试制度，但现代意义上的教育评价却产生于美国，并在美国得到蓬勃发展。教育评价的发展大致经历了测量、描述、判断、建构和综合等阶段。

我们认为，从教育评价的历史来看，泰勒对教育评价发展的贡献突出表现在：第一，泰勒在实验研究和评价实践的基础上首次提出了教育评价的概念，使测验与评价分家，并据此提出了富有创新意义的评价体系和模式，从而赋予教育评价以新的意义。第二，泰勒用具有学生行为对应物的具体的教育目标作为评价标准，用预定的结果作为尺度来衡量学生进步水平，从而避免了教育评价的任意性和主观性，在一定程度上提高了评价的客观性和科学性。第三，泰勒的评价是一种目标参照评价，他注重的是绝对的教育目标到达度，而不像以往测验那样只关心学生团体中的成绩差异和位次问题，所以泰勒的评价模式比较符合教育实际对评价的要求。第四，泰勒创造和倡导了除考试和测验以外的其他多种评价工具，如问题情境测验、轶事记录法等，从而使教育评价工具逐渐增多起来。

四、教育评价新的发展时期

20世纪60年代初始，泰勒的评价思想和模式，一方面由其弟子们加以不断发展和完善，另一方面也受到根本性的批评和否定。有人根据课程及教育改革的需要提出了全新的评价思想和模式，从而使教育评价研究和实践进入繁荣阶段。这一阶段最重要的发展在于教育评价模式的丰富。

（一）目标分类与泰勒模式的完善

泰勒模式是一个目标中心模式，即强调评价以目标为中心为依据，但目标的制定必须以教育目标分类理论为依据，才能在统一的基点上进行测定和评价。所以在泰勒之后，20 世纪 50 年代初由泰勒早期的学生 B. S. 布卢姆及其同事对教育目标进行了更详尽的研究，他们提出并完成了教育目标分类学的工作。所谓分类学是探索一组事物分类的一种体系，通常依照穷尽性和排他性原则从简单到复杂、从低层次到高层次排列。它被广泛应用于各种学科，布卢姆等将其应用于教育领域。他们关于教育目标的第一级分类包括：知识及知识应用的认知领域，对学习的情绪反应和价值取向的情意领域，内心活动控制肢体活动的动作技能领域。第二级分类，以认知领域为例，分为知识、理解、应用、分析、综合和评价 6 个大类、14 个亚类和 9 个次亚类，构成了由简单到复杂的目标阶梯，高层次目标是在低层次目标的基础上发展起来的。

布卢姆等关于教育目标的分类及其在教育评价中的应用有两个特点。首先，该分类学是以对教学大纲的分析为基础的，教育目标分类学的基本依据是教学大纲对学生的要求，这些要求具体体现在教育目标中关于学生掌握知识和发展智力、能力的情况上，因此他们所说的教育目标实际上和教学目标是同义的，也即他们所讲的教育评价即为教学评价。当然也正是由于立足于教学大纲和教科书，才使布卢姆的教育目标分类学具有很强的现实性和广泛的实际应用价值。其次，由于情意领域和动作技能领域内容本身的复杂性，在理论上对其研究远不如认知领域那样深入，在实践上更是有意无意地被忽视了。所以目标中心模式实际上只侧重对认知领域的评价。尽管如此，布卢姆等为完善和发展目标中心模式所做的卓越的贡献却是举世公认的。布卢姆的分类学明确了学习的各级目标，可以帮助教师和其他人员按各级目标制定出不同的测验，从而对教学效果做出更有效、更准确的评价。因此它对于教学评价，特别是对于教学评价过程中各种直接的和间接的测量有很大的应用意义。

（二）人本主义教育思潮的涌现

所谓人本主义教育思潮指“人权论和尊重人的思想，教育机会均等论和发展每个人个性的教育思想”。这种以人为中心的评价有以下几个特点：

第一，以人为中心的评价强调将完整的有血有肉有情感的有个性的人当作自己的对象，并努力通过评价促使受教育者个性的充分发展。这种评价注重质的分析，它不像传统评价那样片面追求和强调量化而排斥了除知识外的难以量化的其他一切人类价值。

第二，以人为中心的评价主张从每个学生的发展的内在需要和实际状况出发，评价他们各自的发展进程，并努力通过评价促使他们向着更高、更美、更远大的方向前进。这种评价一般采用个体参照评价法，它带有较强的主观色彩，而不具备较强的客观性，但却真正体现了尊重学生个性的教育精神。而传统评价用某种僵硬的外在的所谓客观尺度来衡量个性各异的人，这种评价直接造成了对学生个性的忽视，使评价对象失去了自己的个性存在，而被沉重的外在因素所操纵。

第三，以人为中心的评价坚持人道主义精神，要求教师在友爱的、相互信任与尊重的良好的人际氛围中组织评价活动。这种评价充分体现了对学生人格的尊重、能力的信任和发展的关心，它大大有助于弘扬学生人格的主动精神。而传统评价则明显具有非人道性的一面，常表现为对学生贬损性评价、对学生人格的践踏，从而导致强烈的师生冲突和对抗现象，并给学生带来焦虑、抵触情绪和消极情绪。

第四，以人为中心的评价注重学生的自我评价，把学生看成评价的主体，坚持评价的民主性，注重启发和提高学生的主体意识，增强学生对评价的参与感和自我体验，养成学生自我分析、自我评价、自我调节的习惯和能力。传统评价由教师独揽，学生只是被动的评价客体，没有评价的主动权和积极性，这种评价造成了学生对教师的极端依赖，从而大大削弱了自我评价自我发展的能力。

在课程设计中从学生生活空间入手，基于人与自我、人与他人、人与社会、人与自然四个层面形成健全人格培养的德育课程目标体系，通过目标要素及要素分层解读形成相应的内容标准。在班级生活中，通过班级管理及相关活动，培养学生的学校文化认同感和自豪感、班级认同感和责任感，在管理中潜移默化学校健全人格为核心的德育理念；在超班级集体活动中，从学生实际生活（特别是校园生活和社区生活）出发，结合学生学情，在课程体系上遵循“顶层设计，逐层推进，全面铺开，重点实施”的原则，开发和组织实施学生初中生活中重要时间节点的超班级德育活动课程；借助本校综合实践课题研究的契机，运用以“实践育人”为导向的综合实践活动课程的构建与实施研究成果，在构建并完善实践课程体系的过程中，促进学校浓郁的实践育人课程文化特色的形成，丰富学生的校园生活和社区生活。

五、教育评价的参考标准

在教育教学中衡量评价通常参考的衡量标准有以下几条：

（一）评价的内容对象应是重要的、全面的

教育评价的对象不外乎学生和教师，无论是对学生的发展进行评价，还是对教师的教育教学工作进行评价，都涉及“评什么”的问题。对良好的教育评价而言，确定“评什么”是首要的，它涉及有关教育目的、目标等方面的价值定位；至于“如何评”，只是一个技术或方法问题，同确定教育的目的、目标相比，它的重要性是第二位的。以学生发展评价为例，回答“评什么”的问题，实际上也就是要回答教育的目标指向或定位问题。根据美国学者布卢姆的意见，教育目标领域涉及认知、情感、和动作技能三大领域。在认知领域，布卢姆将教育的目标划分为知识、理解、运用、分析、综合与评价六个层次，后来安德森等人对布卢姆的认知教育目标分类体系进行了修改，新的分类体系的主要特征是将认知目标分为两个维度：一个是“知识”，另一个是“认知过程”。安德森将“知识”按从具体到抽象分为四类，即事实、概念、程序和元认知；将“认知过程”按从低级到高级分为六个水平，即记忆、理解、应用、分析、评价和创造。从

这里可以看出，如果要对学生的发展进行全面的、综合的评价，就不能只针对认识领域的目标进行评价，还必须关注学生在社会情感方面的发展。即便是只针对认识领域的目标进行评价，也不能只针对低层次的认知目标进行评价，忽视对高层次思维技能或深层理解进行评价。总而言之，好的教育评价要求评价者首先要对教育的根本目的或目标有正确、深入的了解，以防漏掉那些主要的、基本的、重要的评价对象。比如，若对教师的教育工作进行评价，只评价学生书本知识掌握得如何，不看学生智力发展得怎样；只看学生考分的高低，不看学生人格、个性发展是否健全，像这样的教育评价只能对教育的发展起误导作用。

（二）评价的方法与手段应是科学的、合理的、可行的

当我们确定了要评价什么时，接下来就要考虑评价的方法与手段是否科学合理的问题。所谓评价方法与手段的科学性，主要是指评价采用的方法、手段是否真正能够检测出评价者所要检测的东西。换句话说，评价的方法与手段必须与评价的对象或内容相适应，评价的对象或内容不一样，需要采取的评价方法与手段也会跟着不一样。比如，若要对学生的交往技能、操作技能、运动技能、社会性发展等进行评价，采用笔纸测验就显得不太合适；要对学生高层次的思维技能（如分析、评价、创造等）或者解决真实情境中的真实问题的表现进行评价，采用填空题、选择题（含判断题）、匹配题等测验题型就显得不太合适。此外，评价标准是否与评价的任务和目的具有内在的、理性的关联，各个评价标准之间是否具有内在的逻辑一致性，各个评价指标权重大小的分配是否合理，所有这些都涉及评价的方法与手段的科学性与合理性问题。至于评价方法与手段的可行性问题，也不容忽视。

（三）评价应是公正的、客观的，符合教育伦理准则的

任何评价如果要有效的话，都必须以事实为依据，以“标准”为准绳，尽量减少评价者个人主观因素或外界因素对评价的干扰与影响，防止评价者把自己的个人偏见带入评价过程。在这里，仅以评价偏见为例，来谈谈评价的公正性与客观性问题。“评价偏见”是指某些被评价者由于性别、种族、社会经济地位、宗教信仰或其他特征，在评价中受到冒犯或不公平的对待。“这个测验不公平”，说的就是评价偏见。

评价不仅仅是一种技术活动，更是一种人文活动。好的评价必须符合教育专业的伦理准则，无论是评价的方法、手段、程序，还是评价的标准，都必须是正当的、合法的，符合有关教育的伦理准则。比如，评价标准的制定应基于民主的程序；标准一旦确立后，就应当始终如一地加以执行；搜集评价信息的方式应是正当的，对评价结果的利用也应当是正当的、合法的，避免给当事人造成伤害，等等。

（四）评价应对学生或教师的发展起到促进作用

好的教育评价应能促进和激励学生更多、更好地投入学习，帮助教师不断地反思和改进其教学，促进教师在专业上不断地得到成长与进步。以学生发展评价为例，好的教育评价应以促进学生发展为目的。比如，在评分中充分考虑学生的努力与进步程度，将那些在考试中取得明显进步或进步最大的学生姓名单独张榜公布，予以表彰或奖励；采用灵活、弹性的“延时评分”以取代一次性评分（即当教师发现学生作业中的错误时，暂不评分，将作业返还学生，让学生自己去发现并纠正作业中的错误，直到正确无误或学生自己满意时才给予最后的评分；或者教师先用铅笔记下第一次作业的评分，允许学生将错误多的作业重做一遍，然后用新的评分取代原始评分）；引导学生参与评价标准的制定，学会对自己的作品进行自我评价，不断提高自我评价的技能，等等。上面列举的这类评价措施，都对学生的发展具有正面的引导与激励作用。

第二节　德育评价

一、德育评价的概念

德育评价是指依据一定的德育目标，运用可行的方法和技术，对德育的过程与效果做出价值上的考查、判断。德育评价是学校教育评价的一项内容，学校德育工作的基本环节。其目的在于探索德育工作的客观规律，完善此项工作的控制系统，有效促进受教育者的思想品质向预期目标发展。按评价对象，可分为宏观与微观两种。前者以一个国家、地区或学校为对象，后者以教育者的德育工作和受教育者的思想品德为对象。

德育评价即教师、学生（自评）和家庭、社会依据一定的社会评价标准，对学生的道德品质做肯定或否定的价值判断。德育评价对学生道德实践的改善与提升具有导向、诊断和强化功能，是学校德育工作的重要组成部分。德育评价的目的不是给学生贴上一个“好”或“坏”的标签，而是在于引导和促进学生思想道德素质的发展和完善。正如苏霍姆林斯基说的那样：“最主要的是在每个孩子身上发现最强的一面，找出他作为人发展源泉的机灵点，做到使孩子能够最充分地显示和发展他的天赋素质达到他的年龄可能达到的最卓越成绩。”

当前学校在德育评价中存在着诸多问题，主要表现为：一是重经验，轻实践。在德育评价时，教师往往凭经验、印象给出评价，不注重结合德育实践中学生的具体表现。二是重结果，轻过程。很多学校将德育评价放在学期末来完成，大都体现在教师对学生的操行评语上，而很少关注学生平时的表现和德育实践过程。三是重共性，轻个性。教师在德育评价时，往往用统一的要求、统一的标准、统一的规范去评价所有学生，忽视了学生个性潜能的发掘和培养。另外，在德育评价中还存在评价主体单一、内容不全、方法不够科学等问题。

二、传统德育评价的弊端

从传统德育评价的特点、未来教育评价发展趋势和教育评价科学化要求来看，传统评价的弊端突出表现为以下几点。

（一）德育评价的指标体系不够科学

德育评价的指标体系是将评价所依据的有关德育目标逐步分解成各级指标而形成的一个系统化的具有联系的指标群。德育评价就是通过观察测量被评对象具体的外化的行为指标并进行价值判断的过程。因此，设计出一个比较有效、简明、科学的指标系统，将直接影响着评价结果的科学性和可信度。然而，由于德育活动所涉及的多是精神产品，在大多数情况下德育评价要将不可直接观察的事物转化为可观察事物的一种替代物，然后才能进行评价。由于指标和我们真正要评价的属性并非必然一致，因此就必须存在评价的效度问题。因为评价指向和标准的不明确，我们得到的并非我们想要评价的。

德育评价既存在着由于指标体系不够科学而导致的评价的信度、效度不高这一现象，同时也存在有些评价内容由于人们到目前为止还没有找到一个直接测量这种信息量的科学方法，从而使人们回避对这些因素的测评，加之评价指标过于抽象，操作性差，造成评价结论的主观性等问题，影响了德育评价的科学性。科学的德育评价需要科学的评价指标体系，而建立科学的评价指标体系的难度是很大的。德育评价的对象主要是人的活动，评价对象的特殊性、复杂性决定了德育评价的困难性，这在某种程度上也是评价指标体系不够科学的一个重要原因。

（二）德育评价的价值标准单一化、片面化

德育评价发展到今天，许多方面由于人们极端化的追求而走向它的反面。不仅无助于促进学生的健康发展，而且还阻碍着学生的发展，使学校

教师、学生成为评价的“奴隶”。评价片面强调知识的传递，忽视学生的主体价值，导致学生的畸形发展。最明显的表现就是德育评价在有些国家尤其是发展中国家，已演变成纯粹的道德说教和舆论教育。在许多情况下这种极端片面、狭隘的评价结果不仅没有延展出德育的丰富内涵，还忽略了学生作为人这个个体的独特性和发展性。越来越多的学校为了得到能在外观上反映出来的更为理想的评价结果，甚至不惜牺牲有助于学生发展的活动，而只将德育限制在狭小范围。尤其是在升学竞争中，无论教师还是学生都只重视同提高升学考试分数有关系的课程的学习，与升学考试无关的德育课程、德育活动则被忽视。不仅如此，即使升学考试科目的学习也是偏重知识的理解记忆以及单纯的运用，而忽视这些科目本来的认知能力、情感态度、价值观念的综合培养。所以在这种情况下，即使制订了比较均衡的课程学习计划，实际的教学与学习活动也会在升学考试的压力下失去平衡，更谈不上对人的全面培养和人格的塑造。

（三）德育评价的目的、功能极端狭隘化

德育评价的根本目的在于促进德育工作的改进和德育质量的提高，评价不是为了证明，而是为了改进。然而，由于人们在德育评价的过程中极端强化总结性评价，相对忽视形成性评价、诊断性评价，因而在多数场合下德育评价最终只能起到各种意义上知识灌输的评比，造成了一种知识传输式的德育现象。在实践中表现为把测验、知晓率作为评价的主要工具，评价的功能被窄化到仅仅是对被评对象做出某种资格证明，如选拔评优、分级排名次等，忽视了评价的诊断、调节功能和教育、改进功能。评价主要被用来鉴定、区分学生，选拔适合教育教学模式的学生，而不关注学生身心健康和人格发展。可见，德育评价的缺陷已从根本上束缚了学校教育。如果不从根本上改变这种状况，德育则很难发挥积极的促进作用。

在学校德育课程的建设中，我们尝试在已有的德育评价的基础上发展更多元的评价体系。基于我们的德育课程不是传统的说教德育，而是一种以体验式为主的德育课程，因此在评价中会更注重学生参与的体验与收获。体验式教育是一种全新的培训和教育形式，它最早源自库尔特·汉恩的外展训练学校（Outward Bound），通过野外训练让参加者提升生存和人际能力，改善人格和心理素质，体验式教育在大、中、小学也得到推广。体验式教育是教育者依据德育目标和学生的心理、生理特征以及个体经历创设相关的情境，让学生在实际生活中体验、感悟，通过反思体验和体验内化形成个人的道德意识和思想品质，在反复的体验中积淀成自己的思想道德行为。学生在各种体验中主宰自我、修正自己。他们在人际交往中，在日常行为中去体验、去感悟、去构建社会与时代所期待他们拥有的爱国情怀、民族精神、集体意识。

学校德育课程评价体系中搭建了教师和学生成长历程两条线索，并在两条线索中引入课前、课中和课后三个阶段的观察、测试和内省。在每个环节中引入多元的表达方式和印证过程，呈现出丰富而具有层次的德育课程评价效果。

三、德育评价的原则

德育评价是德育管理过程的重要环节，也是德育管理的重要手段。学校德育管理效果如何，学生的德性发展如何，德育评价在其中起着关键性的作用。构建切实可行的德育评价体系，科学开展德育评价是加强学校德育管理、推进学校德育科学发展的有效载体，也是德育工作的重要内容。

我们认为，学校及教师在开展德育评价时应遵循以下原则：

（一）发展性原则

德育评价的对象是可塑性强、正在成长发展的学生。其对象的身心发育特点，决定了德育评价必须坚持发展性原则，不仅考虑学生的过去，重视学生的现在，更要着眼于学生的未来；不但要促进学生在现有水平上的提高，达到既定育人目标，更要发现学生的潜能，发挥学生的特长，了解学生发展中的需求，帮助学生认识自我、增强自信、激发斗志。

以德育目标解析为例，在初中每个阶段的德育目标中看到学生成长的阶段性与差异性。如关于对自知的理解，我们认为是个体对自身的状况、需求、能力、成绩等方面在客观世界中所处的层次和关系的认知。自知是行为的前提，清晰的自知导致目的明确的行动，模糊的自知导致盲目的行动。自知是在与他人交往和与客观世界接触中吸收信息，再通过内心体验思考逐渐形成的，他人提示、评价是促进自知形成的重要途径。因为自身的需求、能力、成绩等有多个层次，所以自我认知只能逐渐深入；也因为自我欲望、情绪等会干扰个体对自己的正确认识，所以自知是一个困难的过程，不能正确认识自己的现象是很多的。

在对具体的德育目标达成的解读中，我们就七、八、九年级分别达成不同层次的自知水平。七年级学生能认识新环境的变化并积极做出从人际关系到学习生活节奏的适应性调整；能开始逐步认识自己的生理、心理的成长变化，为青春期的情绪调节做好准备；能初步认识到自己的社会责任，并能在生活、学习中树立较为长远的人生目标，思考人生方向。八年级的学生有基本的应对人际关系的能力；逐渐培养自己面对挫折、解决问题的能力，有意识训练自己的意志力；能坦然接纳生理、心理的变化并能科学认识到变化成长对于自己的意义；能初步明晰自己的人生目标，具有多角度看待问题的意识。九年级的学生能进行积极的情绪体验与表达，并对自己的情绪进行有效管理，正确处理厌学心理，抑制冲动行为；把握升学选择的方向，具有职业规划意识，树立早期职业发展目标；逐步适应生活和社会的各种变化，有较清晰的角色责任意识，并具有承担责任的能力。

在此基础上对学生提出正反两方面的示范，让学生明确发展的方向和边界，达成德育的目标。如自知养成的正面表现有谦虚谨慎、自知之明，不张狂自大，也不消极自卑；言行符合自身实际，能扬长避短；经常反省自身，不断克服不足，完善自己。而自知缺乏的具体表现有骄傲自满、自高自大，或消极自卑、自暴自弃；说话没分寸，不符合自己的角色或不适合当时的场景，该说的不说，不该说的口无遮拦；做事或胆小怕事、裹足不前，或自不量力、好大喜功，结果导致失败；没有自省和反思能力，也听不进不同意见，自以为是，固执己见。

（二）多元性原则

多元性原则主要包含三层含义：在评价的主体上，改变单一的教师评价为学校评价、教师评价、家庭评价、社会评价、学生自我评价和学生相互评价相结合，切实提高评价的科学性、针对性，使评价既做到量体裁衣，又起到激励、强化的作用。在内容上，不仅要评价学生的道德认知、道德行为，还要关注学生的情感因素，评价学生的兴趣、态度等在参与过程中的发展和改进。在评价标准上，既要有以德育目标为参照的统一标准，又要有以学生的纵向发展水平为参照的个性特点。

学校在德育评价过程中不仅仅聚焦课堂，还将评价延伸至家庭、社区乃至整个社会。

著名的心理学家温尼科特说：家是我们开始的地方。家庭教育是大教育的组成部分之一，是学校教育与社会教育的基础。家庭教育是终身教育。它开始于孩子出生之日（甚至可上溯到胎儿期），婴幼儿时期的家庭教育是“人之初”的教育，在人的一生中起着奠基的作用。孩子上了小学、中学后，家庭教育既是学校教育的基础，又是学校教育的补充和延伸。

本校多数学生家长是比较注重家庭教育的，家长对于孩子精神、思想、德育的重视程度也是很高的。家长在家庭教育中，对子女负有教育责任，是当然的教育者。这就要求家长在教育子女的问题上，要有民主作风，切不可自以为是。家长应当看到，随着孩子年龄的增长和受教育程度的提高，孩子们判断是非的能力在不断增强。因此当家长出现认识上的失误，而孩子的看法是正确的时候，家长一定要向孩子做出自我批评，决不可以含糊其辞，掩饰过去。学校通过家长课堂的方式将学生成长融入家庭的评价中，用家长与孩子一起成长的方式帮助家长更了解、理解孩子，让学生在此过程中树立正确的价值观念，具备健康的心理状态，从而达成健全人格的目标。

（三）过程性原则

德育过程决定德育结果，关注过程比关注结果更有意义。因此，教师必须把德育评价工作做在平时，作经常性的、多角度的观察，与学生一起收集保存学生发展状况的关键资料，了解学生的发展变化轨迹，清晰全面地把握学生在某个阶段的成长状况，使评价不再是期末的一个环节，而是贯穿于学生整个发展过程。近年来，一些学校建立学生成长档案袋、布置学生成长作业的做法值得借鉴推广。

学校要培养具有顽强意志品质、高度事业心、强烈求知欲、良好心理品质的学生。他们得学会生存、学会学习、学会发展。学校搭建学生成长平台记录学生成长过程。如建立学生成长档案，一方面让学生自我认识，了解自己并不断塑造自己；另一方面利用学生的反馈，家长、教师可以及时了解学生思想发展动态。随着社会的发展，人们意识的转变，接收信息的增多，受到外界的诱惑干扰增大，学生承受的各种压力也增多增大，有学生对社会不了解，承受挫折能力差，导致对生活失去信心产生消极情绪；也有学生抵制不了社会不良习气诱惑自暴自弃，出现反社会行为等情况。通过材料反馈分析可以及时发现学生存在的问题，有针对性地采取干预措施，使德育工作得以有效开展。

（四）个体性原则

虽然德育目标、德育内容针对一定阶段的学生群体是相同的，但德育评价的对象却是一个个性格各异、心身发育不同的学生个体。因此在开展德育评价时，在对学生提出统一要求的同时，要关注学生个体差异，针对不同的学生个体，确立不同的发展目标和相应的评价标准，做到德育评价因人而异，使学生在接受教育的同时，人人都能体会到成功的喜悦，让学生在自我赏识、自我激励中，向着既定的目标迈进，进而向更高层次发展，为学生有个性、有特色的发展提供广阔的空间。

心理学研究表明人与人之间有很大差异。有的人观察敏锐、精确，有的人观察粗枝大叶；有的人思维灵活，有的人思考问题深入；有的人情绪稳定、内向，有的人情绪易波动、外向；有的人办事果断，有的人优柔寡断，等等。这些差异体现了个体在能力、气质和性格上的不同，因此在实施德育课程评价时要充分考虑个体性原则。

（五）生态性原则

生态性原则即教师以德育现实为基础，在一种自然的生活情景中捕捉学生的德性信息，进行教育性评价，用自然有效的引导和鼓励，激发学生的内在潜质，使其不断进步、不停超越、追求完美。此时，德育评价与教育活动之间的界限是模糊的，学生在自然状态中真实地再现自我、接受教育。

学校德育评价始终以学生的生活实践场景、问题模拟场景、课堂创设情境中的个体体验开始，老师运用多种方式引导学生积极探究。通过师生或生生合作交流与整合，形成对相关健全人格要素的理解分析和场景应用，结合自己的已有经验进行反思和评价，引导学生在提出问题、分析问题和解决问题的过程中实现正向影响、健全学生人格。

学校开展的德育评价体系立足于公共生活，这是学生健全人格生成的基本路径。为学生创造和提供丰富的公共生活场域，引导学生探究解决公共生活中的实际问题，则是健全人格培养的基本思路。学校从人与自然、人与他人、人与社会和人与自然四个层面去打造学生的课堂生活、班级生活、学校生活、社区生活，突出学生的主体地位，让每一个学生都能有自主、充分、自由、和谐的宽领域、多层面公共生活场域，促进学生健全人格的生成，最终培育和提升学生与环境的和谐共生。

第三节　基于健全人格培养的德育课程化实施评价策略建构

本校是在 2003 年将国家级示范校双流中学初中部整体分离出来，建立的一所现代化学校。建校伊始，本校确立了“建设理念先进，质量一流，特色鲜明，素质教育、成果突出，省市知名，全国有影响，广泛参与国际交流的现代化名校”的奋斗目标和“促进学生全面协调发展，充分发展个性特长，培养健全人格”的育人目标。在深入分析和反思纷繁复杂的教育现象，解读和研讨《基础教育课程改革纲要（试行）》后，本校重点选择课程结构、教学过程和课程评价三个方面推进课程改革。高志文校长及其团队决心坚持不懈地追寻自己的教育理想——深化课程改革，系统构建校本课程，为我国基础教育在学校层面实施素质教育创造一个可借鉴的模式，评价体系的构建就是其中的重要工作之一。

一、评价策略建构总体说明

在破解德育及德育课程评价难题的探索中我们从观念的转变到实践的探索中逐步形成了德育的评价体系。经过几年的探索，本校形成了基于健全人格培养的德育常规管理工作评价体系、德育课程实施评价体系和学生德性成长评价体系，特别是德育课程实施评价体系和学生德性成长评价体系。

（一）树立正确的评价理念

为了提高德育评价的质量，我们必须树立以素质教育为核心的评价理念，倡导“立足过程，促进发展”的评价，通过评价促进被评价者的发展进步。与之相适应，健全人格德育课程的评价需要从教师和学生两类评价主体，过程和结果两个评价方向，形成性和总结性两种评价价值，去探索并形成可操作性评价方案。而学校以德育学科渗透、德育主题活动与主题班会德育相融合的方式形成显隐交替的培养健全人格的现代德育课程，更强调“知行统一”“活动体验”。我们需要通过评价改革促进课程实施，践行发展性评价理念，注重评价的过程性、综合性。在评价方式上，倡导师生自评、互评相结合，以激励为主。不但有量化的评价，还有描述性评价。不但有共同的评价标准，还要增加大量的个性化的评价要求。

（二）探索多元的德育评价讨论框架

如果没有德育评价的“讨论框架”，怎样思考、研究德育评价，怎样的德育评价方案是好的，如何考虑和排除评估中可能产生的偏见，收集的评估信息是否足够并确保真实，评估信息的综合是否科学等问题就难以被充分考虑。我们认为，德育评价至少需要考虑以下六个问题，它们构成了具体德育评价活动的“讨论框架”。

（1）谁要使用评价结果：是教师、学生、家长、学校，还是教育行政部门、家长委员会或社区教育委员会，或是上一级学校、招生单位？

（2）谁来评（评价者）：是学校内部的教师、学生、家长、校长、政教主任，还是外部的教育行政部门、社区、科研部门、中介组织？

（3）为何评（评价目的）：具体的德育评价目的是什么，是诊断、区分、评优、监测、问责还是选拔？

（4）评什么（评价对象）：是学校、年级、班级的德育工作，还是学生的品德发展情况？是综合的评价，还是单一的、专项的评价？

（5）怎么评（评价标准和评价方式）：选用怎样的评价方法、方式、工具、程序，制定怎样的标准，才能满足使用者的需要？

（6）怎样处理评价结果：如何处理评估中收集的信息？用怎样的方法表达结果？如何与结果使用者就评价结果进行有效的沟通？

这六个问题，彼此是关联的。而我们从人与自我、人与他人、人与社会、人与自然四个层面深化对健全人格概念的认识，进一步明确健全人格培养的德育课程目标体系。在此体系的引导下，从课堂生活、班级生活、学校生活、社区生活四种公共生活空间构建健全人格培养的德育课程框架。该框架应包含学生参与的课堂生活、班级生活、学校生活、社区生活四种主要公共生活场景以及相关课程实施以及评价，不同的评价均从以上六个方面进行思考和建构。

（三）建构丰富的德育课程评价体系

在课题研究的过程中，为了全面评价相关课程及其实施情况，我们构建了相关的评价标准，主要包括：各学科渗透健全人格教育量化评价表、班会课组织实施量化评价表、学校大型活动课程展示表现性评价表、学生人格成长写实记录性成长档案等。

三年来，德育课程的评价系统以课题研究为依托形成了“两结合”的方式，以此推动，逐步将学科健全人格课在全校、全学科范围内推进实施。

1. 课题组与教研组结合

在本校承办的省级重大、市级重点课题《基于健全人格培养的德育课程化实践研究》下成立专门的学科育人子课题，由各学科推选主研人员和阶段性研究人员专门参与研究。课题主研人员全程参与研究，他们是课题组的主要研究人员。阶段性研究人员由各学科教师轮流阶段性承担任务，通过这两种方式使每位教师都能参与到课题研究中，实现“以研促教”。教研组教师是德育活动的主要实施者和评价主体，他们深入研讨学习评价理论，不断修正完善评价体系。

2. 典型课与常规课相结合

以教研组为单位，各学科根据课题组要求每学期打磨一节健全人格精品课，在打磨的过程中提升学科教师健全人格教育的理念与能力，实现

“以磨促教”，推动整个学科健全人格课的实施，提升学科健全人格课的品质。

经过在学校健全人格教育方面三年的努力，学校德育面貌有了较大改善，学生与教师人格素养得到完善，教师的育人意识与能力得到提升。同时学校在健全人格学科课中取得了大量成果，以健全人格精品课为平台，教师学科教学能力得到提升，打磨出的多节课在省市乃至全国赛课中取得了不错成绩。

二、德育课程实施评价体系的建构

在实际操作中，基于健全人格培养的德育课程化实施主要通过三个方面进行实践，首先，在学科课堂中，依托学科课程，在课堂中融合健全人格目标，进行典型课例建设；其次，在班级管理中，重点通过班会课程进行基于健全人格培养的德育课程化实施；最后，在超班级集体活动中，通过超班级集体活动微课程及其相关主题序列的构建与实施，实现对学生人格的影响。

（一）重视课堂教学中健全人格课程目标的实现

课堂教学评价体系的建立和实施，可以充分发挥评价的导向作用，促进教师尽快转变教育思想，在课堂教学中更好地发挥教师的教育创新意识，达到改进课堂教学的目的。那么，怎样的课堂评价才能更好发挥作用呢？一要有清晰的标准，二要有可操作性。在三年的实践研究中，通过课题组与教研组深度融合，课题组依据对课堂教学目标设置、教学内容设计、课堂教学过程实施、课后教学总结四个方面的要求，编制出了一套可量化的评价标准，总课题按照评价标准，组织教师对每一节健全人格典型课进行评价打分，并组织现场评课，实现“以评促教”。教学评价要有有效、可量化的项目设计。为此，我们形成与之相适应的课程育人评价体系（见表7—1）。

表 7—1　学科课程育人评价体系

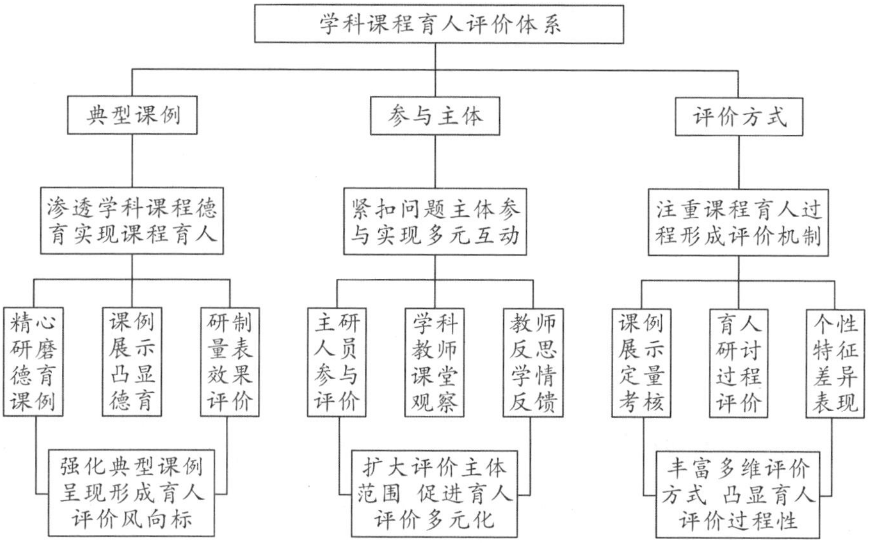

（二）调控超班级集体活动课程育人评价的内容与标准

活动评价是超班级集体活动育人工作的重要组成部分，具有诊断、导向、激励、调控等功能。通过活动评价，可以找到德育活动存在的问题，分析问题存在的原因，并提出解决问题的对策，以实现更好的育人效果。基于健全人格的目标体系，德育活动主题实施分阶段评价，力求在各阶段做到德育理念的渗透和体现，保障学生的主体参与性，通过课程化实现健全人格的育人目标。同时通过活动评价找到活动中所存在的问题，并提出解决问题的对策，实现评价工作与指导工作相结合以增强德育效果。

（三）形成主题班会课、常态班会课评价标准

班会课程评价是指依据一定的客观标准，对班会教育活动及其结果进行测量、分析和评定的过程。它以参与教育活动的教师、学生、教育目标、教育内容、教育方法、教育形式、教育手段等因素的有机组合过程和结果为评价对象，是对教育活动的整体功能所做的评价。对教师来说，可以及时了解学生的班会课开展情况，获得教育效果的反馈信息，分析自己

教育活动的优缺点，更好地提高育人水平。本校通过课题研究形成了主题班会课和常态班会课的相关评价标准，并在使用的过程中逐步完善与细化。

三、学生德性成长评价体系建构

为提高教育质量，落实立德树人的根本任务，中共中央办公厅、国务院办公厅印发了《关于进一步减轻义务教育阶段学生作业负担和校外培训负担的意见》（即“双减”）。“双减”政策的实施，能够有效减轻学生的学业负担，提高学生的学习兴趣，使学生德智体美劳全方面发展。落实到学校就迫切要求改变以往以成绩为标准的学生评价方式，转向由对学生德智体美劳综合素质的评价。当学生不再唯成绩论，结合每一位学生实际情况，因材施教就很必要。在成都市综合素质评价系统基础上，本校结合实际情况，开发适切的校本综合素质评价体系，进行学生德性成长评价体系建构。

（一）开发校本综合素质评价系统

成都市综合素质评价系统以写实记录为主，记录分为思想品德、学业水平、身心健康、艺术素养、综合实践 5 个大类。在成都市素质综合评价系统写实记录的基础上，我们还整合学生基本信息、学生日常行为表现、学生在校各项活动、心理档案等，形成以学生评价与学生规划为主的学生成长记录手册。评价以学年为单位，将学生自评、学生互评、家长评价、教师评价等项目巧妙地融入学生的成长档案之中。规划以学年为单位对品德表现、学业水平、身心健康、艺术素养、社会实践等方面做初步的学年计划。我们将两个系统整合成本校校本化学生综合素质评价系统。

（二）建立班级学生成长导师工作制度

为了将学科教师育人落到实处，本校建立了以成长导师为核心的学生成长导师工作制度，把学科教师的育人活动以制度固化下来。每位学生在初中三年中除班主任外，配备一名固定成长导师。成长导师由学生本班学科教师担任，一位导师指导5—10名学生。成长导师与学生双向选择结对，同时班主任根据学生兴趣爱好、学习优势、个性特点等结合教师教育教学特点进行调整。成长导师从学习、生活、心理方面密切关注学生，定期与学生进行交流、谈心，在对学生充分了解的基础上进行个性化的指导。成长导师是学生综合素质评价的负责人，通过成长导师与学生深入持久的交流，全面了解学生各方面的表现，以校本化的综合素质评价为载体帮助学生梳理生活事件，指导学生高质量收集、整理、遴选出具有代表性的活动记录和典型事实材料，确保每一位学生均有规范的典型性材料计入档案，同时引导学生利用写实记录进行分析，实现学生对自我的认识，找到适合学生的成长路径，形成对未来的规划。

（三）进行常态综合素质记录与评价

综合素质评价的使用以客观记录为前提，它是学生初中三年学习、生活点点滴滴的记录式再现，能够全貌式地呈现学生成长发展的动态过程。综合素质评价的记录要求一般包括两个方面：第一，要写实，避免弄虚作假，即要求所作记录实事求是、客观准确，以保证成长档案的真实性；第二，要及时，避免集中突击，即要求开展活动后及时记录，那么就需要学校和家庭提供随时或定期记录的机会，但初中阶段学生在电脑上填写并不方便。因此，我们把综合素质评价工作及学校日常班会课、信息技术课融合在一起，在固定时间内为学生提供填写机会，由成长导师指导学生，这样在保证及时性与真实性的同时，使综合素质评价在学校的填写工作常态化。

（四）建立“星级学生”“星级班级”评比体系

对班级，建立日常行为管理、清洁卫生管理、两操管理等相关规范，通过学生干部对各班环境卫生、班级纪律、文明言行和校服穿着等进行量化检查和奖牌奖励，及时反馈，激发学生的集体荣誉感，实现管理的德育功能。对学生，建立以写实记录为基础的综合素质评价，自主开发相关网络工具，以学年为单位，将学生自评互评、家长评价、教师评价等项目巧妙地纳入星级学生评比体系（见图 7—1），融入学生的成长档案之中，定期安排成长导师指导学生填写成长档案并开展生涯教育。

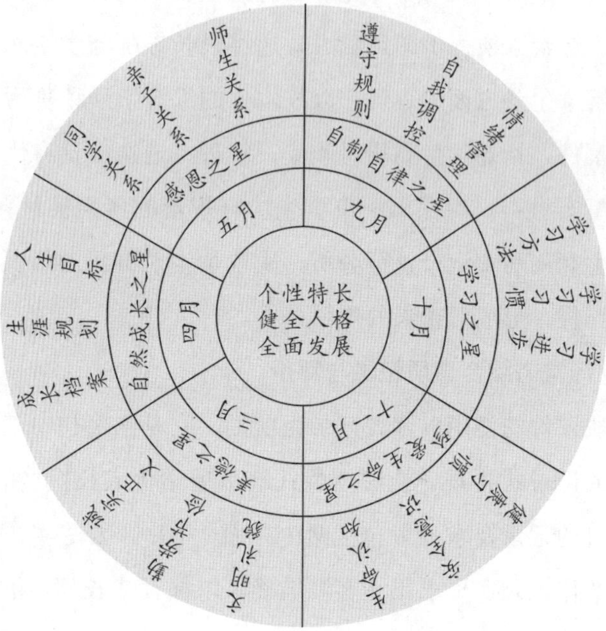

图 7—1　星级学生评比体系

健全人格的培养是一个反馈、强化，逐步内化的过程，以主题活动的展开为线索，开展学生喜爱的评价活动，如“星级学生”评比体系、“星级班级”奖牌体系、“星级学生干部”评价体系等，进一步引领同学们自主管理、自我成长。

第八章

基于健全人格培养的
德育课程化实施相关案例

学校从学科德育课程、班级管理主题班会课程、超班级大型活动课程三个方面全面落实健全人格的德育理念，将科研成果融入教育教学，同时通过教育教学检验、丰富科研成果。教师们依托课题研究，精进课程开发能力，打造典型学科课例和活动案例，建立学校德育课程资源库，为学生健全人格的发展提供了有力的保障，在区域内起到很好的辐射引领作用。

第一节　学科课程育人教学案例

爱成都　迎大运——积极参与社会生活

成都双流区立格实验学校　胡　燕

一、《义务教育思想品德课程标准》（2011 年版）

具体内容为（三）我与国家和社会

1.1　关注社会发展变化，增进关心社会的兴趣和情感，养成亲社会行为。

1.4　知道责任的社会基础，体会承担责任的意义。

1.6　积极参与公共生活。

二、教学内容分析

本课属于八年级教材，是正式开启社会生活学习的第一课，主要阐述社会生活中现实生活部分的相关内容，通过对“我与社会有怎样的关系”的探讨，引导学生理解个人与社会相互依存的关系，进而对“个人如何能更好地融入社会”进行思考，从而懂得青少年可以借助社会提供的条件得到培养和锻炼。由此才能真正理解“亲社会行为”的重要性，进而树立积极的生活态度，乐于参与、融入社会生活，培养了解、关心、融入、服务、奉献社会的意识和动力。本课题对学习本册第三单元“承担社会责任”具有基础性作用。

本课时整合设计八年级上册第一单元“走进社会生活”第一课《丰富的社会生活》为一堂综合实践活动课，融收集资料、问卷调查、现场采访、行动落实为一体，以成都正如火如荼筹备的大运会为主题，基于学生在实际生活中的所见所闻，了解家乡的发展变化和正在发生的“成都大事”，深切感知个人与社会的相互依存关系。通过查阅收集大运会的相关资料和采访双流赛区组委会办公室工作人员及周边居民，激发“让家乡更美好”的主人翁意识，并身体力行关注、分享、奉献等亲社会行为，宣传大运会、助力大运会，在社会实践中提升个人价值，从而，提高学生关心社会和服务社会的责任意识、自尊自信和积极向上的健全人格等核心素养，实现课程目标。

三、学情分析

八年级学生处于自我建构的心理关键期，需要教师提供专业的引导，帮助其认识和理解“我与社会”的关系，进而知道如何“在社会中成长”。但由于经验欠缺和价值观不够成熟，部分学生存在社会参与的畏难情绪，有的缺少人生目标，疏于参与社会生活；有的孤芳自赏，亲社会行为有待加强。本校长期开设各学科综合实践活动课程，学生有固定时间参与各类实践。本课将遵循学生特点，抓住学校提供的契机，从学生的具体生活场景和经验出发，引导其在实践活动中体会个人与社会的关系，认识到亲社会行为可以帮助青少年更好地融入社会生活、促进个人发展，在承担社会责任的同时获得个人价值的提升，从而建构起积极丰满的自我认知，形成健全人格。

四、学习目标

1. 关注社会发展变化，感受社会生活的美好，明白个人成长发展离不开社会，增进关心社会的兴趣和情感；发展关心社会的责任意识。

2. 总结个人与社会相互依存的关系，知道责任的社会基础；发展关心社会的责任意识。

3. 用实际行动关注社会，积极参与社会生活；发展自尊自信和积极向上的健全人格及关心社会和服务社会的责任意识。

4. 理解亲社会行为的重要性及培养途径，表述个人、社会与亲社会行为三者之间的关系，提高和增强关心、服务、奉献社会的意识和动力；发展关心社会的责任意识和培养积极向上的健全人格。

五、评价任务

1. 针对学习目标 1，能够依据材料准确说出成都获得此次大运会主办权的原因，总结"成都实力"，为家乡自豪。

2. 针对学习目标 2，能够根据课本内容完成学案中思维导图并用语言归纳个人与社会相互依存的关系。

3. 针对学习目标 3，能够通过采访、实地考察、问卷调查、宣传、创作等实际行动关注、支持大运会。

4. 针对学习目标 4，能够总结"亲社会行为"的表现、意义及培养途径，并完成学案中它与个人、社会之间的关系图。

六、教学过程

（一）导入新课，激发兴趣

教师活动：播放成都大运会公众号最新发布的宣传片《爱成都·迎大运》，引出大运会话题。

学生活动：观看视频，感受成都文化与大运会激情碰撞的美，体会社会生活的绚丽多彩，期待课堂的展开。

过渡语：2022 年（后改期 2023 年）即将举行的第 31 届世界大学生夏

季运动会，是咱们成都的大事。当大运会激情与成都文化相遇，会碰撞出怎样绚烂的火花呢？让我们拭目以待！

设计意图：运用学生熟悉的社会热点事件引发学生兴趣，快速进入主题。

（二）讲授新课（情境体验、问题探究式）

第一篇章：承办大运会，我为成都而自豪

一、成都，我们值得拥有

教师活动：播放视频后简介成都取得主办权的意义，并设问：你认为此次举办权为何“花落”成都？

学生活动：根据学案中提供的信息，总结归纳成都取得此次大运会主办权的多方面原因，了解、关注成都发展现状，见证成都实力和魅力，感受社会生活的美好，认同家乡，为家乡自豪。

过渡语：成都令人瞩目的发展速度为世界赛事提供硬件支撑，运动已成为文化符号融入城市基因，多元文化、古蜀文明给世界看中国有了更多的视角，接轨国际为赛事提供了最强有力的保障。改革开放40多年来，成都发展的加速度浓缩了中国社会日新月异的变化，我们为家乡点赞，为身为成都人而自豪！

二、我们，共享时代机遇

教师活动1：设问：大运会给成都带来哪些发展机遇？对个人成长有何积极作用？

布置学习任务1：从经济增长、城市建设、国际影响力等方面进行讨论，并分析这些机遇对我们个人成长有何作用。

学生活动1：完成学习任务1，达成学习目标1。

根据课前收集的资料以及观察生活所得，小组讨论并归纳大运会带给成都的发展机遇，并从自身感受出发，列举这些机遇带给个人成长和发展的积极作用，从而理解个人的成长离不开社会。我们的成长是不断社会化的过程，每个人都能从生活中获得物质支持和精神滋养。

教师活动 2：设问：城市的发展让市民得到实惠，市民的积极参与让城市充满活力！个人与社会有何紧密联系？

布置学习任务 2：根据课本内容完成学案中思维导图或用语言归纳个人与社会相互依存的关系。

学生活动 2：完成学习任务 2，达成学习目标 2。

从大运会带给成都的发展机遇对个人的积极影响和成都市民共享共建城市环境两方面总结出个人与社会相互依存的关系，激发关注和参与大运城市建设的热情，发展关心社会的责任意识。

过渡语：人的身份是在社会关系中确定的。个人与社会相互依存，个人是社会的有机组成部分，个人的成长发展离不开社会，社会的发展需要个人的努力。大运会让广大市民见证城市的变化、分享赛事的红利、获得“成都人”的荣誉感和归属感，也让我们确信：共享大运，人人有责、人人尽责！

设计意图：通过播放视频和引导学生分析材料，回答大运会举办权为何“花落”成都，促使学生见证成都实力和魅力，感受社会生活的美好，认同家乡；通过引导学生思考和证实大运会给成都带来的发展机遇及对个人的积极作用，深刻理解个人与社会相互依存的关系，增进学生关心社会的兴趣和情感，发展关心社会的责任意识。（健全人格教育：意识倾向——认知——人生观要素）

第二篇章：迎接大运会，我们在行动

教师活动：展示“大运会关注度调查”本班问卷结果，采访同学、市民对于大运会的了解情况。我们发现许多受访者对大运会关注度不高，甚至认为与己无关。

布置学习任务 3：通过采访、实地考察、问卷调查和宣传、创作等活动，用实际行动关注、支持大运会。

学生活动：思考大运会关注度不高的原因，如何改变这种状况。

完成学习任务3，达成学习目标3，通过综合实践活动，用实际行动关注、支持大运会，积极参与社会生活，在各项实践活动中学会合作，进行有效人际交往与沟通。

一、双流已经准备好

教师活动：展示“小记者”外出采访双流赛区组委会办公室人员及场馆负责人并实地考察场馆及周边设施的照片及成果。

学生活动：我是小记者——外出采访

1. 采访

采访双流赛区组委会办公室工作人员及场馆负责人，了解双流的筹备工作及成果，并实地考察场馆，细心观察周边设施，见证双流的实力和努力。

2. 汇报采访成果

过渡语：感谢小记者们带领大家近距离了解双流场馆的准备情况，也让我们见证了这个航空经济之都的实力。当然，在小记者团队辛苦奔波的同时，其他几个小组也没闲着，他们都在忙些什么呢？

二、我们分头在行动

教师活动：展示调查组、宣传组、创作组学生分工合作实施行动的照片及调查组问卷调查的结果。

学生活动：

1. 我是调查员——问卷调查及分析

制作和发布问卷星——大运会关注度调查，调查对象包括本校学生和成都市民，分析并汇报问卷结果。

2. 我是宣传员——校内外宣传

为提高校内同学和市民们对大运会的关注和支持，宣传组同学用各种方式呼吁大家支持大运会，做文明成都人。

3. 我是创作者——成都之音

用英文宣传、四川话宣传、歌曲创作等形式展示成都魅力，用创造回馈成都，让更多人听到成都声音。

过渡语：同学们用自己的方式迎接大运会，我们在一系列的实践活动中收获欢笑也收获成长。接下来让我们跟随各小组代表一起欣赏大家的成果吧！

设计意图：带领学生通过采访、实地考察、问卷调查和宣传、创作，用实际行动关注、支持大运会，积极参与社会生活，在各项实践活动中学会合作，进行有效人际交往与沟通，发展自尊自信和积极向上的健全人格及关心社会和服务社会的责任意识。（健全人格教育：心理特征——性格——自尊、自信要素）

第三篇章：助力大运会，我与成都共成长

一、我们，成都值得拥有

教师活动：展示宣传组和创作组成果。

布置学习任务 4：各小组进行活动总结，谈谈此次活动的感想与收获，并由此思考“亲社会行为”的表现、意义及培养途径，并完成学案中它与个人、社会之间的关系图。

学生活动：1. 宣传组展示校内七、八年级学生制作的“关注成都大运会，做好文明成都人”主题手抄报及校外向社区居民宣传与互动的留言卡片，并分享宣传时发生的故事。

2. 创作组展示自己介绍成都的英文演讲——Welcome to ChengDu、演唱改编歌词后的歌曲《团圆——成都》、快板表演《川话成都》，并与同学互动。通过热烈的活动气氛激发学生参与社会的热情与自豪感。

完成学习任务 4，达成学习目标 4。

学生总结此次综合实践活动开展过程中及收获成果后的切身感受，思考这些行为的特点、意义，领悟亲社会的意识及行为是可培养的，并已在实践中得以实现，最后完成学案中它与个人、社会之间的关系图。

过渡语：大运会不仅是成都，也是每一个成都人面临的新机遇。通过助力大运，我们更加愿意关心和服务社会，获得了分享与奉献带来的无限快乐，在实践过程中不断发展和成就自己，实现自己的人生价值。积极投身社会实践是实现亲社会的主要途径。

二、奉献社会，实现价值

教师活动：（展示图片）大运会筹备过程中各行各业的工作者以及成都街头、各地疫情中坚守岗位履行职责、倾力奉献帮助他人的人。

学生活动：视角从成都走向全国，感受生活中的责任与温情，明白积极参与社会生活、实现个人价值，是承担责任的需要，也是个人一生的修为，从而实现情感的升华。

设计意图：通过各组成果展示及活动总结反思，引导学生深切理解亲社会行为的表现、意义及培养途径。从意识到行动，充分激发学生回馈家乡、奉献社会的热情，积极投身社会实践，培养其服务社会的担当精神。通过展示大运会筹备过程中各行各业的工作者及各地疫情中坚守岗位履行职责、倾力奉献的人，带领学生的视角从成都走向全国，感受生活中的责任与温情，明白积极参与社会生活，实现个人价值，是承担责任的需要，也是个人一生的修为，从而实现情感的升华。（健全人格教育：意识倾向——认知——人生观要素）

（三）课堂总结

结束语：除了我们，参与此次大运会的建设者、志愿者以及各部门的工作人员，都是服务大运、助力大运的一分子。他们都在以不同的身份和角色，充当着这座城市的守护人，人生价值在服务社会和奉献社会中得以实现。正如巴金先生所说："生命的意义在于付出，在于给予，而不是在于接受，也不是在于争取。"愿我们用责任与奉献点亮生活，与成都、与祖国共成长！

七、板书设计

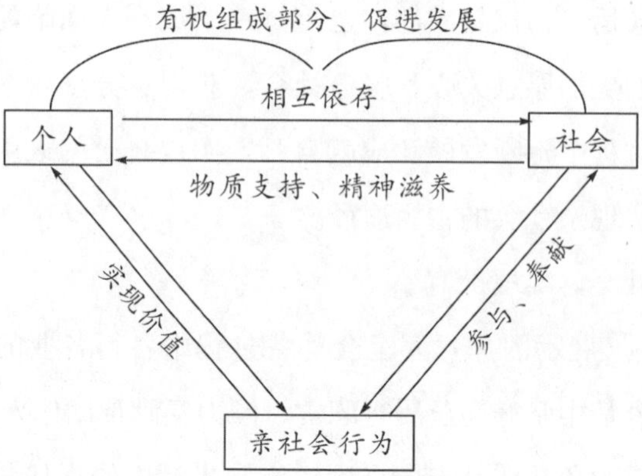

八、教学反思

本课从大单元设计到指导学生参与综合实践的各个活动再到录课完成，是一个充满创新喜悦、活动乐趣与收获惊喜的过程，设计和课堂亮点令我充满成就感。

本堂课最大的亮点是独一无二的本土资源，丰富多样的教学成果，学生参与面广、参与热情高涨，收获颇丰："爱成都　迎大运"手抄报、互动留言卡、英文宣传、四川话宣传、歌曲创作等。学生在亲身实践和总结反思中深刻理解和践行亲社会行为，体验参与和奉献，明确责任与担当，这是无法直接从书本上获得的。本课真正带领学生积极参与了社会生活，很好地达成了课标要求及核心素养目标。

本堂课是大单元设计与综合实践活动相结合的一次成功尝试，让我更加深刻理解了道德与法治的学科特点：实践性与综合性。今后将会做更多的尝试与努力，践行本学科的育人价值，带领学生与时代共成长！

本课的板书设计用形象、简洁的方式呈现了个人与社会相互依存的关系及与亲社会行为之间的内在联系，使学生易于理解和掌握，课堂效果良好。

本次活动最大的收获是学生的成长，除了观察、分析和交流合作能力的提升，还有特长与潜能的发掘。短时间内的创作、表演能力，无一不令我惊叹，这也是我这堂课最大的收获。

九、学情反馈

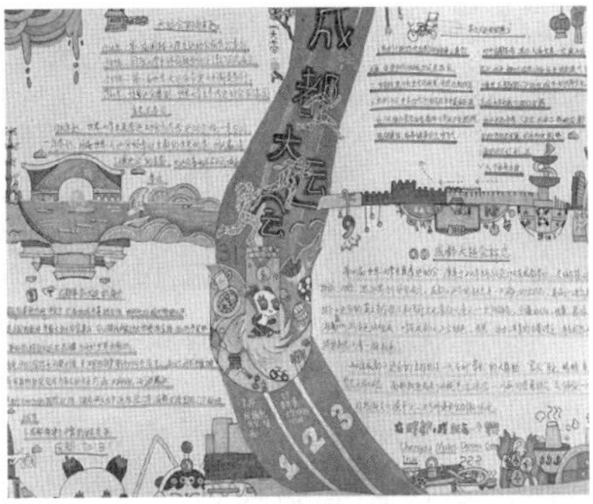

有效渗透情感态度与价值观的历史教育

——《抗日战争的胜利》教学设计

成都双流区立格实验学校　胡敏霞

一、教学背景分析

（一）课标要求

知道中国共产党第七次全国代表大会的主要内容；了解日本投降的史实；探讨抗日战争胜利的原因及历史意义。

（二）教材分析

本课选自部编版八年级下册第六单元第22课《抗日战争的胜利》。中国抗日战争作为一场空前规模的民族解放战争，不仅对中国的历史进程产生了巨大影响，而且对世界反法西斯战争的胜利做出了重要贡献。

在抗战进入相持阶段后，日本调整了对华政策，竭力分化抗日民族统一战线。汪伪政权的建立、皖南事变的发生，使中国人民的抗战再次遇到挫折。但全民族坚持抗战，各党派、各阶级、各民族同仇敌忾、共御外辱，展现出空前的民族凝聚力。随着世界反法西斯战场捷报频传、中共七大召开，中国战场也发起战略反攻，最终取得抗日战争的胜利。

从本单元看，学生已经知道、了解部分抗日战争中的事实，探讨抗日战争胜利的原因及历史意义及感知抗战精神是本课的重点。

（三）学情分析

八年级5班的同学在学习了一年多的历史课后，具备了一定历史基础知识和综合分析能力。此外，该班部分学生具有较高的历史学习热情，乐于参与各类教学活动，愿意分享和表达自身观点。教师可以结合学生个体差异制定个性化活动方案，引导学生深入思考，使学生能够更加理性地分析问题。

二、教学设计思路

基于以上认识，对本课的教学线索做了如下设计：

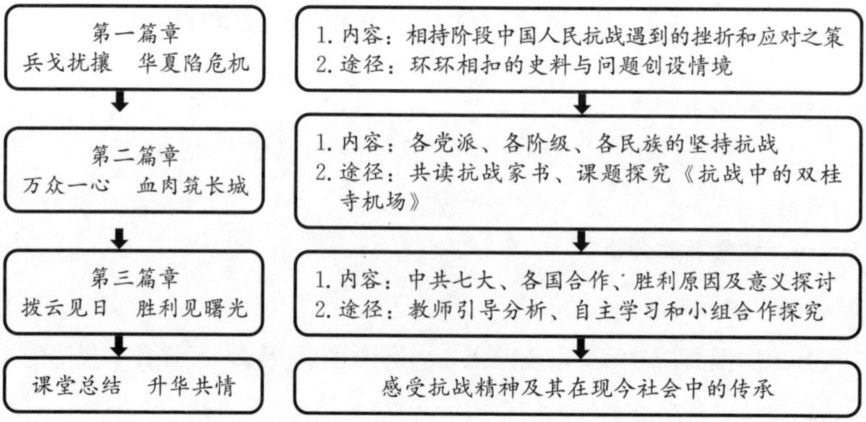

三、学习目标

1. 通过分析皖南事变后中国共产党的应对策略，诵读张自忠、左权的书信，观察抗战不同群体老照片组图，参与或聆听课题探究《抗战中的双桂寺机场》等，多角度提取历史信息，探寻抗战胜利的原因，增强民族认同感，感受家国情。

2. 通过视频了解中共七大概况，日本投降的史实，训练学生抓取关键词记忆历史知识的能力。

3. 通过时间轴将中国抗战置于世界反法西斯战争的大历史时空中，去分析历史的因果联系，理解抗战胜利的意义。

4. 基于健全人格培养的学习目标解读。通过了解中国共产党人即使经历了皖南事变和日军扫荡根据地，经济严重困难，也仍然坚持抗战的史实，培养学生的历史叙述能力；并体会以共产党人为代表的中国人民的百折不挠、坚忍不拔、愈挫愈勇是中华民族取得抗日战争的胜利必不可少的精神品质。

通过诵读张自忠、左权的书信，感受国共抗日名将不畏强暴、血战到底的英雄气概，甘于奉献、舍小家为大家的献身精神。通过提取照片信息，通过“双桂寺机场”的课题研究，感受普通人在抗战中“天下兴亡，匹夫有责”的爱国情。从历史信息的提取中，学生感受到个人与群体、个人与社会、个人与国家的关系。

四、教学重难点

1. 教学重点：中共七大的主要内容、抗战胜利的原因和历史意义。

2. 教学难点：抗日战争胜利的原因。

五、教学过程

（一）导入：设境激情

出示“中国战区日本投降签字仪式”老照片，提问：这一幕发生在何时呢？

设计意图：用老照片创设情境，拉近历史时空距离，激发学生探寻历史真相的兴趣，从而快速进入课堂。

（二）讲授新课（对话—问题式）

第一篇章：兵戈扰攘，华夏陷危机——触景生情　意领神会

教师活动1：展示地图，回顾抗战的形势；出示材料，提出问题：根据材料，日本国内出现了什么问题？

学生活动1：观察地图，分析史料，提取关键词，回答问题。

教师活动2：追问接下来日本对华策略会发生怎样的转变呢？新的对华策略引发了怎样的后果呢？

学生活动2：阅读教材，思考并回答日本对华策略的转变。

教师活动3：展示国共两党的不同做法；播放皖南事变视频，提出问题：如果你是当时的中共党人，在皖南事变发生后，你会是什么感受呢？你又会怎么办呢？在学生完成回答后，总结中国共产党人的应对之策及结果。

学生活动3：观看视频，并阅读教材相关史实，小组讨论皖南事变的应对之策。

设计意图：

通过历史地图观察、史料分析、视频补充等，创设场景，拉近历史与现实的距离，在训练学生学科核心素养能力的同时，用历史的细节潜移默化地感染学生，形成人格正向发展的契机。如：

（1）通过引导学生观察地图、分析材料，提高学生提取信息的能力，逐渐形成论从史出的历史思维；通过了解中国共产党人即使经历了皖南事变和日军扫荡根据地，经济严重困难，仍坚持抗战；体会百折不挠、坚忍不拔、愈挫愈勇是中华民族取得抗日战争的胜利必不可少的精神品质。（健全人格教育：意识倾向——意志——坚忍性要素）

（2）通过对皖南事变细节的补充，体会中国共产党在皖南事变后沉着

应对的政治智慧和共御外辱的大局意识，从而理解中国共产党在抗战中发挥的中流砥柱作用。

第二篇章：万众一心，血肉筑长城——引导拓延　升华共情

教师活动 1：在背景音乐的铺垫下与学生共同讲述张自忠将军枣宜会战的故事，与学生共读张自忠将军写给全军将士的绝命书。

学生活动 1：听故事并诵读书信，从中感受抗日名将不畏强暴、血战到底的英雄气概。

教师活动 2：邀请学生诵读左权写给妻子刘志兰的家书。提问：读了这封信，你觉得笔者是一个怎样的父亲、丈夫呢？在背景音乐的铺垫下，讲述抗战中的左权将军在太行山根据地牺牲的故事。

学生活动 2：诵读左权将军写给妻子的家书，从中感受左权将军甘于奉献、舍小家为大家的献身精神。

教师活动 3：出示照片组图，引导学生观察有哪些普通人积极参与抗战？

学生活动 3：观察照片组图，从中列举积极参与抗战的不同阶层、不同身份的人，感受个人与群体、个人与社会、个人与国家的紧密关系。

教师活动 4：组织小课题探究小组汇报“双桂寺机场的修建”探究过程，小组成员讲述在抗战时期双流民众支持抗战的故事。

学生活动 4：研究小组汇报小课题探究成果。双桂寺机场修建的原因、过程及在抗战中起到的作用，感受抗战中天下兴亡、匹夫有责的爱国情。

设计意图：

通过师生合作讲述张自忠、左权的抗战故事并诵读书信，感受国共抗日名将不畏强暴、血战到底的英雄气概，甘于奉献、舍小家为大家的献身精神。通过生生探究“双桂寺机场的修建”活动，了解抗战年代中双流民众为支持抗战做出的贡献，感受抗战中从抗战将士、社会名人、普通人等不同阶层、不同身份的中国人心中“天下兴亡、匹夫有责”的爱国情。使

学生从讲述和探究中感受个人与群体、个人与社会、个人与国家的紧密关系。(健全人格教育：意识倾向——认知——人生观要素)

第三篇章：拨云见日，胜利见曙光——合作探究　升华共情

教师活动1：出示1945年《抗日战争反攻形势图》，提问抗战的形势发生了怎样的变化，由此引入中共七大召开背景，并播放中共七大主要内容的视频，组织学生通过学案填写掌握中共七大会议内容和作用。

学生活动1：观察分析地图，从中发现抗战形势的变化；阅读教材完成学案，掌握中共七大召开的内容及作用。

教师活动2：出示世界反法西斯战场大事件时间轴，构建时空观；播放日本投降签字仪式视频，拉近历史与现实的距离。

学生活动2：观察分析世界反法西斯战场大事件时间轴，完成学案填写；观看视频，了解日本投降签字仪式的史实。

教师活动3：引导学生回顾近代以来中国经历的签字仪式，提问这一次签字仪式与以往有何不同，组织学生分小组讨论抗日战争取得胜利的原因有哪些，并结合所学分析抗战取得胜利的历史意义。

学生活动3：小组讨论抗日战争取得胜利的原因；理解抗战胜利的历史意义。

设计意图：

(1) 通过引导学生观察地图，完成世界反法西斯战场大事件时间轴，构建时空观念；通过分小组讨论抗战胜利的原因，引导学生回顾总结课堂所学，通过引导锻炼学生分析史料、观看视频提取信息，从而不断积累逐渐形成论从史出的历史思维。

(2) 通过对抗战胜利原因的讨论，回顾14年坚持抗战的过程，使学生理解正是对和平的渴望、对正义的坚守，才能赢得世界反法西斯力量的支持；正是无数中华儿女将个体的生命价值、个人荣辱与国家生死存亡紧密相连，全民族的坚持、民族团结抗战意识的觉醒，才使我们获得了最终的

胜利。体会在全民族的团结一心、坚持抗战下形成的强大合力，这种合力并不是简单个人力量的相加，而是一种巨变和升华。依靠这种力量，能够完成个人无法完成的任务，最终我们取得了抗日战争的胜利。这样使学生感受个人与群体、个人与社会、个人与国家的关系，个人命运往往与国家命运紧密相连。（健全人格教育：意识倾向——认知——人生观要素）

（三）课堂总结

教师活动：引导学生回顾为争取民族独立、赢得抗战胜利而不懈奋斗的中华儿女铸就了百折不挠、坚忍不拔、愈挫愈勇的抗战精神，结合现实引导学生理解抗战精神的现实意义。

学生活动：认真倾听教师讲述，体会在今天抗疫、抗洪中抗战精神的传承，树立历史责任感和使命感。

六、教学板书

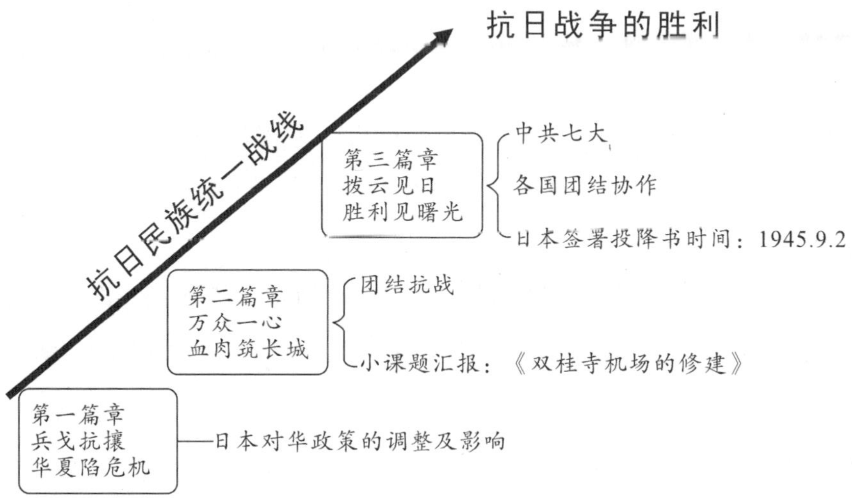

七、教学反思

1945 年抗日战争的胜利对中国乃至整个世界都是意义重大、影响深远的。这场胜利离不开全民族 14 年的坚持抗战，中国人民在抗战岁月中铸就了伟大的抗战精神。探讨抗战胜利的原因和感知抗战精神进行家国教育是本课要解决的重要问题。战争已经远去，这是八年级学生难以超脱现实生活去理解和感悟的。因此，本课在设计上力图创设适宜的历史情境形成认知冲突推进课堂教学，深入挖掘不同政党、不同阶级的人物，以丰富的史料和问题引发学生思考，使之能够归纳抗战胜利的原因，感知抗战精神。

此外，为了突破教学难点，使学生更加深刻地认识抗战胜利的原因，即全民族的坚持抗战是抗日战争取得胜利的决定性因素，我以双桂寺机场（今成都双流国际机场的前身）为课题探究的对象，设计了“抗战中的双桂寺机场”探究活动。小课题的选定源于教研组晋云萍老师对于双流历史的关注，一次偶然的聊天让我了解到了双桂寺机场的由来——为支持抗战而生的机场。通过查阅电子文献、档案材料，双桂寺机场修建始末在1938—1943年间的一页页泛黄公文中呈现出来，测量征地、拆迁补偿事务的烦琐和迅速、物资的紧缺和条件的艰苦以及一封封催发的财政拨款等使我被这段历史所吸引和感动。双桂寺机场修建的故事背后就是抗战岁月中一个个平凡人在民族危亡时刻的坚持抗战。它的故事生动地诠释了抗战取得胜利的决定性因素——全民族的坚持抗战。这使我萌发了带领学生走进双流区档案馆、图书馆去探秘这座机场前世今生的想法。这一环节的设计意图如下：

（1）突破教学难点，同时发挥史学的育人价值，了解抗战年代中双流民众的爱国情、爱国行，进一步增加对家乡的了解，激发对家乡的认同感、归属感和自豪感。

（2）适应学生个性化发展的需要，本班有个别同学对战争史具有浓厚兴趣。

（3）在教师成长中尝试发掘地方史资源进行史料教学。

在备课过程中，我以全民族的坚持抗战为主线，以不同身份、不同阶级、不同政党面对战争的冲突与抉择突破本课的难点（理解全民族的坚持抗战是取胜的决定性因素）并突显中华民族的抗战精神。

在第一篇章“兵戈扰攘　华夏陷危机”中创设情境——国共摩擦之下皖南事变的经过，让学生分享假如自己是当时的共产党人在皖南事变后的心情和应对之策，对比中国共产党采取的策略，体会中国共产党沉着应对的政治智慧和共御外敌的大局意识，渗透意识倾向维度：情感板块——理智感要素。通过补充历史细节，中国共产党人即使经历了皖南事变和日军扫荡根据地，经济严重困难，仍坚持抗战，使学生体会百折不挠是中华民族取得抗日战争的胜利必不可少的精神品质，同时渗透意志板块——坚忍性要素。这样的呈现方式有赖于晋云萍老师的意见，在语言的组织上教研组组长何玲老师给了我极大的帮助。

在第二篇章“拨云见归·胜利见曙光”中以不同身份、阶级、政党的人面对战争的冲突与抉择体现课魂——抗战精神。通过音乐铺垫，学生诵读张自忠遗书以充实德育的意蕴，感受国军抗日名将不畏强暴、血战到底的英雄气概；通过学生诵读八路军将领左权写给妻子的书信，提问“这是一个怎样的丈夫、父亲”，补充左权将军一生中罕见挂着笑脸的一家三口照片以及牺牲经过，感受将军的侠骨柔情，突显其在家与国之间的抉择，体会左权将军甘于奉献、舍小家为大家的献身精神。同时挖掘双流本土地方史资源，通过“双桂寺机场的修建”探究活动，了解抗战年代中双流民众为支持抗战做出的贡献，感受抗战中普通人“天下兴亡、匹夫有责”的爱国情。学生从中感受到全民族的团结与坚持抗战形成了一股强大的合力，最终我们才能够取得抗日战争的胜利；明白个人与群体、个人与社会、个人与国家的关系，个人命运往往与国家命运紧密相连。以此渗透意识倾向维度：认知板块——人生观要素（个人与集体）、情感板块——理智感要素、意志板块——坚忍性。这一部分的内容经过教研组四次激烈的讨论，主要围绕课魂的内涵具体化，历史事件和历史人物的解读是否恰当、呈现的方式是否合理，以及教学素材的涉及、教学方法的使用进行。

在试讲磨课阶段，多位老师参与了我的课堂，关注课程设计的完成度、健全要素的呈献方式、问题引导教学的课模实现度，观察学生的活动，注重学生的学习体验。在此，我也要感谢晋云萍老师和张玉萍老师对这一课的重点再次提出许多中肯的意见，范勇波老师陪同我带领学生走进档案馆开展课题研究，以及给我出主意想办法的其他老师。

在第三篇章“拨云见日　胜利见曙光”中，通过地图分析抗战形势胜利曙光初现后该怎么办，要建立一个怎样的新中国？以百度百科中共七大的视频和填空的方式实现自主学习。以小组讨论抗战胜利的原因的方式，回顾为抗战不懈奋斗的那一个个中华儿女，以课中涉及的老照片放大回放点燃情绪，领悟抗战精神——即中国人民在抗战中“天下兴亡、匹夫有责”的爱国精神，同仇敌忾、共御外敌的大局意识，不畏强暴、血战到底的英雄气概，伸张正义、维护和平的人类主张。最后以抗疫、抗洪中抗战精神的传承结课，渗透认知板块——人生观（个人与集体要素、生命的广度、个人与群体）。关于如何恰当地展示和体现课魂——抗战精神，张玉萍老师建议一定要点明抗战精神并呈现其现实意义，这是进行家国教育的一个良好契机。为避免结课环节沦为枯燥乏味的说教，我和晋云萍老师多次讨论了课魂的内涵是否要具体化、如何呈现及其现实意义，最终才以让学生讨论胜利原因的方式点亮课魂，以老照片集回放点燃学生情绪，以抗洪、抗疫中的精神传承让育人于无声。

在为期两个半月的磨课与课题研究中，每天都犹如在玩一场烧脑游戏，但也正是这种任务驱动的献课方式让我得到了许多伙伴的帮助与指点，收获了许多。通过在课题研究中课堂观察的反馈，我想我会更加注意每一个学生的情绪波动、学习体验。关于历史课堂，我会尽我所能让这群半大娃娃通过上课对本国历史有所知，并怀有对本国以往历史的温情与敬意，在理性辨析中树立正确历史观，在价值引领中培育家国情怀。

八、学情反馈

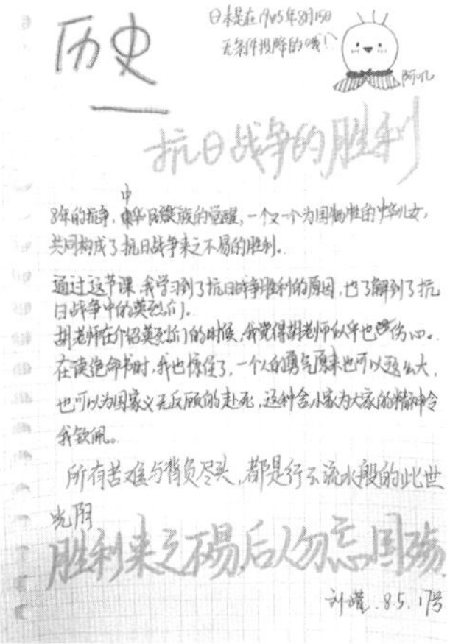

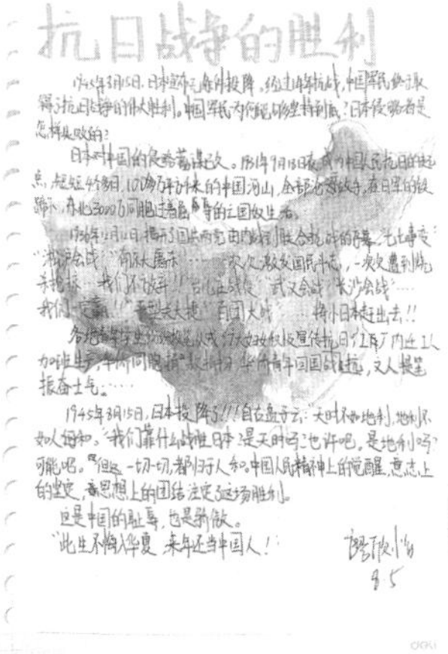

《观察鸟卵的结构》教学设计[①]

成都双流区立格实验学校 张淼玲

一、教学背景分析

（一）课标要求

生物的生殖、发育和遗传是生命的基本特征；不同动物生殖和发育的方式不同；鸟类体内受精，卵生；鸟卵内有丰富的卵黄提供营养，外有坚固的壳保护胚胎。

（二）教材分析

“观察鸟卵的结构”是北师大版生物学八年级上册第六单元第19章第2节的内容。本活动是在学习了人、昆虫和两栖动物的生殖发育后，进一步认识鸟类的繁殖行为。教材以这个活动为主线，设置实验、观察图片等，旨在让学生在活动中思考和解决问题，并通过解剖和观察鸟卵，识别鸟卵的结构，进而认识鸟卵的形态结构与陆地生活相适应的特点。

---

① 该课例在2020年成都市“课堂大比武”课例评比中获市级一等奖。

（三）学情分析

学生在日常生活中对鸟卵接触较少，对于鸡卵接触较多，但对学生来说，鸡卵无疑是个熟悉的“陌生人”，虽然常见却并不了解，对于它的认识仅限于日常生活，并没有真正观察过其结构，更没有思考过各结构的功能。本节课主要是联系生活实际，激发学生兴趣，引导学生层层观察鸡卵、讨论交流，培养学生运用科学的思维方法认识事物、解决实际问题的思维习惯和能力，形成结构与功能相适应的生命观念。

二、教学思路设计

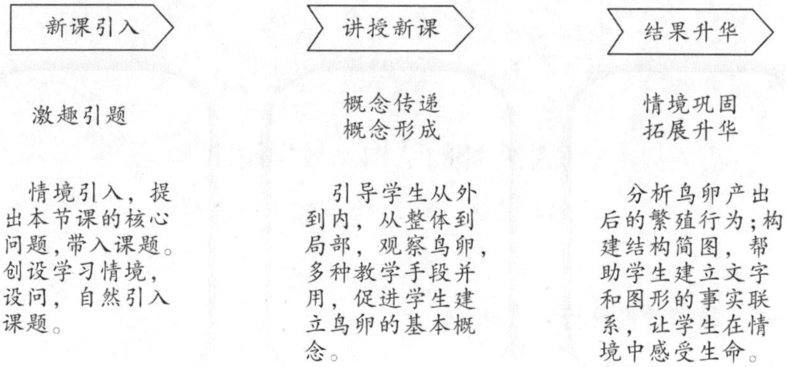

新课引入
激趣引题
情境引入，提出本节课的核心问题，带入课题。创设学习情境，设问，自然引入课题。
讲授新课
概念传递
概念形成
引导学生从外到内，从整体到局部，观察鸟卵，多种教学手段并用，促进学生建立鸟卵的基本概念。
结果升华
情境巩固
拓展升华
分析鸟卵产出后的繁殖行为；构建结构简图，帮助学生建立文字和图形的事实联系，让学生在情境中感受生命。

三、学习目标与评价任务

（一）学习目标

1. 通过自学教材相关内容，认识鸟卵的各个结构及对应的功能，思考鸟卵的形态结构与陆地生活相适应的特点，从而体会生命观念要素下的“结构与功能观”和“进化与适应观”。

2. 小组合作进行观察鸡卵的实验以及观看视频和图片等，掌握从外到内、从整体到局部的观察方法，锻炼针对特定的生物学现象进行观察比较、动手实验、归纳与概括，逐步提升科学探究的能力，培养严谨务实的科学思维。

3. 基于健全人格培养的学习目标解读。

（1）通过学习鸟卵的结构和功能，了解鸟类胚胎的发育过程，感受生命的不易，即使在极其艰难的情况下也要顽强地生存，不放弃生命，从而理解生命观要素中生命与生活的基本内容。同时也对应树立生物学科核心素养中的生命观念以及关爱生命、关注成长的社会责任意识。

（2）通过了解亲鸟的孵卵过程，感受鸟类在繁殖行为中表现出的坚忍性：只有持之以恒、坚忍不拔，才能得到最后的成功。

（二）评价任务

1. 根据老师的提醒，勾画出教材中描述鸟卵主要结构的句子，并找出这些结构对应的功能。（评价学习目标 1）

2. 梳理本节课的知识，尝试画出一个鸟卵的结构简图。（评价学习目标 2）

3. 根据课堂所学所感，完成课后学情反馈。（评价学习目标 3）

四、教学重难点

教学重点：认识鸟卵的结构及功能。

教学难点：理解鸟卵的形态结构与陆地生活相适应的特点。

五、教学过程

采用概念探究式课堂教学模式：激趣引题——概念传递——概念形成——情境巩固——拓展升华。

（一）新课引入——激趣引题

情境引入——提出本节课的核心问题，带入课题。

教师活动：展示一幅图片，引导学生进行联想，能不能用一句话或一段诗来描述图中美景。提示：白居易的《钱塘湖春行》中，哪一句诗的描述贴合图中情景？追问：争暖树，啄春泥，准备干什么呢？引导学生思考鸟类的一系列繁殖行为。讲述、设问、引入课题：雌雄鸟交配后，雌鸟会在巢中产卵，同学们知道，雏鸟是从鸟卵中破壳而出的。鸟卵到底要具有怎样的结构特点，才能够发育出雏鸟呢？让我们一起来观察鸟卵的结构。

学生活动：展开想象，思考并作答。想到“几处早莺争暖树，谁家新燕啄春泥”。回忆旧知识，思考鸟类繁殖前的准备：筑巢、求偶、产卵……聆听，思考。

设计意图：通过观看图片产生联想，引出古诗中的名句，培养学生的审美感，激发学生的学习兴趣，创设学习情境，设问，自然引入课题。

（二）讲授新课——概念传递、概念形成

初识鸟卵——从鸟卵的外形入手，认识鸟卵。多角度描述鸟卵的外形特征——形状、大小、卵壳花纹等。展开对卵壳的探索，感受卵壳的功能及气孔的存在。

教师活动：1. 观察鸟卵的外形：展示图片，让学生通过观察和生活经验，描述鸟卵的外形特点。根据学生的思路，拓展关于鸟卵外形的相关知识。关于形状：为什么是卵圆形？（引导学生对比鸡蛋和乒乓球）关于大小：了解世界上最大的鸟卵和最小的鸟卵。2. 探秘卵壳：鸟卵的最外层是卵壳，卵壳上有许多气孔，使卵壳居于透气性，利于胚胎在卵内的发育。观察气孔引导学生思考：怎样能看到气体从卵壳上的气孔进出呢？演示实验：将鸡蛋放入热水中。知识链接站：解释实验现象。

学生活动：观察、思考，在老师的引导下，描述出鸟卵的一系列外形特点：形状、颜色、大小等。聆听，观察，比较。对比车胎漏气的生活实际，思考解决问题的办法。观察实验现象，尝试进行解释。

设计意图：引导学生从外到内，从整体到局部观察鸟卵，掌握观察的科学方法，用问题驱动的方式推动课堂，锻炼学生针对特定的生物学现象进行观察比较、动手实验、归纳与概括，逐步提升科学探究能力，培养严谨务实的科学思维。

深入观察鸟卵——观察仔细，学习打开卵壳的办法；打开鸡卵，观察并辨认其内部结构，分析每个结构的对应功能。

教师活动：引导学生思考打开卵壳的方法，联想生活中剥开熟鸡蛋壳的方法，避免学生随意敲碎卵壳。组织学生开展深入观察鸡卵的小活动，介绍活动用具、明确活动目的、简介活动参考步骤、指导学生分组合作完成活动并分享。播放一段打开卵壳的视频，引导学生与刚才小组完成的活动观察情况作对比，再次确认观察到的结构。组织学生继续深入观察：将内容物倒入培养皿，还能辨认出哪些结构？根据学生的思路，辨认培养皿中的卵白、卵黄、胚盘、系带。给学生展示鸟类胚胎发育各阶段的图片，引导学生观察胚胎发育过程中卵白及卵黄的变化，分析它们的功能。讲述：胚盘是受精卵分裂形成的，将发育成胚胎，只有受精的卵才能孵出雏鸟。播放两个摇晃杯中鸡蛋的视频实验，引导学生观察，分析实验现象，总结出系带的功能。进一步追问：卵黄和卵白为胚胎发育提供营养，为什么不会融合在一起呢？出示生活中吃熟鸡蛋的两张图片，引发学生的思考。

学生活动：联想、思考，回忆气室的位置并分析它的作用。聆听活动要求，两人一组完成活动，层层打开鸡卵，找到气室，个别小组投影分享。认真观看视频，对比分析小组活动的观察结果，辨认对应结构。两人一组继续完成活动，对照课本中的示意图，辨认内部结构。小组分享、观察图片，分析原因，得出结论。仔细观察视频实验，对比分析，发现不同，剪掉并去除系带后，卵黄晃动幅度明显变大。观察图片，联想生活经验，分析出卵黄膜的存在。

设计意图：多种教学手段并用：教师讲述、学生活动、观察对比图片、视频实验分析等，培养学生在事实和证据的基础上，运用科学的思维方法认识事物、解决实际问题的思维习惯和能力；促进学生建构鸟卵的基本概念，思考鸟卵的形态结构与陆地生活相适应的特点，从而体会生命观念要素下的“结构与功能观”和“进化与适应观”，树立生物学科核心素养中的生命观念以及关爱生命、关注成长的社会责任意识。

（三）结课升华——情境巩固、拓展升华

拓展思考——分析鸟卵产出后的繁殖行为；构建结构简图。

教师活动：提出问题：进一步启发学生的思维，引发思考。受精后的鸟卵产出后，就能发育成雏鸟吗？举例讲述亲鸟的孵化行为。引导学生根据所学知识，画出一个鸟卵的简图，并标注结构名称。（如课堂时间不够，安排学生课后完成）结课，和同学们分享一段关于鸡蛋的励志美文。

学生活动：自主思考、交流讨论；聆听、回忆鸟类的繁殖行为，感受鸟类生殖与发育过程中的艰辛与不易。小组合作，完成鸟卵的简图，分享交流，巩固完善。

设计意图：通过了解亲鸟孵卵及育雏过程，感受鸟类在繁殖行为中表现出的坚忍性，让学生感受生命不易。绘制结构简图帮助学生建立文字和图形的事实联系，让学生在情境中感受生命。

六、教学板书设计

观察鸟卵的结构

受精卵→胚盘→胚胎→雏鸟

保护作用：卵壳、内外卵壳膜

提供营养：卵白卵黄

固定胚胎：系带

七、教学反思

“观察鸟卵的结构”是在学习了人、昆虫和两栖动物的生殖发育后，学生进一步认识鸟类的繁殖行为中的一个重要活动。学生在日常生活中虽然经常接触鸡卵，但并没有真正观察过其结构，更没有思考过各结构的功能。八年级学生具有强烈的好奇心，只要教师创造适当的实践条件，他们就能边做边学，将好奇心转换为求知欲，在事实和证据的基础上运用科学的思维方法，建构生物学基本概念。

结合教材和学情分析，我细化教学目标，拟定了两条本节对应核心素养的教学目标，还根据生物学科特点和学生实际，确定了本节课渗透的主要健全人格要素：意识倾向——认知——人生观（生命与生活）；意识倾向——意志——坚忍性。

课堂引入环节，用图片和诗句带出鸟类的一系列繁殖行为，与本节课将要学习的知识内容无缝挂钩，同时陶冶了学生的审美情操。

接下来的初识鸟卵环节，从鸟卵的外形开始观察，让学生掌握从外到内、从整体到局部的观察方法。同时我利用希沃白板 5 的蒙层功能，让课堂按照学生的思维来呈现，避免了从前 PPT 的固定动画顺序，只能让学生按照老师的设定来进行认知。接下来，引导学生思考气孔的存在以及联系生活实际想办法观察到气孔透气。考虑到鸡蛋在热水中冒气泡仅仅是一个验证性的实验，而且课堂时间有限，所以我将它设计成演示实验，在希沃展台下向全体同学呈现实验过程及现象，引导他们观察、分析，并提出两个承上启下的问题：为什么钝端气泡最明显？为什么只有气体从气孔漏出来，而其他物质不会呢？经过课堂实际检测，学生能很清楚地观察到实验现象，分析并理解实验原理，积极思考老师提出的驱动问题，课堂效果良好，达到了备课时的预期效果。

深入观察环节，我并没有直接教给同学们打开卵壳的方法，而是用生活中剥熟鸡蛋的方法来引发他们的思考，然后给出实验材料、介绍实验用具及参考步骤，明确任务——找到生鸡蛋的气室。同学们带着问题，参考课件的步骤，尝试打开卵壳。大部分小组的同学都能良好合作，成功完成层层剥离卵壳并找到气室。在动手实验的过程中，锻炼了科学探究能力并培养了严谨、实事求是的科学思维。然后将鸡蛋倒入培养皿，逐一引导学生观察分析，建立结构与功能的联系，并通过一系列鸟类胚胎发育过程图，让学生感受生命的不易，从而理解生命观要素中生命与生活的基本内容，同时也对应树立生物学科核心素养中的生命观念以及关爱生命、关注成长的社会责任意识。

拓展延伸的环节，带领学生思考鸟卵产出后的繁殖行为——孵卵，通过一系列事实的讲述，学生感受到了鸟类表现出的坚忍性的要素特点，自然而然地联想到自身的日常学习和生活，要有毅力、持之以恒，才能取得最后的成功。

结课环节的情感升华，与学生分享一段与鸡蛋、与鸟类的生殖发育有关的美文，让学生在情境中感受生命，通过课后及时的学情反馈了解，达到了预期的渗透效果。

理科教师的课堂不能为了健全人格而生搬硬套，否则，既冲淡了学科主体知识，又显得十分生硬。更多的应该是一种潜移默化，一种情感的自然流露和水到渠成，起到画龙点睛的作用。只要教师结合理科的学科特点，勤于学习，善于思考，学生得到的将不再是教师的说教，而是从内心受到感染和触动。做到这一点，理科课堂也会收到良好的育人效果。

八、学情反馈

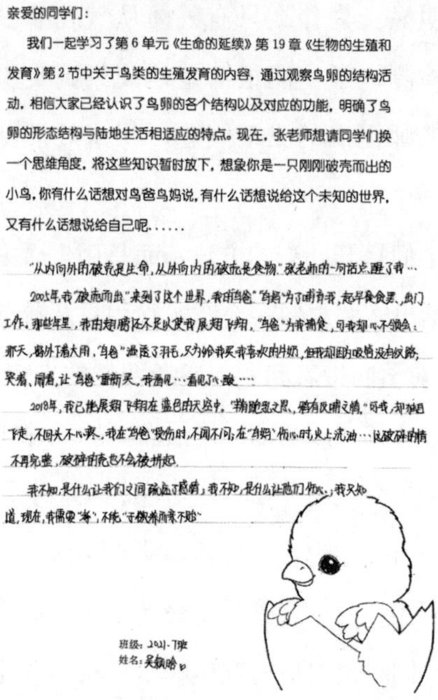
亲爱的同学们：

我们一起学习了第6单元《生命的延续》第19章《生物的生殖和发育》第2节中关于鸟类的生殖发育的内容，通过观察鸟卵的结构活动，相信大家已经认识了鸟卵的各个结构以及对应的功能，明确了鸟卵的形态结构与陆地生活相适应的特点。现在，张老师想请同学们换一个思维角度，将这些知识暂时放下，想象你是一只刚刚破壳而出的小鸟，你有什么话想对鸟爸鸟妈说，有什么话想说给这个未知的世界，又有什么话想说给自己呢……

"从内向外的破壳是生命，从外向内的破壳是食物。"张老师的一句话点醒了我……

2005年，我"破壳而出"来到了这个世界，我的"鸟爸""鸟妈"为了哺育我，起早贪黑、出门工作。那些年里，我的翅膀还不足以使我展翅飞翔，"鸟爸"为我捕食，可我却不领会：那天，窗外下着大雨，"鸟爸"淋透了羽毛，只为给我买我喜欢的牛奶，但我却因为吸管没有饮用，哭着、闹着，让"鸟爸"重新买，我看见……看见了心酸……

2018年，我已能展翅飞翔在蓝色的天空中。"羊有跪乳之恩，鸦有反哺之情。"可我，却独自飞走，不回头不心疼。我在"鸟爸"受伤时，不闻不问；在"鸟妈"伤心时，火上浇油……这破碎的情不再完整，破碎的壳也不会被拼起。

我不知，是什么让我们之间疏远了感情；我不知，是什么让他们伤心；我只知道，现在，我需要"孝"，不能"子欲养而亲不待"

班级：2021-7班
姓名：吴毓晗

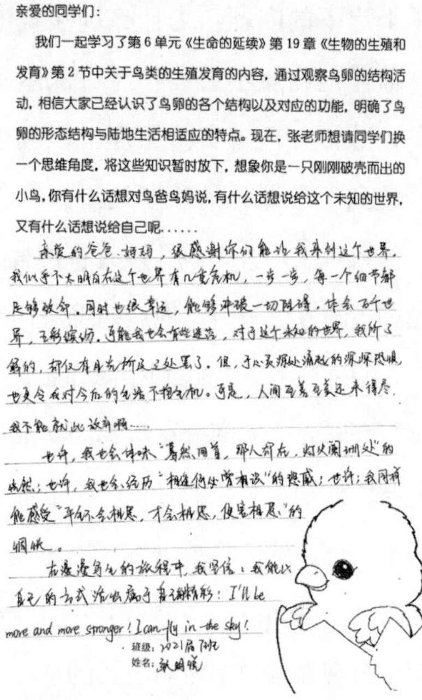
亲爱的同学们：

我们一起学习了第6单元《生命的延续》第19章《生物的生殖和发育》第2节中关于鸟类的生殖发育的内容，通过观察鸟卵的结构活动，相信大家已经认识了鸟卵的各个结构以及对应的功能，明确了鸟卵的形态结构与陆地生活相适应的特点。现在，张老师想请同学们换一个思维角度，将这些知识暂时放下，想象你是一只刚刚破壳而出的小鸟，你有什么话想对鸟爸鸟妈说，有什么话想说给这个未知的世界，又有什么话想说给自己呢……

亲爱的爸爸、妈妈，很感谢你们能让我来到这个世界。我似乎不太明白在这个世界有几重危机，一步一步，每一个细节都足够致命。同时也很幸运，能够冲破一切阻碍，体会这个世界，五彩缤纷。可能我也会有些迷茫，对于这个未知的世界，我所了解的，却仅有目光所及之处罢了。但，于心灵深处涌起的深深恐惧，也更令我对今后的生活不抱危机。可是，人间至美至善还未得尽，我不能就此放弃啊……

也许，我也会体味"蓦然回首，那人却在，灯火阑珊处"的欣然；也许，我也会经历"相逢何必曾相识"的感慨；也许，我同样能感受"平生不会相思，才会相思，便害相思"的惆怅。

在漫漫成长的旅程中，我坚信：我能以自己的方式活出属于自己的精彩：I'll be more and more stronger! I can fly in the sky!

班级：2021届7班
姓名：张朗悦

《升华与凝华》教学设计①

成都市双流区立格实验学校 刘曦萍

一、教学背景分析

（一）课标要求

经历物态变化的实验探究过程，了解物态变化过程中的吸热和放热现象。用物态变化的知识说明自然界和生活中的有关现象。

（二）教材分析

《升华与凝华》是教科版物理八年级上册第五章第四节的内容，是在学习熔化、凝固，汽化、液化后进行学习的，是最后两种物态变化，也是本章的最后一节，具有收尾和总结的作用。升华与凝华虽是自然界常见的现象，但也是六种物态变化中最容易被忽视的两种。在教学中，应让学生通过实验探究来认识升华与凝华现象，培养学生的观察能力，并要与实际生活的现象相结合，培养学生善于发现生活细节的能力以及思维能力。

（三）学情分析

学生在经历了熔化、凝固，汽化、液化的学习后，对物态变化的探究有了一定的了解，对自然界中的现象有着浓厚的兴趣。但学生存在一定的思维定式，总觉得固体必须先经历液态阶段才能变为固态，应对这一思维误区，要足够重视并帮助学生进一步澄清。

① 该课例在2019年四川省教育科学研究院举办的“新时代基础教育现代课堂教学改革研讨活动”中展示。

二、教学思路设计

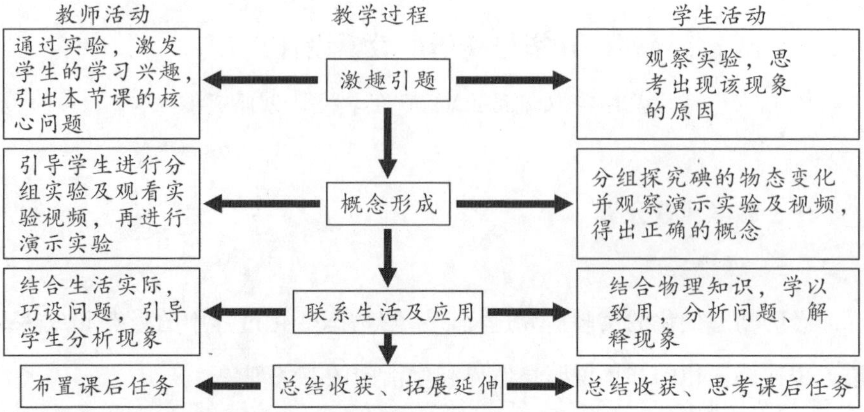

三、学习目标与评价任务

（一）学习目标

1. 知道升华和凝华的概念，知道升华要吸热、凝华要放热。

2. 对生活中的升华和凝华现象，能用物理语言进行解释。

3. 基于健全人格培养的学习目标解读：

（1）通过碘的升华和凝华分组探究和制造霜的实验，培养学生的观察能力、动手能力、总结归纳能力以及严谨求实的科学态度。对观察结果进行分析，从而推断出物理过程的思维方法。

（2）结合升华和凝华的教学，渗透事物间相互联系、转化的辩证唯物主义思想；通过对生活中升华、凝华现象的分析以及干冰在生活中的应用，培养学生的分析能力、推理能力，让学生能够透过现象看本质。

（3）通过播放雾凇的视频以及展示自然现象的图片，让学生感受并欣赏大自然的美，从而培养学生的审美感以及对大自然的热爱之情。

（二）评价任务

1. 能说出升华和凝华的概念，并知道升华吸热、凝华放热。

2. 会用物理语言对生活中的升华、凝华现象进行解释。

3. 通过分组实验及视频图片的展示，能透过现象理解升华和凝华的本质，并形成严谨求实的科学态度；感受到大自然的美并充满对大自然的热爱之情。

四、教学重难点

（一）教学重点

对升华和凝华现象的认识。

（二）教学难点及突破策略

教学难点：升华和凝华是物质的固态和气态之间的直接变化，而学生易误认为需经历液态这一过程。

难点突破策略：加强实验指导、教师启发点拨，着重指导学生注意观察实验现象。

五、教学过程

本课采用的是初中物理自主合作探究式课堂教学模式："激—问—探—练—拓"五环节教学模式。

（一）新课引入——激趣引题

实验引入——通过实验，激发学生的学习兴趣，引出本节课的核心问题。

教师活动 1：用毛笔蘸取淀粉溶液在纸上写字，不易观察。将少量碘放入自制易拉罐中，并将易拉罐放入热水中进行加热；再将纸放入易拉罐中，用烧杯盖上。提问学生：观察易拉罐的上方将有什么现象出现？

学生活动 1：学生观察碘的状态、颜色以及实验现象：易拉罐上方出现了紫色的气体——碘蒸气。

教师活动 2：展示白纸，字变蓝，解释这个"好"字是蘸取淀粉溶液写出来的，利用了碘遇淀粉变蓝的特性。

学生活动 2：观察到纸上的"好"字并思考得出：碘蒸气是由固态的碘颗粒变来的。

设计意图：通过实验，激发学生的学习兴趣，培养学生的观察能力、思考能力，从而引出本节课的核心问题。

（二）新课讲授——概念形成与概念应用

教师活动1：巡视并指导学生分组实验：探究碘的物态变化，引导学生注意观察实验现象。

学生活动1：探究碘的物态变化。

(1) 学生分组进行实验探究，注意观察整个实验过程中有无液态碘的出现。

(2) 结合信息窗（常压下，碘的熔点是113.6℃，热水温度低于90℃），理论分析实验中无液态碘的出现的原因。得出结论：

①碘颗粒$\xrightarrow[\text{放入热水}]{\text{直接}}$紫色碘气体$\xrightarrow[\text{放入冷水}]{\text{直接}}$碘颗粒；②固态$\underset{\text{凝华}}{\overset{\text{升华}}{\rightleftharpoons}}$气态。

设计意图：通过学生亲自动手实验培养学生的动手能力、观察能力、分析能力、推理能力，让学生能够透过现象看本质，从而得出正确的升华凝华概念。

教师活动2：演示实验——加热固态碘（自制器材如图1所示）。器材：数字温度计、试管、活塞、热水、碘。

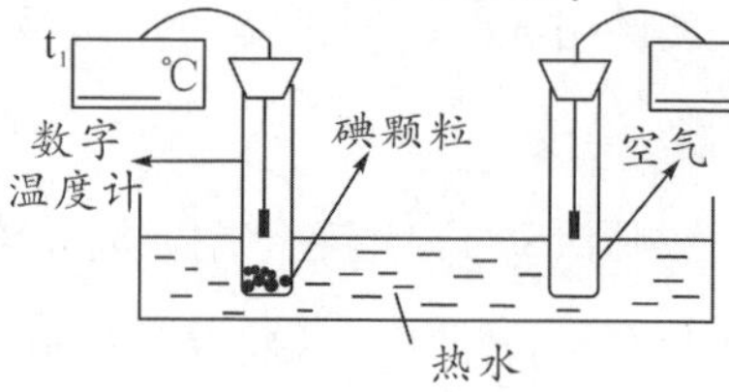

图1

提问：同学们认真观察两只温度计的示数有何变化？

学生活动2：观察实验，分析温度计变化情况（$t_1 < t_2$），得出碘升华需要吸收热量。

教师活动3：播放视频——用酒精灯长时间加热碘锤的实验。

提问：结合信息窗分析碘经历了哪些物态变化？提醒学生认真观察实验现象，出示信息窗：常压下，碘的熔点为113.6℃，碘的沸点为184℃，酒精灯火焰的温度达 500℃左右。

学生活动 3：观看视频，结合信息窗分析碘先由固态颗粒熔化为液态碘，再汽化成碘蒸气的过程。

教师活动 4：引导学生复习六种物态变化名称以及吸放热情况。

学生活动 4：学生总结如图 2 所示的六种物态变化名称及吸、放热规律。

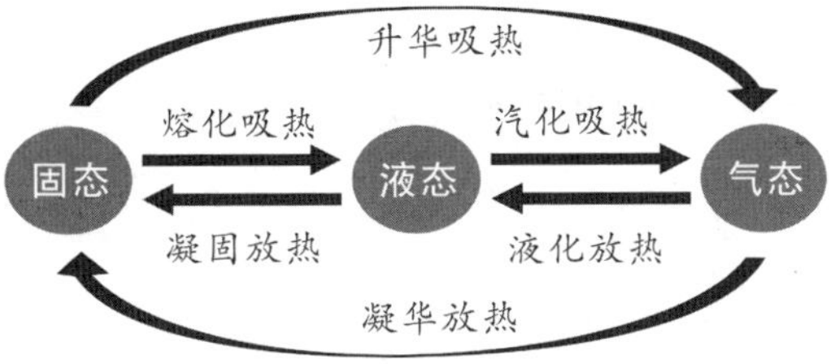

图 2

设计意图：演示实验中可以通过数字温度计的示数，让学生更直观地认识到碘的升华需要吸热。再通过视频让学生认识到碘不仅能从固态直接变成气态，也可以先熔化成液态再变成气态，从而加深对升华的理解，培养学生的观察能力和分析能力，从现象进一步揭露物态变化的实质。

教师活动 5：生活中的其他物质会不会也发生升华、凝华现象呢？提问：

（1）为什么衣柜中的樟脑丸，过段时间会逐渐变小，最后消失不见了？

（2）灯泡用久了为什么内壁会发黑？

（3）将干冰放入易拉罐中，静置一会儿，观察易拉罐的下表面会有什么现象出现。

巡视并指导学生的分组实验，引导学生注意观察实验现象。播放雾凇视频。

学生活动 5：学生分析实验现象总结规律：

（1）固态樟脑丸升华吸热变成气态。

（2）钨丝先吸热升华成钨蒸汽又凝华成颗粒附着在灯泡内壁。

（3）将干冰放入易拉罐中，静置一会儿，观察易拉罐的下表面有霜出现，并分析该过程干冰升华吸热，使易拉罐周围的水蒸气遇冷凝华形成霜。

教师活动 6：利用希沃布置如图 3 所示的课堂反馈练习，请学生上台进行分类。

学生活动 6：学生上台完成反馈练习。

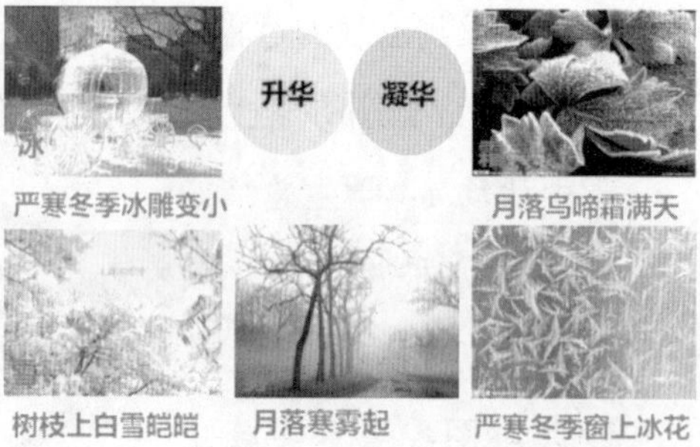

图 3

设计意图：引导学生利用所学物理知识解释生活现象，体现物理与生活的紧密联系。利用希沃互动设计知识反馈，激发学生的学习兴趣，加深对升华、凝华的理解。通过播放雾凇的视频以及展示自然现象的图片，让学生感受并欣赏大自然的美，从而培养学生的审美感以及对大自然的热爱之情。

教师活动 7：演示实验——利用干冰模拟舞台效果。提出问题：

（1）“白雾”是什么物质，是什么状态？

（2）“白雾”的形成经历了哪些物态变化？

（3）导致出现上述物态变化的原因是什么？

学生活动 7：思考并回答问题。

（1）“白雾”是液态的小水珠。

（2）“白雾”是由水蒸气变来的，所经历的物态变化为液化。

（3）原因是干冰升华吸热使环境温度急剧下降。

教师活动 8：引导学生总结舞台效果的形成。

学生活动 8：讨论分析形成舞台效果的原理，如图 4 所示。

干冰 —升华（吸热）→ 周围的空气温度急剧下降 → 空气中的水蒸气遇冷 —液化（放热）→ 小水珠

图 4

设计意图：通过问题串的设计，突破“舞台效果形成原因”这一难点。通过制造舞台效果，让学生身临其境地感受舞台上的梦幻情景，感受物理给生活增添的美丽。

过渡：若把干冰发射到高空中，则会发生什么现象呢？

教师活动 9：引导学生分析利用干冰进行人工降雨、冷藏食物以及消防灭火。

学生活动 9：如图 5 所示，人工降雨形成的原理。分析利用干冰升华、吸热来冷藏食物以及消防灭火，首先利用干冰升华吸热，使燃烧物温度降至低于着火点，然后利用干冰升华产生的二氧化碳，它的密度比空气大且不支持燃烧，二氧化碳覆盖在燃烧物表面隔绝氧气而灭火。

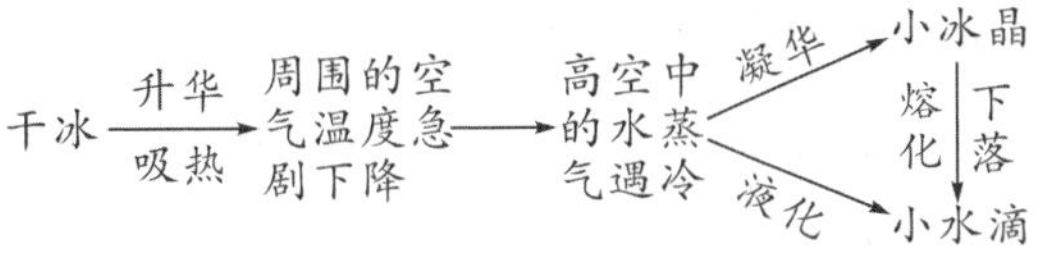

图 5

设计意图：引导学生利用所学物理知识解释干冰在生活的应用，体现物理与生活的紧密联系，让学生体验物理来源于生活又服务于生活，培养学生的分析能力、推理能力，学会理论联系实际，从而提升透过现象看本质的能力。

（三）课堂小结及课后任务

总结收获、拓展延伸。

教师活动：

1. 提问：同学们，这节课你们收获了什么？

2. 课后任务：找出生活中常见的物态变化现象。

学生活动：学生总结本节课的收获。

设计意图：学生回顾本节所学知识和收获，引导学生利用所学知识去发现生活中的物理现象，学会理论联系实际，活学活用。

六、教学板书设计

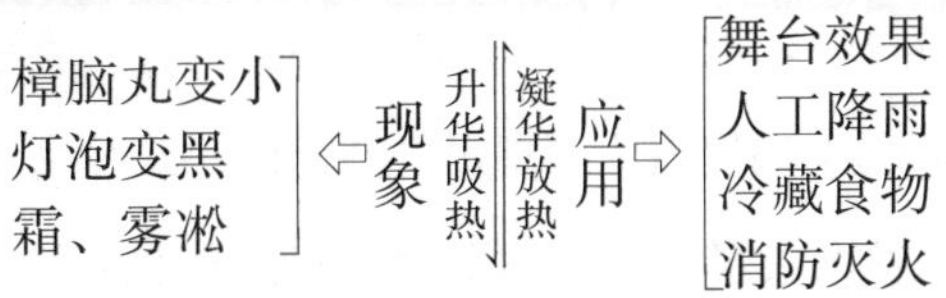

七、教学反思

整堂课充分体现了本校物理学科“概念课”课堂教学模式和健全人格教育的培养，从生活实际出发来创设情境，激发兴趣，让学生切身感受生活就是物理，物理就是生活。

本节课教学设计新颖、教学思路有层次，知识衔接自然。首先通过淀粉遇碘蒸气变蓝的现象来引入新课，激发学生的学习兴趣和探究欲望。实验的设计环环相扣，在碘的升华和凝华实验中，通过引导学生观察实验过程中有无液态碘的出现，形成对升华、凝华概念的正确认识，知道了“固态和气态物质之间能够直接相互转化”；又通过“酒精灯长时间对碘加热”的视频，让学生认识到碘不仅能从固态直接变成气态，也可以先熔化成液态再变成气态，从而加深对升华的理解。通过学生亲自动手实验，培养自己观察能力和分析能力，从现象进一步揭露物态变化的实质。又通过数字温度计设计的创新实验，打破常规教法，让学生更直观地认识到碘的升华需要吸热。紧接着，通过列举生活中大量有关升华和凝华的现象，引导学生进行分析，以培养学生的分析归纳能力、对大自然的热爱之情。用干冰升华模拟舞台效果，让学生直观感觉舞台上的白雾情境，将生活中的物理带入课堂。舞台效果的设计，将整堂课推向高潮。整个教学过程中学生的质疑、思考、探究在知识的生成过程中有明显的体现。同时学生整体求知欲较高，特别是对于亲眼看见、亲身体验的实验现象充满好奇。在此基础上，直观的实验活动，让学生在探究中形成正确的物理概念，从而激发了学生的学习兴趣，培养了学生的探索精神，提高了学生的自信心。教学设计合理，在设问和实验的设计上层层递进，引发学生深层次的思考，从而形成升华、凝华的正确概念。

通过本堂课的教学，也使我认识到学科育人不是简单的知识传授、知识点过关。学科育人应该是以学科知识为载体，深入挖掘学科本身内在精神价值的过程。在整个教学中，教师的教学设计显得尤为重要。它应该建立在学生的认知规律及心理特点之上。教师在进行教学设计时应先确定本节课需要渗透的健全人格要素，并在教学中避免生搬硬套，要创设一定的情境，教学语言要精准、设问要巧妙，让学生在潜移默化中感知健全人格要素并逐渐形成健全的人格。

八、学情反馈

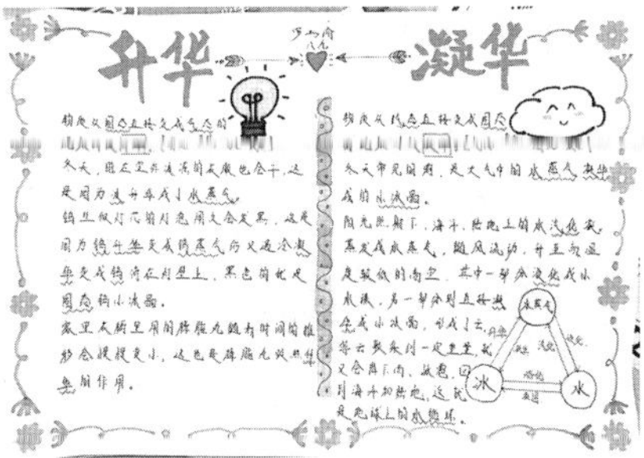

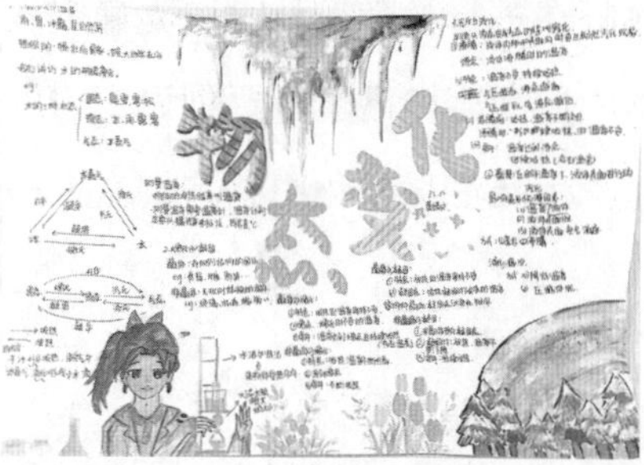

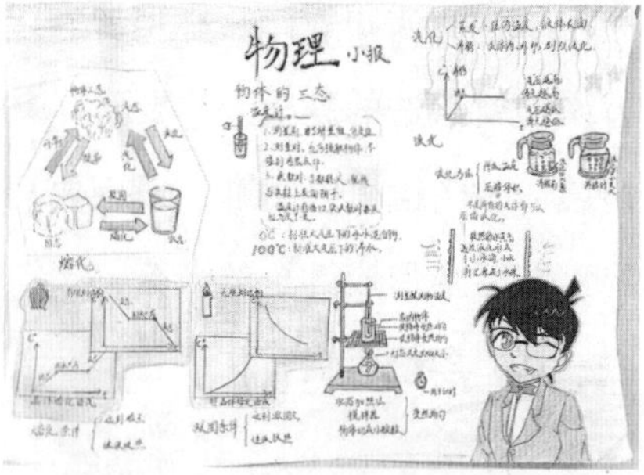

第二节 主题班会活动课程案例

交往如尺应有度，青春如花自盛开

——青春期异性交往主题班会课

成都双流区立格实验学校　陈　幸

一、设计意图

初中生正值“身心聚变”时期，其中八年级学生尤为明显，美国心理学家霍林沃斯称之为“心理性断乳期”。还有人认为八年级是整个中学阶段“最危险”的阶段，八年级学生最难管理，并称之为“八年级现象”。八年级学生问题主要聚焦在以下几个方面：1. 早恋；2. 上网；3. 逆反心理严重。其中，最为突出的就是“早恋”问题。

该问题产生的原因是八年级的学生年龄基本在 14 岁左右，正处于青春叛逆期，其心理、生理的不平衡发展，再加上一些自媒体对中学生的负面影响加剧，中学生异性交往过亲密的现象出现了普遍化、低龄化、公开化的趋势。这是教师和家长敏感而又担心的事情。而青春期的孩子们认为自己身体上已经发育成熟，心理上也已经成熟，他们自认为什么都懂，甚至比师长都理性，于是渴望独立的空间，不习惯老师和家长对他们的行为进行约束和管教，特别逆反。在这种情况下，简单地制止中学生谈恋爱是行不通的，也不利于学生的成长。正确引导，帮助他们保持正常、适度的异性交往，对学生的健康成长有着极其重要的意义。因此，我以八年级学生普遍存在的男女生人际交往困惑与障碍，而学生又苦于无法合理地把握男女生交往尺度的学情现状为主题，设计了这堂初中男女生人际交往的主题班会课。其旨在立足于学生具体的生活体验，帮助学生了解青春期心理发展的特点，明确异性交往的需要。引导学生树立恰当的异性交往的原则和方法，并用以指导自己的异性交往行为。利用“异性效应”，学会把欣赏和爱慕化为动力，提升和完善自我，保持合适的距离，形成健康的异性交往观念。

二、活动背景

八年级阶段的孩子，正处于青春叛逆期。青春期是人生的一个转折点，此阶段中学生的生理和心理都产生了很大的变化，很多同学乐意与异性交往，热心与异性同学一起参与学习、讨论、班级活动等。男生在女生面前，往往表现出健壮、刚强、宽容、大度；女生在男生面前，则表现出温柔、亲切、热情，这是正常的心理表现。但我们有些同学不能正确处理与异性同学之间的关系，严重影响了同学之间的学习和交往。同学起哄，老师担心，家长焦虑。为了帮助学生形成正确的异性交往观念，引导学生正常、积极地与异性同学交往，特地设计了这堂课。引导学生正确地认识“恋爱”，利用“异性效应”，学会把欣赏和爱慕化为动力，提升和完善自我，保持合适的距离，形成健康的异性交往观念。

三、活动目标

1.帮助学生了解青春期心理发展的特点，明确异性交往的需要。

2.引导学生树立恰当的异性交往的原则和方法，并用以指导自己的异性交往行为。

3.通过游戏与典故，让学生明白只有在现阶段努力学习，不断地增长学识、丰富自己的人生阅历，拥有自己独立的精神世界，才能成为最好的自己，遇见更好的TA。

4.基于健全人格培养的目标解读：通过课堂活动“0.49米的距离”，引导学生树立恰当的异性交往的原则和方法，学生学会用理性的态度思考如何与异性进行交往，教给学生正确与异性相处的方式。

通过思考青春期难题，在事例中不断进行思考与反思，寻求解决之道，让学生学会正确看待与异性的关系，从而树立正确的人生观、价值观。

通过林徽因的故事，让学生明白只有在现阶段努力学习，不断地增长学识、丰富人生阅历，拥有独立的精神世界，才能成为最好的自己，从而让学生懂得坚持不懈、努力学习的重要价值，引导学生通过学习培养自己坚忍的品格，让学生明白只有用坚忍的意志来面对学习的辛苦，才会有收获的果实。

四、活动形式

观看视频，游戏体验，小组讨论交流，典型事例分享，思考发言等。

五、活动准备

1. 课前对学生就男女生交往问题做问卷调查。

2. 使用林徽因的介绍视频，查阅梁思成的成就等。

3. 设计“0.49米的距离”小游戏。

4. 制作PPT。

六、活动过程

第一阶段：感受美好青春，体会交往如尺应有度

1. 视频观赏，初步了解交往尺度引入主题。

师引导：从这段小视频中，你们能感受到什么？（请用1个关键词来表达）

学生：观看，并回答问题。

师小结：青春是美好的，青春期的友谊是珍贵的，当然也是需要保持距离的。

2. 学生游戏，现场感知正常交往的距离。

师问：在平时的学习生活中，我们该如何把握和异性交往的距离呢？下面通过一个游戏来体验一下男女生之间的距离，究竟多少才合适。我们用三把尺子的长度来逐渐拉近同学之间的距离，看看他们会有怎样的感受。（游戏规则：一名男生，一名女生各自蒙上眼睛，站在相应的位置，随老师的指令改变距离。）

学生：参与游戏。

师评价：只有保持适当的距离，才能让彼此的交往舒适又安全。

3. 引导分享，深入理解把握尺度的重要性。

师问：参加游戏的同学在刚开始时是什么感觉？随着距离的缩小，同学的起哄声变大，你的感受是什么？观看游戏的同学在看着做游戏的同学距离缩小时，又是什么感觉？

学生：思考并回答问题。

师小结：根据相关的科学调查表明，人与人之间的交往，1 米以上是安全、舒适距离，小于 0.5 米则是亲密距离。无论是同性还是异性之间，同学的交往都应该把握好距离、掌握好度，以示对他人、对自己的尊重。这，就是我们所说的“交往如尺应有度”。（意识倾向——情感——理智感）。

第二阶段：思考异性相处，寻求最好自我成长路

1. 写一写，理想中的异性要具备的三个特质。

教师：作为班主任，陈老师观察到，当有的同学感觉到对方是自己心仪的人时，就想要突破这个距离界线，这正常吗？当然正常。现在请你想一想，你有心仪的异性吗？如果没有，就请你预设一下，TA 需要具备什么特质呢？请写下来。

学生：思考并书写下来。三名男生、三名女生到黑板上呈现。

师小结：从同学们书写的特质上，陈老师发现了一些共性。当一个异性身上拥有这些共性时，往往是令人欣赏，甚至是心仪的。（意识倾向——认知——人生观）

2. 想一想：面对心仪的人时，是否要表白？

教师：我们班有位同学，在此姑且把他叫作小明，就有了心仪的异性。他在纠结要不要表白，你们觉得他应该表白吗？为什么？

学生：各自表达观点和原因。

教师：同学们都有自己的想法和理由，这非常好。那么我们预测一下，如果小明去表白而且还成功了，又会出现什么情况？

学生：讨论并发表观点。

教师：据陈老师多年的观察，当一个同学向异性表白成功后，大致会出现以下几种状况：（1）陪 TA 一起吃饭、一起学习。（2）上课传递小纸条。（3）放学后到处逗留，不想马上回家。（4）周末手机频繁联系。（5）发现居然还有其他同学也喜欢 TA。（6）TA 向 TA 表达学习不重要，娱乐至上的观念。

学生：补充其他现象。

师引导：出现这些状况，他们会失去什么？

学生：思考并回答。

师总结：是的，这样他们将失去时间、精力、目标，甚至是独立性。那此时，你们还赞成小明去表白吗？

3. 议一议：如果不能去表白，那么这份情愫应该如何安放？

教师：有人做了一个非常好的榜样，让我们看看她是谁？她是怎么做的？播放林徽因的介绍视频。

学生：观看视频，思考并探索问题的答案。

教师：为什么林徽因是四大才女中最幸福的一位？

学生：回忆视频内容、感受、思考并回答问题。

师小结：除了她的才华、游学各国的经历外，还因为她非常恰当地处理好了青春期的那份情愫。据史料记载，在她10多岁时，就有优秀男士向她表达了倾慕之情，她接受了吗？没有。她不断地丰富自己的人生阅历、增长学识，致力于把自己培养成一个拥有独立精神世界的人。直到有能力面对这份情愫，才在24岁时，找到了自己的人生伴侣。（展示梁思成的才华与成就）

同样优秀的他们，在有了丰富学识与阅历后，做出的伴侣选择，不仅收获了幸福的爱情，同时也成就了彼此的人生价值。

第三阶段：书写时光信笺，期待青春如花自盛开

1. 个人反思：理想异性要具备的三个特质。

教师：从林徽因和梁思成的故事中，你收获了什么？现在请你重新思考一下，你理想中的异性所具备的三个特质，需要修改吗？（意识倾向——意志——坚忍性）

学生：根据老师的引导、自己的感悟，修改自己之前写的“三个特质”。分享自己的修改并说明原因。

师总结：看来同学们现在对理想异性的标准，加大了对于内在美与个人才华的比重，陈老师认为这是一个我们今天值得庆祝的收获。

2. 时光胶囊：认真写下一段话给未来的TA。

3. 教师：青春是美好的，青春期有心仪的异性也是正常的，如果不能表白，那该怎么办呢？同学们有什么想法吗？

学生：思考并回答。

师引导：老师也有一个建议，我们不妨将自己这份宝贵的情愫书写下来，存封在时光胶囊里，待到花开之时，再来开启！

学生：自己思考并书写“时光胶囊”：对未来的你，我想说：我期待中的你是____________。而我也会努力地____________。

学生：分享“时光胶囊”并封存。

师小结：非常高兴，你们期待中的异性如此优秀、富有正能量；更加欣慰，你们愿意为自己的美好未来而努力前行。

课堂总结：同学们，花开应有时，我们应不断地自我修炼，在人际交往中“把握好距离，掌握好尺度”，静待花开。谨记：交往如尺应有度，青春如花自盛开！让我们共同努力，成为更好的自己，遇见更好的人！

七、教学反馈

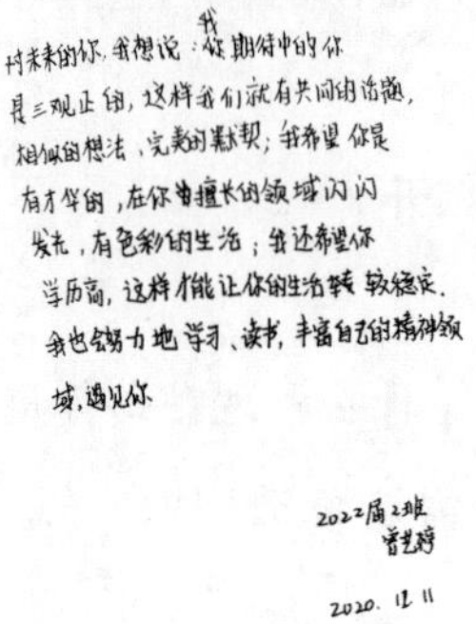

对未来的你，我想说：我期待中的你是三观正的，这样我们就有共同的话题，相似的想法，完美的默契；我希望你是有才华的，在你擅长的领域闪闪发光，有色彩的生活；我还希望你学历高，这样才能让你的生活较稳定。我也会努力地学习、读书，丰富自己的精神领域，遇见你

2022届2班
曾艺婷
2020. 12. 11

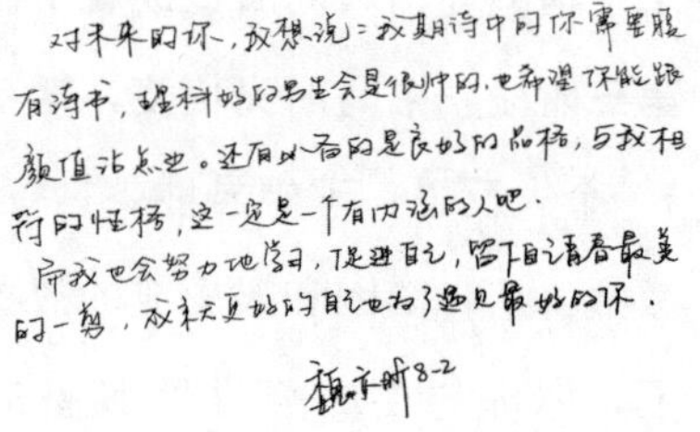

对未来的你，我想说：我期待中的你需要腹有诗书，理科好的男生会是很帅的，也希望你能跟颜值沾点边。还有必备的是良好的品格，与我相符的性格，这一定是一个有内涵的人吧。

而我也会努力地学习，促进自己，留下自己青春最美的一幕，成为更好的自己也为了遇见最好的你。

魏亦昕 8-2

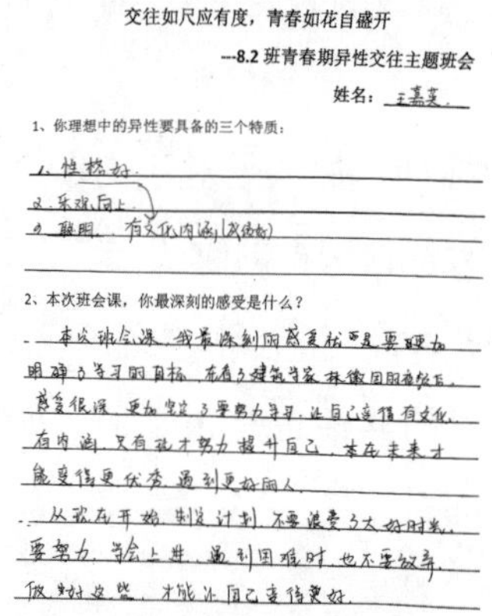

交往如尺应有度，青春如花自盛开

---8.2 班青春期异性交往主题班会

姓名：王嘉雯

1、你理想中的异性要具备的三个特质：

1. 性格好
2. 乐观，向上
3. 聪明，有文化内涵（成绩好）

2、本次班会课，你最深刻的感受是什么？

本次班会课，我最深刻的感受就是要更加明确了学习的目标，在看了建筑学家林徽因的故事后，感受很深，更加坚定了要努力学习，让自己变得有文化，有内涵，只有现在努力提升自己，在未来才能变得更优秀，遇到更好的人。

从现在开始，制定计划，不要浪费了大好时光，要努力，学会上进，遇到困难时，也不要放弃，做好坚持，才能让自己变得更好。

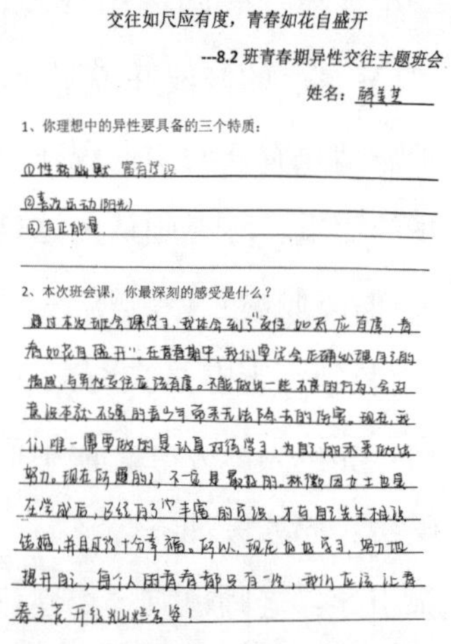

交往如尺应有度，青春如花自盛开

---8.2 班青春期异性交往主题班会

姓名：薛美艺

1、你理想中的异性要具备的三个特质：

①性格幽默 富有学识
②喜欢运动（阳光）
③有正能量

2、本次班会课，你最深刻的感受是什么？

通过本次班会课学习，我体会到了“交往如尺应有度，青春如花自盛开”。在青春期中，我们要学会正确处理自己的情感，与异性交往应该有度。不能做出一些不良的行为，会对我们本就不强的青少年带来无法除去的伤害。现在，我们唯一需要做的是认真对待学习，为自己的未来而做出努力。现在所遇到的人，不一定是最好的。林徽因女士也是在学成后，已经有了丰富的学识，才与自己先生相识结婚，并且过得十分幸福。所以，现在好好学习，努力地提升自己，每个人的青春都只有一次，我们应该让青春之花开得灿烂多姿！

交往如尺应有度，青春如花自盛开

---8.2 班青春期异性交往主题班会

姓名：任辰龙

1、你理想中的异性要具备的三个特质：

~~长得帅，有个子，~~1.成绩好，品质好，会打篮球，~~能和我有一样的爱好，身高180cm，~~2.爱干净，3.情商高　1.品学兼优，有生活品味　2.情商高　3.有共同追求的品格

2、本次班会课，你最深刻的感受是什么？

这次班会课让我清楚的明白男女之间的距离应该是多少。现在的男女生都很敏感，互相都保持合适的距离，但有些男女之间的友谊不单纯，异性之间隔得太近了。我们正是青春大好时光，我们不该把时间浪费在我们不该做的事情上，要努力认真地去学习，去提高自己的修养品质。像林徽因一样不断提升，不要过早的让爱情纷扰，正是春天就不该去想做夏天的事。男女生接触，异性朋友都很正常，但要给自己一个安全距离，不能随意浪费时间，即使青春的情愫滋长，但也不能爆发出来，要理智地去处理，沉浸在学习中。提升个人素养也是很重要，平时多读读书，拥有个良好的个人修养、生活。向着未来出发吧，沉浸学习……

交往如尺应有度，青春如花自盛开

---8.2 班青春期异性交往主题班会

姓名：任桂鸿

1、你理想中的异性要具备的三个特质：

善良、阳光、帅气　①有理想、目标　②勤奋刻苦　③阳光开朗

2、本次班会课，你最深刻的感受是什么？

本次班会课让我知道：男女生交往应注意距离，不能越过界限，要学会谨慎对待异性交往。青春期对异性产生好感是很正常的事，这并不是爱情。在现在，我们更应同异性共同进步，一起学习，不要过早的发生应该在以后的事情。因为只有当我们自己足够优秀，站在高处时，才能遇见足够优秀的异性，那时的感情，才是最幸福、最长久的。当然，男生也应当学会保护女生。总之，在青春之际，我们的首要事情就是为自己以后的幸福生活打下基础，好好学习，实现自己的梦想。

交往如尺应有度，青春如花自盛开

---8.2 班青春期异性交往主题班会

姓名：马権语

1、你理想中的异性要具备的三个特质：

1.有才能　学历高

2.有上进心

3.宠我

2、本次班会课，你最深刻的感受是什么？

在这次班会课中我有以下几个感受

①与异性保持一定的距离，可以使自己、对方、他人都感到舒适。

②在外，作为女孩子，要学会保护自己，也可以寻求老师、父母帮助

③既使遇见了自己喜欢的男孩儿，也要分清楚时间，知道当务之急的事情是什么，不要盲目去表白，理智对待。

④提高自己的修养、文学，将他看成你年前进的光，不断追随前进，就算方向相反也无所谓，因为你们终将在山顶相遇

⑤不要在春天做夏天的事

交往如尺应有度，青春如花自盛开

---8.2 班青春期异性交往主题班会

姓名：王韵怡

1、你理想中的异性要具备的三个特质：

长得帅帅、~~[illegible]~~ 性格有趣 相貌、专一、品格优良 成绩优秀

2、本次班会课，你最深刻的感受是什么？

本次班会课，本次主题是如何与异性交往，我学到了许多，也理解了许多。

①作为女生，我们要保护自己，遇到困扰，要告诉老师或家长寻求帮助

②遇到有好感的男生，要思考清楚是欣赏还是真正喜欢，不要盲目表白，应因为这样不仅影响双方学习，还可以能影响以后生活

③在面对异性时，保持一定距离，举动不能太过亲昵，这样对双方都很有益。

④现在的当务之急是学习，不要天天想着这些事，这样最后有可能没有结果

⑤我们要不断的用知识充实自己，走好当下的路，为以后的我们的相遇作好铺垫，不要过早的想未来这件事，有些事急不得，不是没有，只是时候未到

我们要学习林徽因，有着过人的貌容，身边应有无数追求者，可她却选择了学习，用知识充实自己，在合适的年纪，选择了合适的人——梁思成，也成就了一段佳话，所以，我们要过好当下，认真学习，充实自己，船到桥头自然直，这种事急不得，不能毁了我们的前程。除了要合理与异性相处，保持距离，有事或矛盾以及时告诉老师家长，不要挂在心中，你若盛开，清风自来。

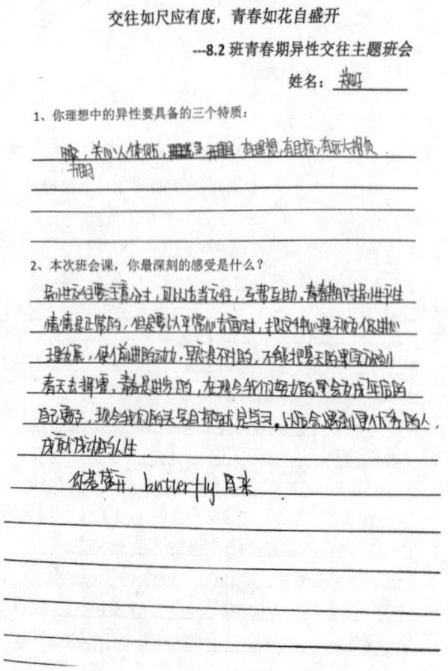

交往如尺应有度，青春如花自盛开

---8.2 班青春期异性交往主题班会

姓名：

1、你理想中的异性要具备的三个特质：

2、本次班会课，你最深刻的感受是什么？

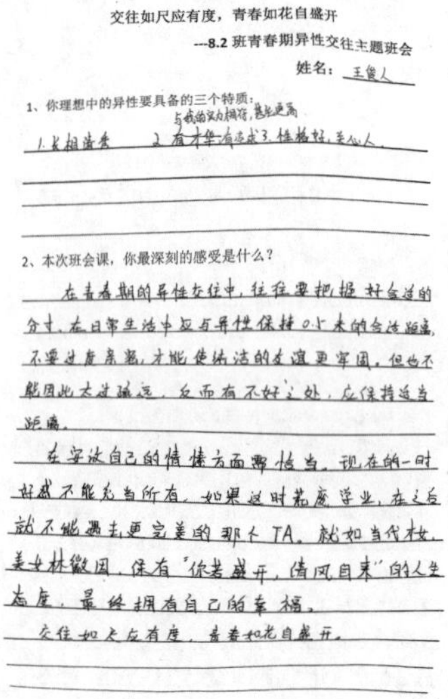

交往如尺应有度，青春如花自盛开

---8.2 班青春期异性交往主题班会

姓名：王俊人

1、你理想中的异性要具备的三个特质：

1.长相清秀 2.有才华 3.性格好，关心人。

2、本次班会课，你最深刻的感受是什么？

在青春期的异性交往中，往往要把握好合适的分寸。在日常生活中应与异性保持0.5米的合适距离，不要过度亲密，才能使纯洁的友谊更牢固。但也不能因此太过疏远，反而有不好之处，应保持适当距离。

在安放自己的情愫方面要恰当。现在的一时好感不能充当所有。如果这时荒废学业，在之后就不能遇上更完美的那个TA。就如当代才女、美女林徽因，保有“你若盛开，清风自来”的人生态度，最终拥有自己的幸福。

交往如尺应有度，青春如花自盛开。

八、活动反思

青春期的孩子们普遍认为自己身体上已经发育成熟，心理上也已经成熟。他们自认为什么都懂，甚至比师长都理性，于是渴望独立的空间，不习惯老师和家长对他们的行为进行约束和管教，特别逆反。在这种情况下，简单地制止中学生谈恋爱是行不通的，也不利于学生的成长。正确引导、帮助他们保持正常、适度的异性交往，对学生的健康成长有着极其重要的意义。因此我以八年级学生普遍存在的男女生人际交往困惑与障碍，而学生又苦于无法合理地把握男女生交往尺度的学情现状为主题，设计了这堂初中男女生人际交往的主题班会课，旨在立足于学生具体的生活体验，帮助学生了解青春期心理发展的特点，明确异性交往的需要。引导学生树立恰当的异性交往的原则和方法，并用以指导自己的异性交往行为。利用“异性效应”，学会把欣赏和爱慕化为动力，提升和完善自我，保持合适的距离，形成健康的异性交往观念。本次班会活动在选题上贴近学生实际，容易引起学生思想上的共鸣，并能切实地解决问题。它以八年级学生普遍存在的男女生人际交往困惑与障碍，而学生又苦于无法合理地把握男女生交往尺度的学情现状为主题，设计的初中男女生人际交往的主题班会课，没有用传统的说教来处理学生青春期较敏感的异性交往问题，而是直接剖析，让学生自己去发现问题，继而引导学生正确地认识“恋爱”，利用“异性效应”，学会把欣赏和爱慕化为动力，提升和完善自我，保持合适的距离，形成健康的异性交往观念。

本节课先通过一段视频带入班会主题，再通过“0.49米的距离”这个小游戏，让学生了解到恰当的男女社交距离，但本课并不满足于只让学生掌握这一基本的社交技能和礼仪，更重要的是引导同学们正确处理青春期对异性的爱慕，进而将对这种情愫的处理与自己的人生规划结合起来。首先，我们尝试站在学生的角度，与之共情，即肯定他们对异性的好感是真实的、被尊重的。但是我们也引导学生自行发现过早的恋爱，对自己时间、精力、目标、个体独立性都产生了重大的损害和影响，进而让学生去反思、去重新思考。为了给学生一个正确的引导，我们选择了林徽因的案例。因为林徽因最终成为杰出的建筑学家，与她当时合理地处理自己的个人感情问题密不可分。用林徽因和梁思成的故事给学生树立一个正面榜样，引发学生进一步思考，以帮助学生形成正确的异性交往观念，引导学生学会正常、积极地与异性同学交往。引导学生正确地认识“恋爱”，利用“异性效应”，学会把欣赏和爱慕化为动力，提升和完善自我，从而树立正确的异性交往观，把握好距离，掌握好度。

但是我们又该如何帮助学生在现阶段处理好他们所面临的困扰呢？我们采用了心理咨询当中常用的“生命叙事”这一方式，让学生通过“时光胶囊”来自由地抒发自己对异性的情愫，为自己的成长树立一个更高远的目标，以达到健全人格、立德树人的目标。

因此，我们可以看出，本节班会课话题具有代表性，设计新颖，思路清晰。通过“0.49米的距离”的体验活动，让学生在现场亲身感受合理的和不合理的异性交往距离的差异，从而明白异性交往的适当的社交距离；让学生描写自己理想中的异性，并观看林徽因和梁思成的爱情经历，从而让学生努力将自己打造成一个拥有独立精神世界的人；让学生把对理想中的另一半的美好期许写进时间胶囊封存起来，为了遇见更好的对方而树立努力奋斗的远大志向，引领学生思考青春期异性交往的尺度以及如何成为更好的自己。

本节课中，学生广泛参与、自主合作、游戏互动、共情反思，展示出他们真实的思想和情感。主题突出，每一个环节、每一个细节均紧扣主题；各环节衔接流畅，层次清晰，重点突出，时间掌控适度，对学生情感激发自然、到位。整合多种教育资源，能够凸显学校“健全人格教育”特色，体现“近、小、亲、实”原则。活动目标达成度较高。通过活动，学生真情流露，能深入思考，能正确地认识“恋爱”，利用“异性效应”，学会把欣赏和爱慕化为动力，提升和完善自我，保持合适的距离，形成健康的异性交往观念。这堂课也有一点遗憾，如果能多举一些早恋带来的不良后果的实例，从多方面、多角度让学生更全面地去体会早恋所带来的负面影响，认识得更深刻，效果也许会更好。

老师们说：教学是一个充满遗憾的艺术，期待下一次有更好的表现！

第三节　超班级集体活动案例

逐梦新征程　青春正当时

——原成都双流区立格实验学校 2021—2022 学年度上期开学典礼课程设计

成都双流区立格实验学校　王　俊

一、活动背景

开学典礼是仪式典礼类活动形式之一，是学校德育活动的重要载体。

在新学年开始之际，我们又迎来了新的同学和新的老师；在新学年开始之际，我们又有了新的角色和新的目标；在新学年开始之际，学校又取得了新的成绩，有了新的展望。开学典礼的作用就是通过满满的仪式感，来辞旧迎新、展望未来、树立目标！对于师生而言，开学典礼就是新学年的开始，因此一个充满丰富的仪式感、设计感、参与感、激励感的开学典礼，将对新生快速融入学校、学生快速进入学习状态起着重要作用。

二、活动目标

1. 使全体师生同心聚力，调整心态和目标，以良好的状态迎接新的学期。

2. 使新同学快速融入新的校园和集体，为全体同学树立学习的榜样和目标。

3. 使学生懂得感恩之心，培养崇高远大的志向，树立正确的人生观和世界观。

通过新生入学视频、入场式、高一和初一新教师团队介绍环节，帮助全体师生实现情感和心灵上的共鸣，引导同学们消除对新环境、新同学的陌生感，使他们从情感上快速融入新的集体，形成对新同学和新集体的友爱感。

通过高校长致辞、学生颁奖、优秀校友祝福及幸运礼物抽奖环节，从学生心理层面，不断强化榜样力量，激发其学习兴趣，树立三年成长目标。

通过集体宣誓环节，引导学生树立正确的人生观、世界观，有树立远大目标的志向，有扬帆起航的决心，有对学校、老师和家长的感恩之心。

三、活动时间

9 月份开学第二周。

四、活动地点

学校运动场。

五、活动参与对象

初、高中部全体师生。

六、活动形式

视频、师生发言、升旗仪式、主题演讲、表彰先进、集体宣誓、幸运抽奖等。

七、活动准备

1. 活动内容准备：PPT、迎新视频拍摄、主持词及主持人选拔培训、各环节内容设计与实施等。

2. 活动硬件准备：设备音响、舞台搭建、舞美设计、领导及师生座位等。

3. 活动组织准备：活动方案、活动预案、彩排、领导邀请、座位安排及标识、人员入场及退场组织、照相摄像、新闻宣传等。

八、活动流程

附活动主持稿、高校长讲话稿、师生代表发言稿、情景剧剧本等。

第一篇章　金秋·迎新

1. 10秒倒计时，迎新视频《开学啦!》

设计意图：迎新视频围绕《开学啦!》这一主题进行，既有展示八、九年级重返校园，憧憬新学年的内容；也要突出新的高一、初一年级同学加入双中实验校的感受，可以围绕为什么选择这所学校，希望学校三年内带给你哪些方面的成长，走进双中实验校你有什么感受等方面。

主持串语：秋风送爽迎新来，丹桂飘香硕果摘；双实学子齐欢聚，喜笑欢颜把学开。

学生活动：开学前部分学生代表参与迎新视频的采访和录制；活动开始时，全体同学一起观看迎新视频，感悟视频中表达和传递的情感。

2. 主持人上场，介绍学校领导及来宾

设计意图：主持人宣布典礼正式开始，对新的老师和新的学生而言，学校的领导是陌生的，因此有必要向新的师生一一介绍。

主持串语：忆往昔，捷报频传暖心间；看今朝，青春学子再起航。

望明日，筑梦赤子创辉煌；秉四化理念，育健全人格。

双流区立格实验学校 2021—2022 学年度上学期开学典礼，现在开始！

首先，请允许我荣幸地向大家介绍今天到场的学校各位领导，他们是……

学生活动：全体同学，尤其是新生逐一认识学校的管理团队，并鼓掌致意。

3. **升旗仪式**

设计意图：升旗仪式让典礼更加庄重，典礼前进行升旗仪式也有助于爱国思想的培养。

主持串语：2021 年，这个夏天，最热也最燃。奥运健儿，逐梦东京；中国力量，再创辉煌。在典礼伊始，让我们举行庄重而神圣的升旗仪式！

学生活动：全体师生面向国旗肃立，升国旗，奏唱国歌。

4. **新班级入场式**

设计意图：初一、高一各班班主任和学生代表展示新的班级和班牌，主持人朗读各班治班理念，走下舞台，走过红毯，走向班级，寓意新的起点和开始，走向更美好的明天。

主持串语：逐一念出每个班级的入场词，引领各班入场。

学生活动：新的班级同学代表持班牌，在班主任带领下入场，其余同学在场下挥手致意，鼓掌欢迎。

5. **高一、初一教师团队展示**

设计意图：用创新的方式（走红毯、班级介绍）介绍新的高一、初一年级教师团队，收集团队照片及寄语，并制作成 PPT，为新的班级和教师营造良好的新环境。

主持串语：春风化雨育桃李，硕果飘香谱华章。双中实验骄人的莘莘学子，离不开一流的师资力量。双中实验丰硕的教育成果，离不开优秀的教师团队。现在有请双流区立格实验学校高 2024 届和初 2024 届教师代表上台。（初中教师先上，高中教师后上。）

学生活动：对新的教师团队鼓掌欢呼，感念师恩。

第二篇章　寄语·榜样

6. 高校长致辞

设计意图：以校长的角度来总结过去一学期的成绩，向全体师生传递新的期望，为新学期致辞，以此来激励全校师生。

主持串语：新的学期，学校领导对我们有什么新的期望呢？让我们用热烈的掌声欢迎高校长为开学致辞！

校长致辞：老师们、同学们，在此秋风送爽的美好时节，我们又迎来了一个新的学年。让我们以热烈的掌声欢迎今年新加入我们的 26 位优秀教师和一千多名高、初中新同学。欢迎你们！因为你们的到来，双中实验校又增添了许多青春活力。你们为学校带来了新的希望！

回首过去一年，我们取得了骄人的成绩……

学生活动：聆听校长讲话内容，感悟学校辉煌成就，铭记校长期望和嘱托，做一个有志向的双中实验人！

7. 师生代表发言

设计意图：用教师代表和学生代表的发言，激励同学们树立新的目标。

主持串语：九苑芝兰，全凭园丁浇灌；三千桃李，尽由妙手栽培。三尺教鞭手中握，沉重职责肩上扛；笔墨飘落育桃李，满心期待盼成才。是老师，带领我们翱翔在知识的广宇；是老师，引领我们走向成功的彼岸。那就让我们带着老师的期望，踏浪前行，书写青春的篇章。有请师生代表带来他们的寄语。

学生活动：聆听老师和学长的发言，感受师长的激情和豪迈，将满腔热血化作青春的方向！化作新学期前进的动力！

8. **颁发奖学金仪式**

设计意图： 颁发奖学金仪式是为了表彰先进，树立榜样，激励学生树立新学期的目标和理想。

主持串语：在老师们不辞辛劳的教导下，在同学们埋头苦读的奋战中，优秀的学子们取得了傲人的成绩。这是属于他们的成就与骄傲，这更是属于双中实验的荣光。让我们掌声有请×××为我们宣读奖学金名单。

学生活动：获奖学生代表上台接受嘉奖，获得奋斗的成就和荣耀；台下的学生感受榜样的力量，播种成长奋进的希望！

9. **优秀学子寄语、现场抽礼品环节**

设计意图： 用优秀校友的视频寄语，在学生中树立榜样示范作用，激发学生树立远大目标；而现场礼品环节则可以活跃典礼气氛，调动学生参与积极性。

主持串语：在我们今天开学典礼的现场，有四位特别来宾！第一位来宾可厉害了！她是本校 2013 届的校友胡峰铭，现就读于——清华大学！（放校友视频）第二位校友也同样值得期待！他是象棋特级大师，同样就读于清华大学！他就是本校 2012 届校友郑惟桐！（播放校友视频）前两位校友距我们可能还比较遥远，接下来这些校友可是我的偶像！他们在今年的中考中，都取得了优异的成绩。让我们来听听学霸们的宣言！（播放 2021 年中考优秀校友视频）本校自 2017 年起，已连续三年承办 AFS 项目。在这里，美国学生不仅仅收获了知识，而且更加深入地了解中国文化，为促进中美友谊的发展谱写了新的篇章！请听 AFS 美国学生代表路飞的心声！（播放 AFS 美国学生代表路飞视频）

校友们不仅为我们带来了祝福，还为同学们准备了礼物哦。大家想要吗？（调动现场气氛）接下来，让我们进入激动人心的抽奖环节！

学生活动：全体同学观看优秀校友寄语的视频，感受校友的成绩和魅力，激励自己不断奋发图强！以高昂的热情参与抽奖环节，为获得校友奖品欢呼，为得到祝福感到幸运，为新学期成长树立目标！

第三篇章　誓言·展望

10. 文明言行情景剧表演——《文明礼仪伴我行》8·16 班

设计意图：用文明言行情景剧表演，树立学生在校期间的行为规范，激励学生在新学期中让我们的校园更加文明规范。

主持串语：不学礼，无以立。作为双中实验人，我们更应该以较高的文明素养、周到的礼仪规范待人处世。接下来的情景剧就为我们很好地诠释了什么是“礼”。请欣赏八年级 16 班同学带来的文明言行情景剧——《文明礼仪伴我行》。

学生活动：学生观看文明礼仪情景剧表演，思考文明言行在校园生活中的重要意义，反思对标，文明自我，做一个文明的双中实验人！

11. 集体宣誓仪式

设计意图：通过全体学生集体宣誓形式，将学生认知和感受内化，进而形成内驱力，同时使典礼活动达到高潮。

主持串语：新学期的号角已经吹响！让我们用青春的誓言迈向新学期，用心中的热血挥洒新征程！

学生活动：全体学生在领誓人的带领下集体宣誓，用誓言吹响新学期的号角，用激情书写新的青春之歌！

12. 主持人宣布开学典礼结束，各班按老师指挥有序退场。

九、活动评价

本次活动，我们采用了问卷调查评价法的形式进行评价，设置了三个问题：

1. 您认为本次开学典礼的设计是否合理？

2. 您对本次开学典礼哪个环节最满意？

3. 您对本次开学典礼的评价是什么？

通过对问卷调查的发放和情况统计（如下图），认为本次开学典礼合理的比例占88.89%；开学典礼的每一个环节都有至少20%的人喜欢，最满意的环节占比达到77.78%；有88.89%的受访者对本次开学典礼给予了好和很好的评价！

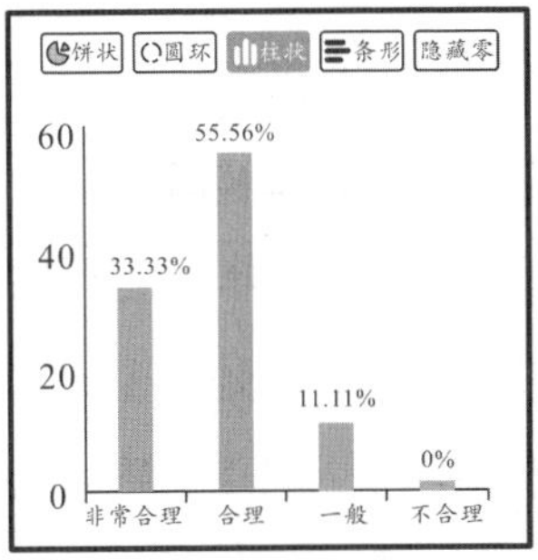

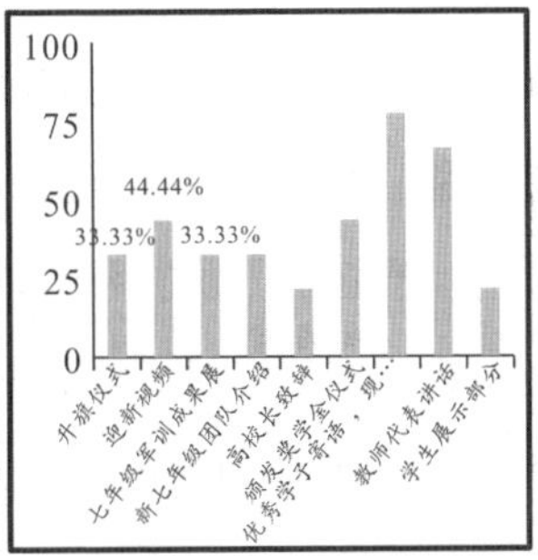

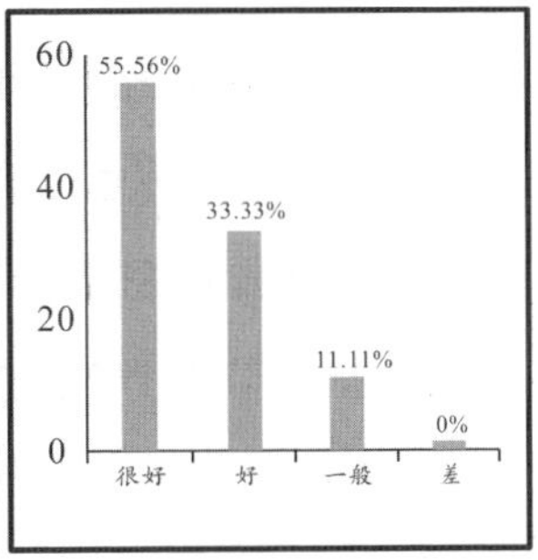

十、活动反思

2021—2022学年度秋季开学典礼已圆满礼成！

为了发挥开学典礼的育人功效，实现开学典礼的育人目标，课题组设计了新生入学视频、入场式、高一和初一新教师团队展示、高校长致辞、学生颁奖、师生代表发言、优秀校友祝福及幸运礼物抽奖、文明礼仪情景剧及集体宣誓等环节，通过调查问卷统计结果显示，得到了全体师生较高的评价。

为了这次开学典礼的成功举办，课题组利用假期收集了其他学校一些好的做法。比如七中嘉祥的“时钟表盘创意”，重庆鲁能巴蜀的三个“门”的创意（春之门、梦之门、未来之门）、心愿树，双流中学邀请优秀学子现场演讲，七中育才盐道街分校邀请到了赵一曼烈士的孙女陈红女士，为建党100周年献礼！石室中学文庙校区用歌曲《歌声中的成长——献给建党100周年》和诗朗诵《青春心向党，奋进新时代》开启新学期等等。

虽然本次开学典礼取得了较好的反馈，但也反映出课题组的一些问题！

1. 德育育人的理念还不够深入。我个人也好，课题组很多老师也好，都把这些活动的组织和设计看作是一项任务、一种负担，觉得能够轻松一次就轻松一次，而忽视了一些重大节点活动的育人价值和育人效果！因此我们课题组老师的育人理念还有待提高，作为学校大型活动设计者和开发者，育人情怀还有待加强！

2. 活动研发和创新的能力还比较薄弱。作为学校大型活动的设计者，课题组的老师应该是思维敏捷、创意多样的，是应该为全校师生设计一些新的、有创造价值的德育活动！这需要我们课题组不断加强学习、借鉴、研讨，多走出去，多吸收一下其他学校的想法、多听听其他老师的声音！

针对以上现象和问题，我有以下一些想法和思考：

第一，加强我组老师活动设计和活动创新能力的培养。途径：请每位老师负责收集整理一所名校（省内外都可以）一年内开展的德育活动案例，并进行提炼、思考，针对本校德育活动的薄弱环节，写出1—2个可实施的建设性的活动方案，进而丰富完善本校的德育活动。

第二，本学期重点设计开发一个精品德育活动。本学期，除开学仪式、毕业典礼以外，我们缺乏有价值的、具有创新开发的德育活动。根据本学期的实际情况，建议以五四运动为内容开发一个精品德育活动！

第三，加强研究成果的提炼。目前本课题组研究成果提炼能力较为薄弱，德育论文很少，这已经是本课题组的一大硬伤，以后我们必须通过课题研究和探讨进一步加强成果提炼和推广。

大型活动课题组肩负着提升学校活动育人品质的艰巨任务，我们应该肩上有责任，心中有信念，行动有创新。古语说："人过留名，雁过留声"；"在其位、谋其事"。我们唯有勤思、实干、践行，一起努力，才能让本校的德育活动再上一个新的台阶。

（本案例根据本校2021年9月开学典礼整理）

部分参考文献

1. 檀传宝：《美学是未来的教育学：德育世界的探寻》，华东师范大学出版社，2015。

2. 檀传宝：《为幸福而教：教育长短论》，华东师范大学出版社，2015。

3. 王国强：《教育的应然样态：我的教育理解》，江苏人民出版社，2020。

4. 林荣凑：《"渔场"：中小学德育的新视野》，华东师范大学出版社，2015。

5. 陆艳清、陆诗伟：《人格三部曲：人格养成》，广西师范大学出版社，2021。

6. 李希贵：《新学校十讲》，教育科学出版社，2013。

7. 凌宗伟：《好玩的教育：学校文化重建五讲》，华东师范大学出版社，2015。

8. 高玉祥：《健全人格及其塑造》，北京师范大学出版社，1997。

9. 郑雪：《人格心理学》，暨南大学出版社，2001。

10. 黄希庭：《人格心理学》，浙江教育出版社，2004。

11. 张春兴：《现代心理学：现代人研究自身问题的科学》，上海人民出版社，1994。

12. 陈仲庚：《人格心理学概要》，时代文化出版公司，1993。

13. Allport. G. W. , Pattern and growth in personality (New York: Holt, Rinehart and Winston, 1961).

14. 伯格:《人格心理学》，陈会昌译，轻工业出版社，2000。

15. 葛明贵:《健全人格的内涵及其教育》，安徽师范大学学报：人文社会科学版，2003，31 (4)：5。

16. 赵振洲:《现代西方道德教育策略研究》，山东人民出版社，2010。

17. 吴向东:《论马克思人的全面发展理论》，《马克思主义研究》，2005 年第 1 期。

18. 饶玲:《课程与教学论》，中国时代经济出版社，2004。